U0945301

写给青少年

春秋战国士的故事

梁启超 / 编著

柒年编译组 / 译注

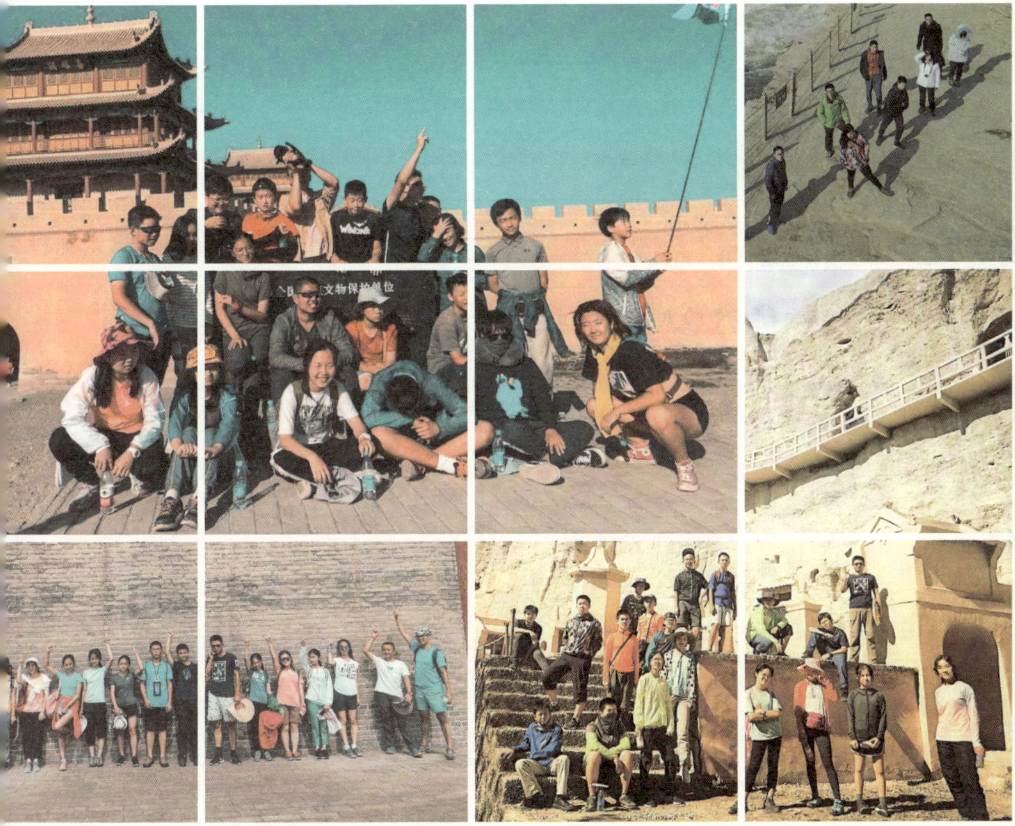

国家一级出版社
全国百佳图书出版单位

图书在版编目（CIP）数据

写给青少年：春秋战国士的故事 / 梁启超编著；柒年编译组译注．—厦门：厦门大学出版社，2021.4
ISBN 978-7-5615-7157-6

Ⅰ．①写… Ⅱ．①梁… ②柒… Ⅲ．①历史人物—生平事迹—中国—春秋战国时代 Ⅳ．① K820.25

中国版本图书馆 CIP 数据核字 (2020) 第 252649 号

出 版 人 郑文礼
责任编辑 林　鸣

出版发行 厦门大学出版社
社　　址 厦门市软件园二期望海路 39 号
邮政编码 361008
总　　机 0592-2181111　0592-2181406（传真）
营销中心 0592-2184458　0592-2181365
网　　址 http://www.xmupress.com
邮　　箱 xmup@xmupress.com
印　　刷 湖南省众鑫印务有限公司

开本 889 mm × 1194 mm　1/32
印张 11.5
字数 250 千字
版次 2021 年 4 月第 1 版
印次 2021 年 4 月第 1 次印刷
定价 48.00 元

厦门大学出版社
微信二维码

厦门大学出版社
微博二维码

编委会

前　言
从历史传统中找到精神力量

近两年，应上海泽邸教育创始人周俊（Mike）之邀，我每年以“华夏壮游”导师的身份，带领一群少年进行中国历史文化游学之旅：从东岳泰山、曲阜孔庙，经嵩阳书院、洛阳龙门、函谷关、西安、张掖汉长城，到嘉峪关外的敦煌沙漠。在泰山之巅的万丈霞光中、九嵕山下的莽莽飞雪里、敦煌沙漠满天星斗下、嘉峪关前风云奔涌时，我常伫立，感到几千年文明正越过关河磅礴而至，往圣先贤，似乎影影绰绰漫步在华夏世界的天空，俯视着我们。仰观星空，我时常想，今天的我们，是否有足够的德性来继承祖先用血汗护佑的这片土地？

“华夏壮游”是一个教育项目，由此，我也逐渐关注和研究起青少年教育。随着观感的增加，我日益感觉有一种动力在胸口冲撞。梁启超曾言：少年强则中国强，而我看到了太多的羸弱。少年何以强？国何以强？我想，教育无疑是基础性的方面，也是本书出版之缘起。

这里先说一段往事，是我最早注意到教育问题的开始。

1. 两代人原地踏步

20多年前，一篇名为《夏令营中的较量》的报道在中国掀起轩然大波：1992年夏天，一群中日少年在内蒙古乌兰察布大草原举办夏令营。活动中，中国学生在生活能力、意志品质等方面的表现与日本学生相比存在显著的差距。《夏令营中的较量》引起“中国孩子在世界上是否具备竞争力”的忧思。

当然，这篇文章后来引起很多争议。例如，有人一触即跳，骂此文“长他人志气灭自己威风”，也有人认真考据了诸如书包背没背等一些细节，指出报道不够严谨。但总体而言，我认为报道的结论仍是成立的。

当年看到这篇报道时，我还是初中生，一读之下大有知耻而后勇的震动。不过后来又乐观地设想，中国虽然现在贫穷落后，但是以我们的聪明才智，我相信20年后包括教育在内各方面应该都会超过日本，那时觉得，20年是不可想象的漫长。

光阴逝水，20多年过去了。我却悲哀地发现，教育的进展并非如我设想。

有一篇类似报道，很有典型性：2015年10月，100多名15岁左右的“90后”“00后”中国学生，到澳大利亚黄金海岸一家著名的国际私校进行海外学习，恰逢一批日本同龄学生也在该校进行同类活动，中日学生再次相遇。令人惊讶的是，在这次的“较量”中，中国学生在吃苦耐劳、日常行为习惯等方面依然逊色于日本学生。

在公共场所，中国学生说话很大声，有时甚至突然间提高自己的声音分贝；日本学生没有活动时会安静地看书，但中国学生不是看电脑就是玩手机，或者大声讲话。在锻炼学生生存能力和冒险精神的野外活动中，日本学生无一例外地全部参加了包括野营、高空攀登在内的所有项目，多名中国男生被高空攀登项目吓住了，申请不参加。

在澳方房东看来，中国孩子被宠坏了，完全不懂得基本的生活常识：他们不会用工具不会叠被子，上厕所把马桶搞脏了不会擦干净。这些孩子家庭富裕，把住家房东当作保姆、司机、清洁工。中方孩子认为住家房东就应该提供酒店式服务，而对他们的付出则缺乏感谢的意识。

对澳大利亚住家的调查数据显示：参与调查的25个澳大利亚住家，在一分到五分的评分中，有4个家庭在被问到是否愿意再接待中国学生时，分别给出了零分和一分，有18个家庭的答案是四分和五分，但所有的家庭都表示愿意接受日本学生；有9个家庭给中国学生“房间和卫生间的保持整洁度”一栏打了一分。

这里我并不想指责这些学生，错不在他们，而在他们的成长环境。

不幸的是，这种观念在中国社会非常普遍。许多家长有一种不让孩子自立的潜意识，他们替孩子失去了勇气：怕孩子吃苦受累、怕孩子吃到变质食品、怕孩子在外面生病、怕孩子在野外不安全、怕孩子没有自主选择能力、怕孩子受伤

害……于是，一切包办，从袜子内裤，到吃饭穿衣，再到课外辅导班，到大学选志愿，最后，甚至交男女朋友都需要督促了。

把孩子当温室花草长期溺爱的结果，往往是培养出弱者。强者只能产生于“纳于大麓，烈风雷雨弗迷”的成长环境，这种环境一面是艰难困苦，一面是生自内心深处要克服它的力量。

当我们看到“啃老族”、精致利己、被动学习、身体羸弱、意志薄弱的“巨婴”，不必感到困惑，前因后果昭昭注定。

2．海外华人缘何缺乏竞争力

国际化的今天，富裕家庭的孩子普遍选择出国留学。故今天欧美社会的华裔群体可谓优势家庭的集合体。然而，华裔的竞争力却普遍比较弱，背后原因仍是成长环境的问题。

在北美，亚裔父母疯狂为孩子补习功课，已经成为一道独特的风景线。但美国学界的各种理论和实证研究显示：亚裔父母“推娃”的成功仅止于亚裔孩子学业成绩的优秀，背后却是综合性的“发育不良”。

亚裔学生可谓北美学术模范生，然而，学术成绩的优秀不能代表一切：他们并不受常春藤等美国名校青睐，同时，亚裔进入职场高层的比例是各个族裔中最低的，此外亚裔学生的心理问题更是高发。

亚裔父母“推娃”使得很多亚裔孩子如愿进入了名校，

常春藤亚裔学生比例高达25%。但这些凤毛麟角的亚裔学生的表现却差强人意。

EIC教育报告称：2013年常春藤只有75%的中国学生能够顺利毕业，这比常春藤的平均毕业率低了20%。而根据韩国一份统计，在1985年到2007年，排名前14的美国大学中的1400个韩国学生，中途放弃学业的高达44%。

亚裔学生不仅辍学率较高，心理问题也很严重。2009年耶鲁大学对学生心理健康的调查显示：耶鲁大学45%的中国学生有抑郁的症状，29%的中国学生有焦虑的症状；美国大学生的平均抑郁比例是9%，平均焦虑比例是9.5%。

由Ascend进行的调查统计发现，2015年，在五大高科技公司，Google、HP、 Intel、 LinkedIn和Yahoo，亚裔员工占据了27% 。但是，大部分亚裔处于经理层和专业技术职位，进入高管层的不到14%。*Harvard Business Review* 2017年数据显示，亚裔被高科技行业雇佣的比例最高，占据了硅谷50%的职位，但是，白人占领了83.3%的更高层次的工作。

亚裔的教育优势为何没能延伸到职场？美国工作生活政策中心（CWLP）2016年专门做了调查，25%的亚裔认为是种族歧视，而只有4%的白人认为是种族歧视。48%的受访者认为，最大的障碍是亚裔不具备美国主流文化认为的领导力。勤奋努力、专业能力强，但不适合担任管理者，这是长期以来在北美人们对亚裔的刻板印象，也是亚裔职场晋升的“天花板”。

有美国研究者认为：“亚裔父母太过强调学术是通向成

功的路径，而忽略了对职场晋升更重要的因素，即领导力的培养。”事实上，职场晋升85%是考察领导力这种“软”技巧，只有15%是可以量化的专业能力。圣地亚哥分校经济学教授Valerie Ramey认为：亚裔学生普遍专注于学习和考试，由于没有时间追求自己的兴趣爱好和社交生活，因此他们缺乏心理、情绪上的成长体验，这不利于培养好的性格和领导力。

对华人学生来说，如果家庭的小环境没有给予孩子勇气和力量，教育机构的中环境没有给予孩子领导力的培养，社会的大环境也没给予他们内心深处的文化自信，那么，对此，我们能做些什么？

3. 历史传统的悠长投影

我们需要厘清思路，回到教育的本质。

要培养什么样的人？这是教育的根本之问。而对这个问题的回答，则是价值观和世界观的综合体现。

要培养举人、进士，清华、北大、哈佛毕业生，这是一种答案；要培养自食其力的、有益于社会的、幸福的人，是另外一种答案。把培养目标设定在18岁，跟设定在35岁是完全不同的。

极度重视考试而完全无视领导力教育，是东亚教育理念的根本缺陷。而这个缺陷，是由历史传统形成的。

人类社会有一个冰山结构：经济活动是表层，深层是制度，比制度更深层的，则是历史传统。他们一层层向上决定，就像海底的冰山决定着海面以上的部分。

在华夏文明最鼎盛的春秋时期，曾十分重视领导力教育，那时贵族的培养目标是“赳赳武夫、公侯干城”，是养成君子，而不是考大学。《孙子兵法》第一章中曾指出领导力的5个标准：“将者，智、信、仁、勇、严也”，智识只占到了五分之一，其他则关乎品格、纪律、荣誉。这是自由竞争的春秋时期的观念。

然而秦汉之后，天下一统，竞争消除，六艺废弛，战国以前培养人才的理念也就逐渐被废弃了，对领导力的理解、对人才的培养目标，从统兵的能力逐渐变成考试能力。与之伴随的是武德衰落，雷海宗先生在《中国的文化与中国的兵》一书中指出，东汉以后，华夏即成失去武力的民族。

我在拙著《至简中国史》（第二版）中描述中国历史变迁对社会精神的影响，也写过这样一段：

当帝国制度确立后，历史真的终结了。汉武帝身后两千年间，中国历史往复循环，上演的都是同一个剧本，长生殿上王侯将相、石壕村里凄凉老翁，只是换了不同的演员。模式一成不变，只是细节上有些修改，诸如，三公九卿制变成了三省六部制，举孝廉变成了考进士，太尉府变成了枢密院又变成了军机处之类。春秋漫长、浩浩阴阳移，经过了这几乎停滞的两千年之后，中国的面貌已经大变，《左传》中的勇武士人变成了《儒林外史》中的精明市侩，《诗经》里敢爱敢恨的少女变得三寸金莲、人比黄花瘦，亲自冲锋陷阵的国君变成了养在深宫里的金丝雀，文武全才的公孙鞅变成了

吟诗作赋的士大夫，只有极少部分人，还能在穿越千年永久不变的方块字中找到“天下兴亡，匹夫有责”的精神。帝国往复循环，推倒重来，一直到清朝中期，英格兰破门而入，才将中国卷入了另一个世界，开始了第二次历史大转型。

教育—考试体系在这个民族精神被矮化的过程中发挥着深远的影响力。一千多年来，科举体系选拔考试专家，平民一朝越过龙门便可以迈入统治集团。考试专家不需要什么武德，他们的最高梦想是像范进那样，最多像曾国藩那样，成为技术官僚，升官发财，封妻荫子。极端重视考试，已经成为一种文化传统。

如果说明清时期仍然有杰出人物，那也是写入史册的历史名人，如果把目光投向普通人群，各种小说笔记字里行间的普通人实际上多是未能中举的范进，以及他周边那些种田的、扒粪的乡民，他们未必缺少天赋，但在那种禁锢性社会环境中，最后只是悄无声息地生生死死，绝大多数的人生并没有什么闪耀时刻。如果说中国古代的圣贤教育尚有经验可取，那么中国古代的平民教育则几乎一无是处。

在西欧，由于封建自由的长期存在，赳赳武夫式的教育理念从未断绝，企业家精神、创新精神、体育精神这些时髦概念实际是古典武德的现代变体。丘吉尔说“勇敢是一切美德的基础”，英国伊顿公学（Eton）毕业生在战争中的伤亡率远高于普通士兵，这些理念实际上与孙武子的思想暗合，都是领导力的柱石，也是常青藤等一流高校如此重视体育项目的原因所在。

范进中举的那个时代背景，大致相当于英国的伊丽莎白女王时期。自由和竞争的环境呼唤武德。我们看英国的社会史和各种小说杂记就会发现，大量普通人奋斗进取，正汇成满天繁星，纺织工人可能变成小发明家，他们的儿子可能成为律师和议员，村学顽童也可能在几年后进行航海冒险，在地球的另一面变成农场主或者贸易商。张居正摧残天下书院时，英国的牛津改革家们正在为自由竞争的社会培育元气。200 年之后，工业革命就产生了，而同期的东方古老帝国则探索出了更为精致的统治技术：文字狱。

东西方历史大分流，国运上下，普通人的命运系于其中。

历史投影影响至今，让中国家长特别注重考试成绩，而缺乏人生哲学层面的思考和实践。教育目标和社会生活之间的裂痕已经十分明显。

1904 年，梁启超流亡日本时，已经发现了社会生态的差距，他目睹了明治维新后日本社会升腾勃发，而有感于中国之积弱不振，悲愤地感慨：

泰西日本人常言，中国之历史，不武之历史也，中国之民族，不武之民族也。呜呼，吾耻其言，吾愤其言，吾未能卒服也！

知耻而后勇的结果是，振笔而作《中国之武士道》，以求刷新国人的精神世界。

如果把这种精神落实到教育领域，我们可以总结为：培育人格、恢复武德。当然，在政治、经济、文化等其他领域，当另有其落地思路，此处不赘。

4. 雪藏在先秦史中的精神力量

关于今日华人在海外如何定位，常听到“融入主流社会”的论调（甚至是擦洗自己的东方文化背景以融入主流社会），但实际上华人身份是无法消除的。正确的方向和姿态应当是各美其美、美美与共，华人以自信的姿态创造出有益人类发展进步的普世成就。

当然必须强调，各美其美绝不是中体西用，绝不排斥向西方学习；各美其美是自信，不是自大。

近代中国人的心态，在自大与自卑之间震荡，很难摆正。

鲁迅晚年写文章，论断“汉字不灭、中国必亡”（1936年《病中答救亡情报访员》），这是文化自信心彻底崩溃的产物。

今天汉字还健在，而中国也还健在。其实日文和日本也一样。历史已经证明鲁迅错了。日本明治维新全面向西方学习，并不需要以破除日本身份认同为先。对于自身的历史传统，只是转换性创造，茶道、剑道、和服、樱花如今依然在，并没有妨碍日本的现代化。

但鲁迅式打烂传统的思维方式至今盛行。与此同时，美美与共的思维方式则并未确立。

为什么？可能主因在于中国传统中“美”的遗产并没有被很好地提炼、总结和应用，无以与世界文明并存。

但是这5000年文明史，多少亿人努力过的土地，没有积累下尚值得挖掘的精神资源吗？没有值得一顾的遗产吗？没有仍然能给我们带来力量的传统吗？没有值得捍卫的价值吗？

并不是。

中国传统文化的现代转换，需要基于重新理解历史。

现在社会上广泛流行的国学热，多是简单复古，其实只在表层。

今天我们需要对汪洋大海般的历史文化进行梳理，提炼出其中的洋流脉络、提取出其中的能量。一本书不够，这是一个生态系统重建，是中国传统文化的现代转换，还需要生活方式的配合。

其中，士人精神就是一个值得注意的点。这个点跟上文谈及的领导力有关，跟我们探讨的教育理念也有关。正如哈佛大学校长吉尔平·福斯特所言，领导力来自人文社科，尤其是历史阅读。

华夏民族本是黄河边一个小族群，2000年时间中不断开疆拓土，在战国末年已成东亚大陆霸主。其中，文明繁盛期即在春秋战国时。

文明繁盛反映在每个人的精气神中。春秋时的《左传》出现过400多个人物，既有王侯，也有普通樵夫村妇，大都质朴刚健、轻生重道，没有一个临阵叛逃、屈膝投降的，没有一个汉奸。

梁启超辑录的《中国之武士道》，正是集中描绘中国古代士人的精神。书中选取了七十多个春秋战国时期的著名人物作为“中国武士道”精神的体现者，他们来自社会的各个阶层，身份、地位迥异，有侠客也有刺客，既有君主、将军、

宰相、太子这样的显贵，也有地方官员、陪臣、谋士、士兵，还有仆人、渔夫、民妇、屠夫等社会下层的普通人。他们重朋友、重道义、重名誉、重然诺，轻生死、淡功名、有血性、有个性，除暴安良、扶危济困、急人所难、行侠仗义，可杀而不可辱，宁为玉碎，不为瓦全。

梁启超认为自有正史开始的五百年间，卓越的尚武人物不计其数，他从“穆然以思”得出这样一个结论“中国民族之武，其最初之天性也；中国民族之不武，则第二之天性也”。

梁启超眼中的中国武士道，不是某种身份如武士、侠客、刺客，也不是某些行为如生猛、鲁莽、讲义气、敢拼命，而是一种精神，一种刚健昂扬、积极果敢、有原则、有坚持、不苟且、不猥琐的生活态度。

这种精神可以在任何时代创造文明，墨子在今天可能是任正非，管仲在今天可能是格林斯潘，鲁班在今天可能是袁隆平，扁鹊在今天可能是屠呦呦，白圭在今天可能是马云。其作用机制就像新教精神催生资本主义，儒家伦理涵养日本企业经营。

基于“如何找到精神力量”的思考，上海泽邸教育最近几年研发了多个教育项目，诸如英雄之旅、华夏壮游、七年中文、BSC少年军团，等等，这些项目都指向培育孩子的精神与格局，奠定其一生的精神之锚，对即将出国留学的学生来说，拥有强大的内心尤其重要。

2018年冬天的华夏壮游行程中，我跟Mike设计出了一个项目：组织同学们翻译梁启超《中国之武士道》为白话文，并添加若干内容重新出版，定名为《写给青少年：春秋战国士的故事》，于是有了读者面前的这本书。

我在《至简中国史》第一版中曾言，将来要翻译《中国之武士道》，此书同时是我个人的诺言兑现。

本书译者是一些中学生（有几个已经进入美国的大学），他们接受着最前沿、最现代的教育，而今他们在书中表达的是对中国古典的关怀。本书写给青少年，相信可以给他们带来共鸣，共同探索立身哲学。此外，我们还特邀苏州大学附属中学校长赵光义博士、“985”阅读馆创始人李韦烨先生两位方家担任主编，为本书酌定内容、优化质量。

教育是国家兴盛之本。1870 年普法战争胜利后，老毛奇元帅说：“普鲁士的小学教师赢得了萨德瓦战役。”“人皆可以为尧舜”，中国社会发展不应靠人海战术去堆积、指望人多了总有奇才，而应提升全社会的教育水平，人人散作满天星。这才是真正的人口红利。如果有一天，我们回顾往事，觉得在中国复兴的历史进程中培育过一些人才、点燃过一点星火，则幸莫大焉。重新出版《中国之武士道》就是这条路上的一个脚印。

2020 年 3 月

目录

杨度序

新会梁先生编撰的《中国之武士道》一书已经完成，并且作了自序。给我看过，我说：此书你命名为《中国之武士道》，是不是想要区别于日本武士道？是要区别于日本武士道的话，难道武士道的名号，只是日本有而中国没有吗？如果说武士的名号，那是日本特有的家臣的称谓；若说武士道，那就不仅是武士遵守的原则，凡是日本人，无不遵奉。这种道和西洋各国所谓的人道（humanity）本质上相同。西方人为此竞争战斗乃至死亡，历史上数不胜数，只是名称上不如武士道更重轻死尚侠的意味。

中国古时候虽然并无此名但有其实，那借用他国的通用名词，来表扬我民族的天性，当然没什么不可以。即使这样，纵观两国历史比较来看，这里面有一个大问题。就是日本的武士道，历经千年，历久弥新，至今不衰，取得的成果，在国内有维新革命之功，对国外则抵抗蒙古，战胜中国，吞并朝鲜，力敌沙俄，赫然是世界一流强国。

而我们中国所谓的武士道，则从汉朝以来，就已经风气渐弱，儒风渐盛。导致的结果，对内是数千年来，霸者频出，

此起彼伏，人民的权利完全得不到保障；对外却是深受异族侵扰，先后有五胡乱华，辽金占中原，蒙古满洲更是开朝立代，一遇外敌交锋必败。直到现在欧美各国，合起伙来图谋我国，人为刀俎，我为鱼肉，民智冥昧不开，知道的人不敢发声，不知道的人莫名痛苦，柔弱脆懦，到这样的地步，和日本相比，正是完全相反。一个是古微而今盛，一个是古有而今无，出现这样相反的现象是为什么呢？梁先生谈论中国，是由于专制政体的缘故。我的意见是：哪里单单是政治，学术上的差别也促使了这种情况的发生。

日本原来是没有自己专有的学术的，自从和中国有了各种层面的交流之后，学习了中国的学术，便以中国的学术作为自己的国家的学术。直接学到的是中国的儒教，间接学了印度的佛教，举国上下，没有能跳出此二教之范围的人。这两种教义是相反的，却能被充分运用，这是为什么呢？

孔子之道，专注于现世主义，强调的是君臣父子兄弟的节操，仁义礼智的道德，流传下来的著作里所记载的，都是身心性命家国天下的关系，反复提及。而对于生命出现之前，消失之后，都不过问。才有云：未知生焉知死；又有云：吾欲言死有知乎？恐孝子顺孙，妨生以事死；吾欲言死无知乎？恐不孝之子，弃其父母而不葬，故唯言朝闻道可以夕死，无求生以害仁，有杀身以成仁。这些话，只起到教育训诫的作用。而对于生死的意义，则是以一种局外人的眼光，保守中立。它切中人间事的作用，不会使人流落空虚，自然是其他教的教义不能相比的，所以才有儒教并非宗教的观点。

而佛教就不同了，释迦牟尼最初就是因为这生死问题，放弃王子之位，三衣一钵，入山学道。每日观天地山川、万物形体而修行。历经十二年，在一株菩提树下，豁然大悟，然后才广为宣扬妙法，普济众生，对生死问题阐述精妙，济人渡人。以三界为火宅，以此身为毒蛇，特别建立十二因缘，以阐明生老病死，因果环复，苦业无穷。然后用寂灭解决不明之事，以此为逃避生死之问的唯一手段。世间诸多苦难祸患，都源自自身，而所谓生死只是心生所想，心灭则生死皆灭。龙树等人解释此法，也说所有的表象，都逃不开老和死，没有任何方法，能脱离生死，对于生死问题都着力用寂灭来解释。这和儒教教义确实是完全相反的。

然而日本学了以后，倒是能得到二者之长，从而相辅相助，来明确人生的义务，所以日本人为了成仁取义之大节，如同看破生死一般，不惜捐躯致命。所以当楠正成将要赴难于湊川时，向明极楚俊禅师询问生死的交界，禅师回答说：截断两头，当中一剑，正成才会死。新田义贞将要为国而死时，留下遗书给子孙：进亦非死，退亦非生，死生终必有期，譬如由昼入夜，由夜入昼。他们如此彻悟通达，所以才能轻松放弃学佛的外在，来保全学儒的精神。西乡、福泽等人，都是遵循这一种道才成就了一世之伟人。吉田松阴说过：道尽心安，便是死所，乃诸人所共同之心得矣。

所以山冈铁舟论及武士道说，武士道有四要素：一报父母之恩，二报众生之恩，三报国家之恩，四报三宝之恩。三宝即为佛、法、僧。遵行这样的武士道没其他道理，用一句

话概括，至诚无我罢了。

从此可以看出，日本所谓的武士道，实儒实佛，非儒非佛，更多的是相互参照融合，二者都取其长，另成一派教义。学习儒道的弊端，不至于文柔不振，像朝鲜那样；学习佛教的弊端，不至于虚寂无用，像印度一般。这绝非拘束于方家之说，可以期待得到这样的美好结果。而儒教之中，在孔子之后，独尊崇王阳明为宗师，更是以知行合一的学说，激励其以身殉道的情怀，这在儒家派别的宗旨上，也和我国并不相同。选择的方法不同，得到的效果自然不同，这都是日本武士道成立的基本元素，而日本正是靠它称霸东洋。

由此出发反观我国，在战国以前，学术繁盛，并没有唯一遵循的道路，民众发动自身的聪明才智，贡献于社会，所以当时的实践行为，非常强大而坚持，学道之士若心有所想，一定会亲身实践，即使有杀身冒死的风险也并不犹豫，所以中国的武士道，在那时相当发达。到了汉朝，罢黜百家，独尊儒术，之后的各朝代帝王，因为有利于统治，也都循例沿袭，只把儒教作为国教。其间宋朝程朱等儒士，略有改变，虽然不如王阳明的即知即行，勇敢能任，然而对于孔子的教义并没有大的背离。儒教专重现世主义，言生而不言死，切近世间的事和情，教导民众追求仁义的方法。如果中国在这数千年中，实行孔子之道，直到现在，即便不能因为武力强盛与诸列强争雄世上，难道还不能成就彬彬礼义的东方君子之国吗？

自汉朝以来，所谓遵循儒教的人，不过是表面上的谎言，实际上运用的不是儒教而是杨朱之教！世间学者都认为杨朱之学是传承自老子，然而老子的论道，广漠无涯，范围至大，儒家、道家、法家、兵家、阴阳家，都起源于此道，杨朱之学远不足以比肩任意其一。庄子是公认的儒教大家，文字简单却深入本质，论及生死曰：方生方死，方死方生。又曰：死者，上无君，下无臣，亦无四时，从然而以天地为春秋，虽南面王遂不能过。这是庄子齐物论的主旨，对生死之事有所涉及。像列子则主张万物一体，他的观点是：死者，人生至乐之大者也，大哉乎死！君子息，小人伏，善哉古之有死也！仁者息，不肖者伏。庄子用贵贱之论，可以警示富贵者不要浪费余生；列子用君子小人之论，认为都是一死，那君子何必为善，小人何必不为恶，这对于劝导世人就不可取了，还远远不如杨朱之学。杨朱的观点是：人活百年就是长寿了，这种能活到百岁的人是千分之一。人生是为什么？为了快乐。就是鲜衣丰食声音美色而已。万物活着的时候不同，死亡都是相同的，活着的时候分贤愚贵贱，所以不同；死了都一样是臭腐消灭，所以相同。活十年是死，活百年也是死，仁圣会死，贼匪也会死，尧舜和桀纣活着的时候不同，死了都是一样的腐骨罢了。知道这些不同，活着的时候就要尽情享乐，别管死后。高桥五郎关于这种观点曾论道：皆绝望之语，陷于自暴自弃，流于放情纵欲。

列举杨朱的罪过，又何止于此！杨朱所坚持的，也是现世主义。但是在现世之中，不尽力完成人生应尽的义务，却只是贪图鲜衣丰食声音美色为乐，更是教人不向仁善却去为

恶，不做尧舜去做桀纣。苟且人生贪一时欢响，只待死去变腐臭枯骨，生前死后的是非毁誉，都毫不顾忌。这和孔子坚持的现世主义，有绝大的不同，可以说是水火不可相容。这简直就是人类的公敌了，不仅仅是孔教的仇敌。然而因为他和孔教同源，都是现世主义，于是孔教的追随者们，由于不能用佛教的理论了解生死之理，只是在现实生活中，每天平常度过，兢兢业业，唯恐失败堕落，当遇到某事某物不得解决，便都化成一身苦恼的源头。这便给了杨朱的学说乘虚而入，入而据之的机会。

学孔子则甚难，而学杨朱则甚易；学孔子则甚苦，而学杨朱则甚乐。厌恶困难喜欢容易，逃避艰苦愿意享乐这都是人之常情。于是我自己都不开心，还担心我的后人，就成了中国社会的普遍思想。时至今日国事危急有如累卵，举国上下，无人不知。无论什么样的顽固之徒，也不会真的相信今天的中国是太平无事的。然而知道就能为之忧心，筹划谋算拯救祖国的人，举国上下也没几个。上至公卿士大夫，下至平民，每天在社会上忙忙碌碌，谋算着自己鲜衣丰食声音美色的享乐，不追求生前赞誉，不顾忌死后恶名，甘心当凶恶愚昧之人。一说到国家大事，就掩耳而走，瞠目而视，好像和他讲的是其他国家的事情。要问他们意义何在，只是苟且偷生，留着大好头颅等待着娱乐至死罢了。不论是在心中所想，或者是口中所言，和杨朱的学说，没有半点不同，所以就是纯粹的杨朱派的现世主义！

中国号称儒教之国，如果因此而亡国，又岂是孔子能认其咎的？如果中国果真摒弃孔子而师从杨朱，将大成至圣的名号，转而给了一毛不拔之人，那所有人就都知道中国是杨教的国度，而不是儒教的国度，名副其实，表里如一，那亡国的原因，就更容易找到出处了。无如儒教之徒，还曾经有像韩愈等人，喜欢颠倒名实的论调，用来炫耀其不同凡响。像他在代周文王所作羑里操曰：臣罪当诛，天王圣明。桀纣可以当作圣明，那尧舜也可以当作暴戾，凶愚和仁圣可以相互交换共用一名，这又是杨朱所想不到的了。中国人想要阳奉孔子而阴师杨朱，也就正好欣然利用附和这种谬论。千百年来，这种论调在社会上流行，已然形成重复千遍而成为真理的趋势。

所以今日的中国人，明知国家危亡，还能颂扬说太平；明知官吏腐败，还能献媚说文明；明知人士无罪，还能诬陷说该杀。充其量就是说杨朱是大圣人，孔子不讲道理，也并无不可。只不过古往今来形成的固定的地位，还不敢一下子换过去罢了。名实淆乱，表里违反，已经到了如此地步！

日本人就常说，孔子之道，不在中国而在日本，中国只是捧着它的名号而日本却是执行它的实质，难道是言过其实？并非如此，孔子提倡的诚意正心，修身齐家治国平天下之道，为何在中国没有一个能实行的人？那么孔子的现世主义在日本实行，也一定借佛教为助力，然后得以大力实行。况且在中国既没有佛教相助，还有杨朱之说强夺正统，更有像韩愈之流，为我国民提供了自欺欺人的方法，才使得秦汉以前轻死尚侠的武士道，沦落到无处能保留丝毫根芽的地步。所以

中国武士道之所以会消失，也有似孔似杨非孔非杨之学说将它斩除的原因。以儒教为正，以佛教为辅，发展壮大武士道，正是日本强大的原因；以儒教为表，以杨教为里，斩灭清除武士道，正是中国衰弱的原因。这就是我要强调的，学到的方法不同则产生的结果不同。

武士道之所以可贵，贵在能轻死尚侠，为国家社会谋取福利。但是死亡，确实是人生最难的问题。白隐禅师曾说：生与死是真实的，不可以凭空谈言论自我安慰和安慰别人。所以若不是人自身的理想，能超然于生死之外，则必不能轻言放弃生命。想要人知道肉身可以轻松抛弃，那么在肉身之外，是不是没有更重要的东西呢？或许还有比肉身更重要而不能同时放弃的东西呢？继续探寻下去，便涉及宗教界和哲学界的一个大问题，就是灵魂能不能死。古今学者的论点，大概分为两种。

主张灵魂可灭的有两派：一派认为人死就是完全灭绝。法国学者笛卡儿的观点是，人的死亡不是灵魂离开身体的结果，不过是身体生机破坏进而停止运动罢了。但是布尼克反对这种观点，认为生命由很多个体组成，其中一个个体掌握主要权利就是灵魂，其他个体都是从属地位构成身体，植物没有生死的意识，人的组成个体也没有，所以死亡不是消灭而是进化。另一派认为人死后只是灵魂消失，其他的并没有消失。像科学家朵因氏、哈克斯列氏、清达儿氏提倡生物进化论，认为宇宙间的物体，都是由元素化合而成，物体有生有灭，但是元素不会增减，人的身体组织，也是一样，虽然没有了生命力从而死亡，但是组成的元素依然存在，物质不灭。但英国学者西济伊克氏、买耶氏提出反对观点，认为现代的哲学，不应该反对科学而应该超越科学，要以目的论的见解，胜过机械论的见解。科学上认为人类因为适应地球的条件而产生，地球又是从何而来呢？科学上认为地球从太阳分离而来，那太阳又是从何而来呢？这种提问让科学无从解释。以上说法对于灵魂会不会死都并未完善。

主张灵魂不灭的，也有两派：一派认为死后有转生。世界古代的各种宗教，都有这种说法。比如犹太教中的天国地狱，印度的波罗门教和佛教中的八大地狱和修罗饿鬼畜生之各道轮回，埃及古宗教的人死后转辗于一百余种动物而复为人；苏格拉底也说死者如船长促予出帆，生由死来，死由生来，于此有死，即于此有生，故以哲学为学死之学。然而反对此种观点的人说，告诉你的死尸，苍蝇蛆虫密密麻麻，是你的来世，你的转生。真是痛快，当今世界，科学日新月异，这种谬论，自然不再需要驳斥，还有如此观念的欧美人，已经逐渐减少，只有南洋土著还认为死亡是另一种生命。当今中国的下等阶层，妇女等还在畏惧轮回报应之说，用来批评和劝诫，这不是教育之国该有的现象。另一派认为死后无转生。像普拉得的说法，人的精神居住在肉身里，受到肉身束缚，所以只能在肉身内控制下等的情绪欲望，供养自身，从而划分归属于实体。然而加藤咄堂的论点，认为精神离开肉体，就失去了依靠，也就是不能离开肉体而单独称为实体。

以上关于灵魂存灭与否的学说都不完善。那么灵魂真的

会死？真的不死？要说会死，那世上有人去世不用去劝；要说不死，那死后的灵魂，谁人见过？即便如此，我思虑数番，人之所以不同于禽兽，不单单是身体不同，精神的不同才最重要。禽兽的感知感觉，也能捕食而免于饥饿，寻找遮蔽而避开寒冷，想方设法维持生活，这就是它们精神所能达到的高度了，不过就是这样。虽然也有爱护群体的道德行为，然而不能发展升级为精神生活，进行推广和传于后世，这就是它们不如人类的地方了。说到人类，只讨论身体的话，根据生物学家的研究，人和猿猴有相同的祖先，身体上的构造，能够和动物完全不同的部分微乎其微，唯独人类的精神傲然天地万物，这才是被称为高等动物的原因。如果像杨朱之学，专门把如此高尚纯洁的精神，用于鲜衣丰食声音美色的地方，追求身体的舒服安逸，贪图眼下的低端娱乐，却不能任重致远，为世人谋福利，那和禽兽直接没什么不同，还能称他们为人类吗？

所以人类和禽兽的界限，不能用身体的构造来区分，而是用精神的作用来区分，用一句话来下一个判定：精神战胜体魄者为人类，体魄战胜精神者为禽兽罢了。即使这样，人的精神与身体之间的战斗，想要取胜也是非常难。只要有身体，就会有各种痛苦，饥寒劳动，时时刻刻没有尽头，于是衣食住这三种欲望兴起。这些欲望，发自身体而牵扯精神，环顾自身的种种困难都拖累精神，无论是仁圣凶愚尧舜桀纣都同样拥有，不可避免。只不过桀纣将精神殉葬才成为凶愚，尧舜却能不因为困苦改变自己的精神才成就仁圣。

所以仁人君子每当遇到不得已的时候，立刻毅然放弃身体而保卫其精神。诚然理性和欲望交战的时候，必有胜负之分，二者若不可兼得，则宁愿舍弃身体也要留取精神，用一死放弃肉身皮囊的拖累。若身体已经死亡，他的精神也会随之一起死亡吗？不是那样的。今日的世界，是古人的精神所创造，将来的世界，则一定是当代人的精神所创造的。人类的进化道路，纯粹是依靠精神的创造为基础啊。仁的精神，一直就是将普济众生作为毕生的义务，就算身死，这种精神也会传播在当今，并且流传在后世。孔子死去了，但是全世界儒教徒的精神，都是他的精神；释迦牟尼死去了，但是全世界佛教徒的精神，都是他的精神。在中国谈论孔子是死去的，在日本谈论孔子是活着的，在印度谈论释迦牟尼是死去的，在日本谈论释迦牟尼是活着的。这正是身体虽然死去，但是精神会永远鲜活。

由此可以推而广之，现在世界上说到共和首推华盛顿，说到武力征服首推拿破仑，说到天赋人权首推卢梭，说到进化论首推达尔文。那自从世上有了孔子、释迦牟尼、华盛顿、拿破仑、卢梭、达尔文等诸多先贤，由古至今，接受他们的精神并广为传播的人，已经不知道有多少万亿兆了，才最终形成今日世界的灿烂瑰奇。还有其他的圣贤豪杰之士，都是这样被传颂和学习的，这没有别的原因，身体是承载人之精神的载体，假使没有了精神在其中，身体就不能体现作用，假使没有了身体，那精神也就没有了依托的基础。

然而身体终有百年消亡之时，不论是如何的贤者，能用

不死之丹长生之药，躲过死亡，得以长久地留存于世，希望借助这样极致的身体，承载永恒的精神，这是不可能的。要在这无可奈何之中想办法弥补，那就只能借由后来人的身体，来承载先贤们的精神。一个人的身体终有尽头，但是后来人无穷无尽，将精神传于后人，让它能够相贯相袭相发明相推衍而长时间没有尽头，千秋万世，永远流传，除非到了地球末日人类绝种，否则精神就不会有消亡的那一天。

太棒了！人的精神果然可以不死，所以我认为不能解释死后的精神这一问题，就不能解释生前身体生命的问题。世上的宗教家哲学家，有希望在生死问题中追求中正圆满的学说的，或许也会与我惺惺相惜。苏格拉底曾说：人类的进步，是以个体延续乃至无限，才开始成就的。难道不是这个意思吗？虽然道理如此，也只是哲学之中所言，对于师从杨朱之学的我国国民，那些重体魄不重精神，顾生前不顾死后的人们，还依然有反对的势力。他们认为死后得以永远留存的精神，有什么用？活着的时候身体受苦都顾不上了，人们只会嘲笑说太傻了，而不可能从里面得到教育。

到这里我还有些话想说。杨朱所坚持的现实主义，必定认为天下万事万物，全都不能抵抗活着的时候身体的享乐，一定不是活着时身体没有可以享乐的，却还要强求享乐自添烦恼。人想要身体的快乐，则一定是衣食住三方面追求舒适，而想要这三方面舒适，那一定是生计悠然活泼绝非贫穷之人，这也是确定的。

当今世界各国并立，正是强国夺弱国之生计，强国国民夺弱国国民之生计，而只求自己衣食住的舒适惬意，满足身体享乐的世界。于农业则力求种植，于工业则力求制造，于商业则力求交通，那这三个行业想要发展壮大，就要和其他国家的国民进行竞争，绝非靠个人的力量能够办到的，这才集合群体的力量组成国家，作为保卫这一国人民的工具。环顾地球上任何的国家，没有不是对内保卫自己国家国民的生计，对外掠夺其他国家国民的生计，以此作为本职工作的。就这样还是唯恐内政不足以影响外国，才又重视外交，设立国家之间竞争的各种机关，若是争不到，那后面就是刀兵相见罢了。

所以现在的国家战争，不像古代争地杀人的战争了。战胜之后，放弃占领土地，也不杀人，就只是签订条约，夺取战败国国民的财富，抢来变为自己的。所以军事强大的国家，它的国民的衣食住，大多数是富美优厚安闲逸乐的样子。真的有像杨朱所说的那样鲜衣丰食声音美色的人，比如英美法德日本等国的人都是，这是我国国民亲眼所见，震撼并歆羡着。反过来看看我们国家，自上至下，人人都是追逐利益的样子。为官吏者只顾营私，谋划退休后回乡享乐，问及原因，一定会说生计所迫。为士为商为工为农者，每日匆匆忙忙来往于社会，只求养活自己和老婆孩子，时间像是不够用，问及原因，一定会说生计所迫。

近十多年以来，富人降格为中产，中产降格为穷人。举国上下，其一生数十年，能够安然坐享，不用担忧有一天会冻死饿死的人，四亿同胞啊，不足万分之一。这没其他原因，中国人没有能维护自己生计的强大国家，中国人的生计日渐被他国所瓜分，被他国国民所分夺，一天天陷入九死一生的地步。导致这样的原因虽然繁多，然而总的原因一定是我国国民公德不昌，各谋私利，于团体公共之利益，毫不注意，所以不能组织好国家，来谋求公共的生计。因此个人的生计，也保不住，力薄气涣，只能坐等外国人的拨弄，至于现在四百多万的土地，五十年内，就失去了三百七十余万公里。工商业都萎靡不振，每年外流的财富，达到一亿四千多万两白银。列强为方便自己工业商品的运输，在我国内兴建的铁路，已经达到七千一百五十三公里。其余失去的矿产航路税关邮政工厂等，真是到处都是。掠夺我们的衣食住的财富，到了完全穷尽的境况，就这还在不停地相互竞争，不肯有一点点的剩余利润，作为我国国民的生存所用。

我国国民本来想要谋求私利，而不顾公利，导致的结果则是因为不顾公利，最终私利也得不到。所向往的活着时的享乐，不知道何年月才能够满意，然而转变成临死的时间，却一天比一天靠近。没衣服就会冻死，没饭吃就会饿死，没地方休息就会累死，活得越久，离死亡越近。十年以后，恐怕中国境内，也会像印度内地一样，遍地乞丐饿殍满谷的惨状。

唉，我国国民被杨朱所欺骗，一直谋求个人的生活享乐，偏偏不可得，为何不谋求团体一起的欢乐，也因之能得到个人的欢乐呢？与其羡慕英、美、法、德、日等诸国人生活愉快，生计优裕，为何不谋求我们国家的生计，也能求得身体上的安逸呢？与其寒冷来临才寻求衣服，饥饿来临才寻求食物，劳累来临才寻求住处，为什么不早点谋划呢？谋划了没有得到，也不过是冻死饿死累死而已，还有什么？并且明知道一定会有冻死饿死累死的那一天，为何不在没有冻饿累之前死了算了。

所以今日的世界，住在中国大地，身为中国人，逃避是死，不逃避也是死，一样是死，与其当个逃避死亡却死去的人，为何不做一个不逃避死亡而直面死亡的人。那些逃避死亡却死的人，就是中国人今日的死法；不逃避死亡而直面死亡的人，就是中国古时有武士道精神的人们的死法。死是一样的，但是，为什么而死则有大大的不同。

加藤咄堂论死的方式，分为六种，三种健全，三种不健全。健全的死法，第一种，视生死如一，称作圣哲达观之人；第二种，个人的死亡得到社会的生机，称为以死成仁；第三种，信天命，称为当事变而不乱。不健全的死法，第一种，为断绝痛苦而自我了断，称为自杀；第二种，为求得来生去死，称为情死；第三种，为得到精神上的安慰死去，称为因迷信获得死后幸福。

中国武士道中人们的死法，都是健全的绝非不健全的。至于现在的人，正在偷生苟活，试图逃避死亡，他们的死是不健全的死法，我还没时间去研究。

国民，有的以武士道的精神，发扬四千年前的人物，继承其精神，并且在世界上发扬光大，让已经死去的中国，变成新生的中国，和日本武士道共同彪炳于世界，称为黄种人中第一等的国民；有的挟虚无党之刃与雷电争光；有的举革命军之旗以与风云竞色；有的夺军国民之气以使中国国旗扬

威振彩于海外，与列强争一日之雄；都是以至诚无我的精神，能了解生与死的难题的人，他们不只是政治上的精神，还是学术上的精神。

我听说梁先生将要讲述武士道的生死观而成书，称作“死不死”，不知道所论述的和我写的是否相合。我希望以佛教助儒教，用日本鉴中国，和梁先生的武士道文章一定相合。现在问问梁先生，你觉得呢？

【原文】

新会梁氏撰《中国之武士道》一书既成，且自为之叙。以示杨度，杨度曰：子之命是书为《中国之武士道》也，岂非欲别于日本之武士道乎？其欲别于日本之武士道也，岂非以武士道之名，虽日本所有而中国所无？然以云武士，则惟日本以为藩士之专称；以云武士道，则实不仅为武士独守之道，凡日本之人，盖无不宗斯道者。此其道与西洋各国所谓人道 Humanity 者， 本无以异。西人以此问题竞争战斗而死者史不可胜述，惟其名不如武士道之名有轻死尚侠之意焉。

中国古昔虽无此名而有其实，则假彼通用之名词，以表扬吾民族固有之天性，固无不可也。虽然，合二国之历史比较而观之，此中有一大问题焉。乃日本之武士道，垂千百年，而愈久愈烈，至今不衰，其结果所成者，于内则致维新革命之功，于外则拒蒙古，胜中国，并朝鲜，仆强俄，赫然为世界一等国。

若吾中国之所谓武士道，则自汉以后，即已气风歇灭，愈积愈懦。其结果所成者，于内则数千年来，霸者迭出，此起彼仆，人民之权利，任其铲削，任其压制，而无丝毫抵抗之力；于外则五胡入而扰之，辽金入而扰之，蒙古满洲入而主我，一遇外敌，交锋即败。至今欧美各国，合而图我，人为刀俎，我为鱼肉，国民昧昧冥冥，知之者不敢呻吟，不知者莫知痛苦，柔弱脆懦，至于此极，比之日本，适为反对。一则古微而今盛，一则古有而今无，现象之相反如此，此其故何哉？梁氏之论中国也，曰专制政体之故。杨度曰：岂独政治，盖亦学术之异有以使之然者矣。

夫日本本无固有之学术，自与中国交通以后，乃以中国之学为学，直接而传中国之儒教，间接而传印度之佛教，举国中人，无能出此二教之范围者。夫此二教者，其义相反，而其用有相足者，何以言之？

孔子之道，专主现世主义，谆谆于子臣弟友之节，仁义礼智之道，经传所载，惟于身心性命家国天下之关系，反复言之。而于有生以前，既生以后，皆不过问。故曰：未知生焉知死，又曰：吾欲言死有知乎？恐孝子顺孙，妨生以事死；吾欲言死无知乎？恐不孝之子，弃其父母而不葬，故惟言朝闻道可以夕死，无求生以害仁，有杀身以成仁。以此数语，

为其教戒而已矣。盖教对生死问题，乃以局外国而严守中立者也。其切于人事之用，而不使人探索于空虚，自非他教所能及，故有谓儒教为非宗教者。

若夫佛教则不然，释迦本以此死生问题，弃其王子之位，三衣一钵，入山学道。彼时睹天地念无常，睹山川念无常，睹万物形体念无常。经十二年，而一旦于菩提树下，豁然大悟，其后广说妙法，普济众生，皆无不准此问题，以为济渡。以三界为火宅，以此身为毒蛇，特立十二因缘，以明生老病死，因果环复，苦业无穷。而以灭去无明，免此生死为唯一之手段。以为身者众苦之本，祸患之源，又以生死皆由于心，苦心灭则生死皆灭。龙树诸人绎之，亦谓所有一切法，皆是老死相，终不见一法，离生死有住，皆对于生死问题而力求其寂灭者也。此与儒教教义，实为大相反对。

而日本学之，则反能得二者之长，而相辅相助，以了人生之义务，故其人于成仁取义之大节，类能了达生死，捐躯致命以赴之。故楠正成之将赴难于凑川也，诣明极楚俊禅师而问以死生交谢之际，禅师答曰：截断两头，当中一剑，而正成遂死。新田义贞之将死国也，以书遗子孙曰：进亦非死，退亦非生，死生终必有期，譬如由昼入夜，由夜入昼。其彻悟通达如此，故能轻弃其学佛之躯壳，以保全其学儒之精神。西乡、福泽之流，皆遵此道以成一世之伟人者也。吉田松阴有言：道尽心安，便是死所，乃诸人所共同之心得矣。

故山冈铁舟之论武士道曰：武士道之要素有四：一报父母之恩；二报众生之恩；三报国家之恩；四报三宝之恩。三宝者，佛、法、僧也。而行此武士道无他义焉，一言以蔽之，至诚无我而已。

由此观之，则日本之所谓武士道者，实儒实佛，非儒非佛，几于参合融化，两取其长，而别成一道矣。然其学儒之弊，不至文柔不振，而流于朝鲜；学佛之弊，不至虚寂无用，而流于印度。此必非拘守一家之说者，可以期此美果者也。而儒教之中，于孔孟以后，独宗阳明，更以知行合一之说，策其以身殉道之情，此又于儒术派别之宗尚，亦有以异于我国。择术既异，收效自殊，此皆其武士道成立之原素，而日本所以致霸于东洋者也。

由是反而观于我国，则战国以前，学术繁盛，未定一尊，人各鼓其聪明才智，以自献于社会，故其时实行之力，亦甚强毅，学道之士，心有所识，身必赴之，虽杀身冒死不顾焉，故中国之武士道，于彼时甚为发达。及乎刘汉之世，罢黜百家，独宗儒术，其后历代霸者，利其便己，皆因袭之，专以儒教为其国教。其间宋儒程朱之俦，稍变面目，虽不如阳明之即知即行，勇敢能任，然于孔子之义，无大背焉。夫以儒教之专重现世主义，言生而不言死，

切事近情，教人以求仁之术。使中国而果于数千年中，实行孔子之道，以至于今，则虽不能以杂霸武功，与今世列强争雄于地球之上，亦岂不能使彬彬礼义，为东方君子之国乎？

无如自汉以来，所谓尊崇儒教者，不过表面上欺人之词，而其实则所行者非儒教而杨朱之教也。世之学者皆谓杨朱祖述老聃，然老聃之道，广漠无涯，范围至大，儒家、道家、法家、兵家、阴谋，皆自此出，杨朱之学，不足与比肩也。庄子则固儒教之达人，略文而从质者，其论生死曰：方生方死，方死方生。又曰：死者，上无君，下无臣，亦无四时，从然而以天地为春秋，虽南面王遂不能过，此齐物论之旨，其意有所寄也。若列子则主万物一体者，其言曰：死者，人生至乐之大者也，大哉乎死！君子息，小人伏，善哉古之有死也！仁者息，不肖者伏。夫庄子以贵贱论，可以警富贵之偷生者；列子以君子小人论，以为同有一死，则君子何必为善，小人何必不为恶，此于劝世之道，无所当矣，然未如杨朱之甚也。杨朱之言曰：百年者寿命之大者也，虽然，达于百年者于千人无一人焉。又曰：人之生者奚为哉，奚乐哉，曰，鲜衣厚食之为尔，声音美色之为耳。又曰：万物所异者生也，所同者死也，生则有贤愚贵人，所以异也；死则有臭腐消灭，是所同也。又曰：十年亦死，百年亦死；仁圣亦死，凶愚亦死；生则尧舜，死则腐骨；生则桀纣，死则腐骨一矣。孰知其异，且趣当生，奚遑死后。高桥五郎论之，谓是皆绝望之语，陷于自暴自弃，流于放情纵欲。

鸣呼，推杨朱之罪，则亦何止于此。夫杨朱所持者，亦现世主义也。然于现世之中，不勉为人生应尽之道，而徒以鲜衣厚食声音美色为乐，至教人不为仁圣而为凶愚，不为尧舜而为桀纣。苟偷俄顷之欢娱，以待一死之臭腐，生前死后之是非毁誉，皆所不顾。此与孔子所持之现世主义，有大相反对，如水火不能相容者。此直人道之公敌，而不仅为孔教之仇雠（chóu）也。然惟其与孔教所持，皆为现世主义，则凡孔教之徒，既不能以佛教之理了解死生问题，而惟于现世之中，日用寻常之事，兢兢业业，惟恐失坠，则必遇事遇物，皆为一身苦恼之缘。于是杨朱之说，得以乘间抵隙，入而据之。

学孔子则甚难，而学杨朱则甚易；学孔子则甚苦，而学杨朱则甚乐。人情莫不恶难而喜易，避苦而趋乐。于是我躬不阅，遑恤我后，遂为中国普通社会之思想。至今日而国事之危，有如累卵，举国上下，人尽知之。无论若何顽固之徒，未有实信今日之中国为太平无事者。然知之而遂心焉忧之，谋所以挽救之者，举国中无几人焉。自公卿大夫士以至于庶人，日孜孜于社会，以谋其鲜衣厚食声音美色之乐，不求当世之誉，不顾后来之毁，甘为凶愚而不惜。至语以国事，

则掩耳而走，瞠目而视，若与之言他国之事也者。问其意之所在，则偷生而已，畏死而已，姑保此首领寻娱乐以待死而已矣。不惟存之于心，抑且出之于口，与杨朱之说，无丝毫之差异，盖纯粹之杨朱现世主义也。

夫中国号称儒教之国，若以此而亡其国，抑岂孔子所能任咎者。然使中国果真屏孔子而师杨朱，取大成至圣之号，移而奉之一毛不拔之人，则群知中国为杨教之国，而非儒教之国，名实相符，表里如一，则亡国之原因，犹易寻其所在。无如儒教之徒，又曾有如韩愈等者，好为名实相反之论，以炫其奇。如其代周文作羑（yǒu）里操曰：臣罪当诛，天王圣明。桀纣而可为圣明，则尧亦可为暴戾，凶愚之与仁圣，可以互易共名，此又杨朱之所不及料矣。然中国之人，方将欲阳奉孔子而阴师杨朱，则亦利用此谬说而乐为附和之。千百年来，此种论说，流行社会，又已成久假不归之势矣。

故中国今日之人，明知国家之危亡，犹可颂曰太平；明知官吏之腐败，犹可媚曰文明；明知人士之无罪，犹可诬曰当诛。充其量即谓杨朱大圣，孔子无道，盖亦无所不可。特古昔已定之位置，不敢骤易之耳。夫名实淆乱，表里违反至于如此。

则日本人之常言，孔子之道，不行于中国而行于日本，中国奉其名而日本行其实者，岂过言哉？

不然，孔子所谓诚意正心，修身齐家治国平天下之道，何于中国无一能实行之人也？夫孔子之现世主义，行于日本，犹必假佛教以助之，而后实行之力始大。而况中国既无佛教之助，又有杨朱之夺，复有韩愈等，为我国民献自欺欺人之术，则秦汉以前轻死尚侠之武士道，果何自而有稍留根芽之地者乎？故中国武士道之所以销灭者，又因此似孔似杨非孔非杨之学说有以斩削之之故也。夫以儒教为正，以佛教为辅，而发达此武士道者，日本之所以强也；以儒教为表，以杨教为里，而斩除此武士道者，中国之所以弱也。此即所谓学术不同有以致之之故也。

夫武士道之所以可贵者，贵其能轻死尚侠，以谋国家社会之福利也。然而死者，实人生最难之问题。白隐禅师谓：死生者事实也，非可以空言空论自慰以慰人者。故苟非其人之理想，能超然于死生之外，则必不能轻弃其身。而欲人知此身之轻而可弃，则此身以外，其更无重于此者乎？抑有重于此身而不与身同弃者乎？由此以求之，则宗教界、哲学界有一大问题焉，乃灵魂之死与不死是也。古今学者之所论，大抵出入于两端。

其主灵魂有死说者，有二派焉：其一则谓死者断灭而绝无，如法儒笛卡儿言人之死也，非灵魂去其身体之结果，不过身体之机械破坏而停止运动耳。然奈布尼克反对之，以为生物者多数之单子积合而

成，其中一单子握主权而为灵魂，他单子皆从属而为身体，植物之精神无死生，则人之单子亦无死生，故死者非消灭而进化也。其二则谓人死惟灵魂灭，其他不灭。如科学家朵因氏、哈克斯列氏、清达儿氏之倡生物进化论也，以为宇宙间之物体，皆由元素之化合，物体有生有灭，而元素无增无减，人身组织之物体，亦犹是也，虽生活力丧失以至于死，而势力恒存，物质不灭。然英儒西济伊克氏、买耶氏反对之，以为今日之哲学，不当反科学的而当超科学的，以目的论的见解，胜机械论的见解。科学者谓人类以适于地球热度而成形，地球之原始如何乎？科学者谓地球由太阳分离，然太阳之原始又如何乎？以此穷科学者之说，凡此者皆谓灵魂有死说之未能尽善者也。

其主灵魂无死说者，亦有二派焉：其一则谓死后有转生。世界古时各种宗教，皆有此说。如犹太教之言天国地狱，印度之波罗门教、佛教之言八大地狱及修罗饿鬼畜生之各道轮回，埃及古教之言人死之后，转辗于一百余种之动物而复为人；梭格拉底亦谓死者如船长促予出帆，生由死来，死由生来，于此有死，即于此有生，故以哲学为学死之学。然世人之反对此种论说者，则曰，告汝死尸，蠕蛆猬集者，汝之后身也，汝之转生也。呜呼，此实快论也，夫世界至今日，科学日进，此等谬说，自不待辨，欧美之人若此观念者，盖已渐少，惟南洋土蛮犹谓死为第二之生。中国今日下等社会、女子社会，犹恃此轮回报应之说，以为惩劝，则无教育之国所必有之现象也。其二则谓死后无转生，如普拉得之言人之精神居于肉身之中，而生束缚，故必于肉身上制下等之情欲，养本来之性质，而归复于实体。然加藤咄堂论之，谓精神舍此肉身，必无所归，则亦不能离肉身而存实体。

凡此者皆谓灵魂无死说之未尽善者也，然则灵魂果有死乎？果无死乎？欲言有死，则世之死者无所劝；欲言无死，则死后之精神，人谁见之者？虽然，吾思之吾重思之，人之所以异于禽兽者，不独其体魄之异也，尤在其精神之异。禽兽之知觉，亦能觅食以避饥，择居以避寒，自谋其体魄之生活，惟其精神所及者，不过如此。虽亦有爱护其群之德，然不能发达此精神，使之布于当时而传于后世，此其所以不如人类也。若夫人类，专以体魄而论，据生物学者之言，则人猿同祖，其一身之构造，所以异于他动物者，盖亦几微无几，惟其精神可以位天地而育万物，此其所以为高等动物也。若如杨朱之学，专以其高尚纯洁之精神，用之于鲜衣厚食声音美色之地，以自适其体魄，图生前下等之乐，而不能任重致远，以谋人群之福利，则与禽兽直无以异，安见其为人类乎？

故人类与禽兽之界，不以体魄之构造分之，而以精神之作用分之，可一言以判焉，曰：精神战胜体魄者为人类，体魄战胜精神者为禽兽而已矣。虽然，人之精神与体魄战，而欲求其胜，此其事亦甚难。既有体魄，则有众苦，饥寒劳动，在在迫之，于是衣食住三者之欲望以起。而此欲望者，因体魄而牵及精神，环吾一身种种困难皆为精神之累，此仁圣凶愚尧舜桀纣所同有而不能避者也。惟桀纣则以精神殉之而成为凶愚，尧舜则不以此变易其固有之精神而成为仁圣。

故仁人君子每遇不得已之际，辄毅然弃其体魄而保其精神。诚以理欲交战之际，必有一胜一败，二者既不可得兼，则宁舍体魄而取精神，以一死弃此臭皮之苦累焉。虽然，体魄则已死矣，其精神亦将与之俱死乎？是则不然，夫今日之世界，为古人之精神所创造，将来之世界，又必为今人之精神所创造者，此人类进化之道，纯恃此以为之元素者也。仁者之精神，恒以普济众生为其毕生之义务，其身虽死，而其精神已宏被于当世与后来之社会。故孔子死矣，而世界儒教徒之精神，皆其精神也；释迦死矣，而世界佛教徒之精神，皆其精神也。于中国言孔子则孔子死，于日本言孔子则孔子生，于印度言释迦则释迦死，于日本言释迦则释迦生。死者其体魄，而生者其精神故耳。

由此推之，今世界之言共和者，无一而非华盛顿，言武功者无一而非拿破仑，言天赋人权者无一而非卢梭，言人群进化者无一而非达尔文。盖自世有孔子、释迦、华盛顿、拿破仑、卢梭、达尔文诸杰以来，由古及今，其精神所递禅所传播者，已不知有几万亿兆之孔子、释迦、华盛顿、拿破仑、卢梭、达尔文矣，而遂以成今日灿烂瑰奇之世界。其余圣贤豪杰之士，皆无不如此者，此无他，体魄者所以载人之精神者也，使无精神，则体魄无所用，使无体魄，则精神亦无所宿。

然体魄者无百年而不死，无论若何贤哲，能以不死之丹，长生之药，避此无常之风，以常留于世界，而欲以此至促之体魄，载其至永之精神，此其道无由，于无可如何之中而欲有以补之，则惟有借来人之体魄，以载去我之精神而已。去我之体魄有尽，而来人之体魄无尽，斯去我之精神与来人之精神，相贯相袭相发明相推衍而亦长此无尽，千秋万世，永远流传，非至地球末日人类绝种，则精神无死去之一日。

盛矣哉人之精神之果可以不死也，故予以为非解释死后之精神问题者，不能解释生前之体魄问题。世之宗教家哲学家，有欲于生死问题中，求正大无弊之说者，或亦以予为知言也。梭格拉底有言：人类之进步，以个人连续之无限，而始成之者也，岂非此意也乎？虽然，此理也，固犹哲理中言也，以

之对于吾国国民所师奉之杨朱学说，重体魄不重精神，顾生前不顾死后者，则犹有反对之势。彼以为死后至永之精神，留之亦将何用，生前至促之体魄，其苦已不可偿，群将笑为大愚，而无从得其相喻。

然予于此更有说焉。夫杨朱之持现世主义，必以为天下万事万物，举不足以敌生时体魄之乐利故耳，必非生前体魄无可乐，而必强留此以自苦恼也。夫人欲体魄之乐，则必于衣食住三者之求适意，而欲三者之适意，则必于生计使能活泼而不困穷者，此一定之势也。

然今日之世界，则正各国并立，强国夺弱国之生计，强国国民夺弱国国民之生计，而自求其衣食住之适意，以遂其体魄之乐之世界也。故于农业则力求种植，于工业则力求制造，于商业则力求交通。而又知欲求三者之发达，以与他国之国民竞争，必非各个人之力所能济也，于是合群力以组织一国家，为保护一国人民之具，环地球各国之国家，未有不内以保己国国民之生计，外以夺他国国民之生计为其职务者也。然犹恐内政不足以及外，复重外交，设国与国竞争之机关焉，争之不得，则兵力随之矣。

故今世各国之战争，非如古争地杀人之役也。战胜之后，地弃之而不必取，人弃之而不必杀，惟与订条约，取战败国国民之生计，攫之以归于己而已。故兵强国盛者，其国民之衣食住，多有富美优厚安闲逸乐之象。诚有如杨朱所言鲜衣厚食声音美色者，如英美法德日本诸国之人皆是，此吾国国民所亲见而震骇之歆羡之者也。及反而观于吾国，则自上至下，人人皆有趋利不遑之状。为官吏者各自营其私囊，谋归乐于乡里，问何以故，必曰生计之故。为士为商为工为农者，日孜孜于社会，求所以自养且养妻子者，日如不及，问何以故，必曰生计之故。

近十余年以来，富者降而为中产，中者降而为贫人。举国之人，其于一生数十寒暑之中，能安然坐享，不忧他日之冻死饿死者，盖四万万人之中，不能得万分之一也。此无他，中国之人，无自保生计之国家，其生计日为他国国家所分取，他国国民所分夺，而日陷于九生一死之地。其致此之原因虽甚繁多，然其总因则必由于我国民之公德不昌，各谋私利，于团体公共之利益，毫不注意，故不能组织国家，以谋公共之生计。因而个人之生计，亦以不保，力薄气涣，坐待外人之攫，至于今日四百万余之土地，五十年中，已失去二百三十余万英里矣。工商不振，每岁流出之财，已至一万万四千余万矣。各国求其工商运输之便利，于我国内所起造之铁路，已至四千四百四十五英里矣。其余失去之矿产航路税关邮政工厂等，尤所在皆是。取吾人所以为衣食住之资本者，几已攘夺罄尽，犹且竞争未已，不肯稍留余利，以为我等养生之具。

吾国国民本欲各营其私利，而不顾公利，而其结果则以不顾公利之故，至私利亦不可得。所谓生前体魄之乐，不知何年可以适意，而转死沟壑之期，反日迫一日。不得衣则将冻死，不得食则将饿死，不得住则将劳死，去生之日渐远，去死之日渐近。十年以后，恐中国国中，亦将如印度内地，有乞人满路饿殍盈谷之惨矣。

呜呼，我国民与其为杨朱所欺，而长此谋个人独生之乐，而不可得也，则何不谋团体共生之乐，而因以得个人之乐乎？与其羡英美法德日本诸国人之体魄娱快生计优裕也，则何不自谋我国之生计，而亦求其体魄之安适乎？且与其待冻之至而谋衣，待饿之至而谋食，待劳之至而谋住，则何不早谋之？谋之不得，亦不过冻死饿死劳死而已也，非有他也。且与其明知必有冻死饿死劳死之一日，则何不于未冻未饿未劳而先求其死所。

故在今日之世界，而居中国之地为中国之人，避死亦死，不避死亦死，等死也，与其为避死而死之人，何如为不避死而死之人。夫避死而死者，中国今日之人之死法也；不避死而死者，中国古时武士道中诸人之死法也。其死则同，其所以为死者则大异。

加藤咄堂之论死法也，分为六种，健全者三，不健全者三。健全者，一曰，视生死如一，谓圣哲之达观者；二曰，死于个人而生于社会，谓以死成仁者；三曰，信天命，谓当事变而不乱者。不健全者，一曰，自死以断痛苦，谓自杀者；二曰，以死为得未来之生，谓情死者；三曰，以死为得精神之安慰，谓迷信死后之幸福者。

吾中国武士道中诸人之死法，则皆健全而非不健全者。若夫今人，则方在偷生避死之时，即不健全之死法，亦未暇研究之也。

国民乎，其有以武士道之精神，兴四千年前之人物，后先相接，而发大光明于世界，使已死之中国，变而为更生之中国，与日本之武士道同彪炳于地球之上，称为黄种中第一等国之国民者乎；则或者挟虚无党之刃以与雷电争光也；或者举革命军之旗以与风云竞色也；或者夺军国民之气以使中国国旗扬威振彩于海外，以与列强争一日之雄也；皆必以至诚无我之精神，而能了解生死问题者，斯不惟政治上之精神，抑亦学术上之精神矣。

予闻梁氏将述武士道之死生观别为一书，曰“死不死”，不知其所论与予若何。夫予之欲以佛教助儒教，以日本鉴中国也，与梁氏述武士道之意必相合也。今质之梁氏，以为何如？

湘潭杨度序

蒋智由序

现代人常说：追求精神文明，一定也要强健体魄。蛮荒时代为人类文明的产生提供了物质基础。曾几何时，地球还处于蒙昧混沌之中，由无边无际的植物统治世界。这个植物的时代，产生了足以为后来生物使用的氧气，与此同时无数的植物被埋藏在地下，产生了煤炭。假如没有无数年的植物生长，恐怕不仅氧气不足以让后来的生物产生，也不会有地下的煤炭，更不会有我们现代的人类文明。在人类从动物进化为现代人的过程中，相互竞争和战斗促进了人体体能的进化，这些进化成果直到现在也在体现着作用。

人类世界文明程度的提高，使得体力活动减少，身体机能逐渐退化，这也是文明时代的一个隐忧，如果继续退化下去，人体机能太过羸弱，会不会造成人类的灭绝呢？这绝非危言耸听。所以有很多近代学者，提出各自的解决办法来维持人类的体能，比如将各种体育运动和学术并重。其中最核心的便是维持合理的体能活动。

中华文明绵延数千年，自从秦汉以来就渐渐重文轻武。世人更倾向于为尊者不事劳作。年代流转，辈辈相传下来，变成了一种民族性格。不只是体魄柔弱，意志品质也是脆弱不堪，这才被世间列强欺凌，根本没有办法奋起抵抗，局势节节败退。是什么造成了这种状况？未必不是这个原因吧。忧国忧时之士更是提出要重振尚武风气之说。

日本国在数十年间崛起，并且在日俄战争中击败世界强国俄罗斯，步入强国之列。欧洲人在回顾日本崛起的原因时，把武士道作为了首要因素。日本人自己也说能够崛起的精神力量来自武士道，并且将武士道作为民族精神之魂，坚定地捍卫和发扬下去。武士道从此不再埋没于海间数岛之间，明珠初现般被全球文明所知晓。

其实武士道可不是东洋日本独有的，中国也曾有过武士道，只是在不受尊重的环境下慢慢消失了。历史上的大规模战争，往往会有丰富的文学作品进行记录成为艺术，对于后人，这就像是心中的丰碑永远铭记，而那些没有被记录的战争则被遗忘了。这些战争文学，常常被人口口相传，并不是因为文字优美，而是因为战争最能够震撼人心。不只是战争，很多英雄豪杰的事迹也是依赖文学作品流传至今，其内蕴含的英雄气也伴随着这些作品的广泛传播，形成整个民族的英武性格。这些让人热血和奋进的事迹如果得不到光大宣扬，那整个社会难免死气沉沉，人民也整日间庸庸碌碌。国外也有这种说法：阿峨蔑农之前的英雄人物，没有史学家记录他们，没有诗歌赞颂他们，没有记者采访他们，那也就如同被埋入历史尘埃渐渐的不被人所知了。

唉，痛心啊！我们中华文明也是因此走到目前的境况。

数千年浩荡历史长卷中，到底有多少英雄伟人的事迹可以振奋和发扬中华武士道？现在国人都去羡慕日本武士道，如同现在金属煤炭矿石依赖国外进口，却不知道我国境内矿藏之丰富，更别提善加利用。饮冰主人此书，必能发扬我中华民族传世之宝，让中华之武魂在千年零落之后复活，一雪前耻，让中华民族再次回到世界顶级民族之列！

另进一言。太史公记载的游侠，多数是个人的私仇恩怨，关乎国家民族大义的并不多。有可能是因为他当年蚕室之祸，故交好友袖手旁观坐视不理而心中愤懑，将士大夫贬低至连朱家郭解都不如。其实像墨家流派的任侠敢死之风，能够以国家为重，当年救宋之难，正是公义为先之举，绝少因私仇而报复之事。这才是真正的侠义之风，纯而无私，公而不偏，可谓千古任侠之模范！

为报私怨，不惜杀人一图心中畅快，只不过是野蛮时代的行为，真正的侠义之士不屑为之。为报答恩情不惜性命，才是侠者的处事方式，算得上侠义的一种。我个人则认为要以赴公义之精神在先，报答个人恩义在后。不然即使你空有公义之心，却不得不因为所处的地位，有不得不报答的个人恩义，那被人所知的就只是有恩必报的小节之名。

简单地说，武侠二字最重要的，是有侠之大义而非小情小意，为国而不为私。我所说的可不是空口白话的理论，都是扎根于真实的所见所闻。我是南方人，就说南方事。南方乡里的械斗，有为田间灌溉的，有为移坟动土的，全村出动不论生死，就算是出了人命也绝不悔改，这也不算没勇气，可惜勇气用错了地方，只为了些许的小缘故而已。那如果能够把眼光放远，目标放大，定位到民族奋起国家强大的高度，那中华民族的勇武之风在全球也会有赫赫威名，即便是穆罕默德、成吉思汗那些丰功伟绩也并不难重现。会像现在这样，让日本人的武士道专美于世界民族之林吗？

在我家乡诸暨，乡民多居住在群山之间，难以接受教育，民风彪悍。就连普通人都会在袜子里插着一把匕首，一言不合拔刀相向，角斗见血那实属平常。征粮缴税全凭自觉，当地官员基本不敢进村催收。有时候两族相斗，能死伤数百，各本族的宗祠给付死者家属一些钱财罢了，相关的死伤情况也不会和官府通报。如果有人想要报私仇，价钱合理便有死士相投，一句话召集千百人也不难。所以这天下每逢乱世，就一定有我的同乡参与其中。清朝初年的洪杨之变，有包立身等人。庚子之乱时，也曾酿教案。以前私下里想过此事，认为是民风如此，不向文而向武。可是现在正是乱世出英雄的时代，要真正和他们谈起国家大事，却都茫茫然一片混沌，就算听到耳朵里也丝毫没半点兴趣。还有一次和同乡去了百里之外，竟然变得胆小如鼠，窃窃思归，在家乡时候的那种气势荡然无存，这才想明白，这种悍气难堪大用。

我只说说南方，说说我家乡的事，这都是举举例子。我个人一样私下勇武，公开场合容易心生胆怯，和大多数国人相同。但世界在变，人也必须跟着变。日本人在明治维新时以武士道推翻幕府拥戴天皇，稳固国体；现在日本人继续以武士道发展国力，与列强争衡。南洋诸岛的土著人，上山入

林无所不能，甚至食人而生，不能说不够“武”吧。可是日本人能够以“武”得名得誉，得霸权得国运得万世之基。再看看那些土著人，野蛮凶恶之后，落得土地丧失种族灭绝。二者貌似相同，其实则大不同，格局目标相差悬殊啊。

英雄是什么？有一点是必需的，那就是英雄一定是为国家为社会做出行动的人。由此推论，国家社会有事却不为所动，那绝非英雄；有所行动但是和国家社会并无关系，那也称不得英雄。中国人大多数夸夸而谈国家社会却并无行动，剩下的苟且生存，更别提什么国家社会了。英雄怎么可能是这样？四万万同胞啊，全球民族人口第一位，掌握全球第一的权力才对！然而非但没有第一的权力，还被异族列强统辖我们的土地，鞭槌我们的人民，中国人却唯唯诺诺、俯首帖耳、不知羞耻！就算是有些愤怒之情奋起之心，白白地浪费在了乡间杂事，真是蚂蚁不知天地大！比起南洋诸岛的土著都不见得高明，就这不被欺负就怪了。

古时有孟子进言齐宣王以好大勇无好小勇，我在这也想要借此一言与我国人。以拳拳之心，写了这么多，只为我们能把尚武的概念范围有所开拓提升。读书需审意，闻而不审，不若无闻，提取古人勇武的精神，也要应时而为应势而用，才符合我们提倡尚武精神的初心。

【原文】

今人常有言曰：文明其精神，不可不野蛮其体魄。余谓野蛮时代者，所以造成文明时代之作用也。地球当太古之时，仅有荒荒植物之世界者，不知几何年。此植物世界时代，孕育全地球之养气，使之浓厚，又埋藏其植物之本质于地中，而为石炭。假令地球无此若干年植物世界之时代，恐养气不足于用，而石炭亦且无有，其能造吾人今日文明之时代耶？然则吾人当未进人类而尚为动物之时，角逐于山野，以力自卫，而此体力之养成，至今日尚获收其效用。

自世益文明，用力之事寡，体力遂日益柔薄，此可为文明时代一大忧患之事，甚则或可至以体力渐销，而人类竟至绝灭，此毫非过虑之言也。故近时学者，百计千方，时思所以维持此体力之道，若种种体操之事，与学科并重。甚哉养力之道，固若是其要也。

惟我中国，自秦汉以来，日流文弱，簪缨之族，占毕之士，或至终身袖手雍容，无一出力之时。以此遗传，成为天性，非特其体骨柔也，其志气亦脆薄而不武，委靡而不刚，今日为异族所凭陵，遂至无抵抗之力，不能自振起，而处于劣败之列。考其最大之原因，未始不由于此。此尚武之声，所由日不绝于忧时者之口也。

彼日本崛起于数十年之间，今且战胜世界一强国之俄罗斯，为全球人所注目，而欧洲人考其所以强盛之原因，咸曰由于其向所固有之武士道。而日本亦自解释其性质刚强之元素，曰武士道，于是其国之人，咸以武士道为国粹，今后益当保守而发达之。而数千年埋没于海山数岛间之武士道，遂至今日其荣光乃照耀于地球间。

虽然，此武士道者，宁于东洋为日本所专有之一物哉？吾中国者，特有之而不知尊重以至于销灭而已。吾闻之也，凡有绝大之战争，往往赖有雄伟之文字，淋漓之诗歌，而后其印象日留于国民心目之间，否则不数年而黯晦消沉以尽。故战争必伴文学，为今时人所屡唱，盖非文学，则无以永战争之生命也。又岂特战争而已，凡社会中有超奇之事故，杰特之人物，又必赖有所以纪念留传者，而后融化其超奇杰特之气风于全社会中，渐渍积久，而成为一民族所有之特性。不然，有奇行焉而不彰，有特操焉而不光，则无以激动社会之观念，而人民将日返于昏庸陋劣之状态。婆来士曰：阿峨蔑农之前，虽有几多之勇士，然传彼等者，以无史家，无诗人，无新闻记者，无歌者，无泣者，无赞者，而遂至埋没于土中者也。

噫，吾闻之而悲！夫吾中国之陷于不武，其受病不亦犹是哉。沉沉数千年历史之中，其可以发扬吾国人之武士道者何限，今日而慕人之有武士道也，亦犹之仰给五金石炭之材料于外国，而不知吾国固所至皆矿藏也，特不知开凿而取用之耳。今饮冰主人之著是书，盖欲发吾宗之家宝以示子孙，今而后吾知吾国尚武之风，零落数千年，至是而将复活，而能振吾族于蕉悴凌夷之中，复一跃而登于荣显之地位，以无贻祖宗之羞，其必有赖于是矣。

抑尤当进一言于此。余尝病太史公传游侠，其所取多借交报仇之人，而为国家之大侠缺焉，以为太史公遭蚕室之祸，交游袖手，坐视莫救，有激于此，故一发舒其愤懑，以为号称士大夫者，乃朱家郭解之不若，非真如墨家者流，欲以任侠敢死，变厉国风，而以此为救天下之一道也。观于墨子，重茧救宋，其急国家之难若此，大抵其道在重于赴公义，而关系于一身一家私恩私怨之报复者盖鲜焉。此真侠之至大，纯而无私，公而不偏，而可为千古任侠者之模范焉。

夫报复私怨，杀仇敌而快心，此蛮野时代之风，任侠者固已耻之。若捐躯以报恩，此固为任侠者所许，而可为任侠中道德之一种。虽然，吾以为必有赴公义之精神，而次之乃许其报私恩焉。不然，彼固日日欲赴公义，而适以所处之地位，有不能不报私恩之事，而后乃以报私恩名焉。

要之，所重乎武侠者，为大侠毋为小侠，为公武毋为私武。此毋视吾言之徒涉乎理论焉，吾盖深

有见于中国之事实，而以此不可不亟辨别之一言也。吾南人焉，请言南方。夫南方乡里之械斗，或为田水，或为坟墓，合一村一族之人而起，涂膏血，舍性命，至杀伤千百人而不悔，夫非不勇焉，惜乎其用之为争田水争坟墓之一小故，若扩而大之，而为保种族强国家之事，则全地球皆将仰吾人种之勇名，虽穆罕默德、成吉思汗伟大之功业，又何难建设于吾人种之手，而又奚独让日本以武士道之名，使专美于地球也。

抑吾邑诸暨，又请言其风俗。吾邑盖居群山中，于文字性不近，文风素劣于旁邑，而独以强悍著称。常人于袜边，多怀径尺之利刃，一言睚眦，辄相见以血。钱粮多自完纳，官不敢进其村催索者甚多。或两族相斗，陈尸数百，各由其本族之宗祠，给予死者之家属以钱。两造相杀伤，无报官者。若他人欲借以报仇，给死者钱，亦有定额。一言之下，数百千人可立集。故天下有事，则我邑必有与者。清初革命者数起，洪杨之变，则有包立身等。庚子之乱，亦酿教案。向尝窃计，以为民风若此，文化非所期。然海内风云，则正英雄之资也。及与之语国家大事，则茫然多不省，听之若毫不足催其兴味者然。又与之引而至于五十里百里之外，则胆小如鼷，窃窃思归，其意气与在乡时大异，于是乃知其不可用。

夫吾虽仅言南方，仅言吾邑，然不过举其知者言之耳。吾恐私斗勇，公斗怯，吾国人之性质，直无一不若是。夫世界日益进化者也，故人事亦不可不随之而进化。彼日本之武士道，当维新之时，既以之覆幕尊王，而用之于国家，至今日又发展其国力，与列强争衡，而用之于境外。若夫南洋各岛之土番，跳梁山林，出而噬人，岂曰不武。然而日本之用武焉，博美名，享荣誉，握东洋之霸权，而巩国家之基础，贻子孙以无疆之大业焉。而南洋各岛之土番，号为野蛮，名曰凶恶，而土地削夺，种族衰耗，同一用力，而有若是其大不同者，无他，亦其用之之道有大小焉而已。

吾闻解剖英雄之性质者，其一条曰，凡英雄者，为国家为社会而动者也。然则由是而推绩之，为国家社会而不动者，非英雄也，不为国家社会而动者，亦非英雄也。我国人多为国家社会而不动，否则不为国家社会而动，是两皆非英雄之道也。夫我同胞号称四万万，于人数居全地球种族中第一位，宜乎握全地球第一之权力矣。然我人种，非但不能握全地球第一之权力也，异族列强，得统辖吾之土地，而鞭箠（chuí）吾之人民，而我人种，伈伈伣伣，俯首帖耳，不稍自耻，愤怒于厥心而思振起，而徒用其武力于一身一家一乡一邑之事，如蚁之斗于隙中，不知有天地之大，其智识曾不过高出南洋各岛之土番一等也，如是而欲不为人之所弱亦难矣。

昔孟子告齐宣王以好大勇无好小勇，吾亦欲以是言，进于吾人之前。夫是以拳拳焉，独置辨于此，而欲扩张我国人尚武之范围而大之。诚审是意而读是书，取古人武勇之精神，因时势而善用之，其于提倡尚武者之心，必盖有合矣。

甲辰仲冬蒋智由识于日本之东京

自序

新史氏（梁启超）整理了从春秋战国到汉初，拥有武德的著名历史人物，集成《中国之武士道》一书，作开篇之语：西方诸强及日本人经常说，中国的历史，是没有武力的历史，中国这个民族，是没有武风的民族。这些话让我感到羞耻，也让我愤怒，我完全不能接受。中华祖先黄帝，神圣之人，带领部族自昆仑山起源，征服四海八方，剿灭非我之族，留给我们后世子孙的，正是武德。从那时起绵延三千多年，在这块大陆之上，先后有成百上千的民族居住，论武力唯我族独尊。这才是为什么我族成为大陆主人的真正原因——优胜劣汰。纵然天长日久，书中记载会有差错，但从有正史记录开始，四五百年间，历数那些武力卓越拔群的人物，就有如此之多。这该是多么昌盛！

静肃沉思，莫名悲情弥漫而出，中国民族尚武的精神，是最初之天性，中国民族不尚武，则是后来的天性，此后来的天性，由何造就？我认为：时势造之，地势造之，人力造之。

司马迁无愧为杰出的史学大家，他论述过各地民风。种、代等石邑县以北之地，临胡而居，每每被胡人劫掠，居民保

守刚硬，易怒而意气用事，崇尚侠义；中山地狭人稠，狭隘急躁，男儿相聚游戏，慷慨悲歌；郑卫之地，风气类似赵地，但靠近梁鲁，稍显庄重而重视节义。濮上之城迁徙至野王，那里崇尚气节侠义，有卫国之风；燕地一城地处渤海碣石山之间，人口并不兴旺，屡遭侵犯，民风剽悍，和赵地很像；临淄也是东海泰山之间一大都会，不敢聚众乱斗，却敢贴近刺杀，所以常出劫匪。这都是大国之风。

这样看来，环绕黄河南北之我民族发源地，哪里没有磅礴的好武之天性？所有的个人，聚而形成社会，社会也同样深刻影响着个人的成长，所以，人的性格总是跟随社会周遭无论普通还是特殊的影响而变化的。

中国早古并非统一，由万国（夏禹时），而三千国（殷时），而八百国（周初），而百二十国（周东迁时。《史记》称孔子适周，见百二十国宝书），而十二国（春秋时。《史记》有十二诸侯年表），而七国（战国时），而归于统一。其间竞争激烈，没有武力难以自存。所以一强遇群弱，弱者虽然弱但强者也不是很强；强强相逢，互淬互厉，则为强中更强相互促进了。这种情况不限于人和人之间，当群体与群体之间对峙，也会浸渍其中成员，所以个人不得不随之变强。这正是春秋战国期间，我民族武力强闻名天下的原因。倘若上推缘由，则外族间接磨砺是造成它的原因，功可谓最多。

我民族的霸国，始于春秋，寻常称五霸，称为霸主；我认为霸者以国不以主，所以改称霸国。霸国意味着强权，春秋时的齐、晋、秦、楚、吴、越；战国时期晋国三分韩、赵、魏，楚国鲸吞吴越，新兴燕国取而代之。这些国家都是数百年间我民族的典型代表，其能够成为霸国的原因，都是因为靠近异族混杂而居，经常彼此压迫侵略，若不是时时刻刻振奋图强，国家早不存矣，始终贯彻以军强国之路，这就是尚武之精神啊。起初不过是自保之谋，后来逐渐成为进取之力，所有霸国起源，都赖以如此。

先说齐国，环绕左右的是徐莱淮三地，东夷实力最强，姜太公受封此地之初，莱夷随即与之开启战争，一直延续到徐偃王令三十二诸侯来朝。太公以强悍勇力施政，而后有管子（管仲）运作内政军务，齐国得以持续强盛到齐威王、齐宣王时代，皆因于此。

再说晋国，之前是狄族之地，所以晋人有言：狄族之地广袤无边，以晋国之城建立首都，开疆扩土再合适不过。另有言：晋国立于深山之中。与戎狄为邻，离王都却很遥远。再有言：我国先君善战不是没有道理的，秦狄齐楚皆为强国，不尽全力子孙将更弱。所以春秋时代，晋国与戎狄自始至终都没能独占鲜虞之地，也就是战国时中山国的地区。三家分晋之后，赵国地处要冲，故赵武灵王认为，中山侵掠其国土，掳掠其国民，先王忿恨，此仇至今未报。所以全民胡服骑射，举国执兵。晋国完整时，国民就以有德剽悍著称，到了三家分晋之后的赵国更是大幅发展，皆因于此。

再说秦国。秦国初立是因为讨伐狄戎之功得到封地，有几千里之多。自秦仲以后五代国王与戎为仇，其间有三位死于戎族之手。秦穆公修正政事，讨伐西戎，灭国十二，辟地

千里。秦国的建立，是用血肉之躯与诸戎死斗换来的。再后来商鞅变法鼓励农业军事，司马错伐蜀，秦国才借此强盛而后吞并天下。

再说楚国。楚国的受封，是与古代三苗的遗族争地，若敖、蚡冒这些先祖，筚路蓝缕，以启山林，楚君没有一天不是时时警觉，认为祸事不定，戒惧不可懈怠，楚国的强盛，都是因此而来。

再说吴越。吴越与中原交往较晚，最初立国发生的激烈竞争，难以深考。大约也是沐风雨而得其地。阖闾勾践时代，也是非常磨砺其国民的。

再说燕国。燕国偏僻地处东北方，从春秋初期就有山戎之祸，接着北戎日益猖獗，而燕国也日益强悍，才得以跻身战国七雄。太史公记载：天下战国为首有七，三国临近匈奴，是秦赵燕。假如赵武灵王不被幽弑，乐毅不被离间而亡，蒙恬不被谗言所杀，三人能有一人成就大业，那么从黄帝以来的边患，可能会就此消失，后来的白登之围，甘泉烽火，乃至刘渊、石勒、金、元之耻辱，甚至可能不会出现在我国历史之中，也未可知。

我们对于外族的竞争，大概如此。在本族内，条件相当，难以突出，兢兢业业保持均势自保。所以尚武的观念，君王非此不能率万民，百姓非此不能侍奉君王，这都是社会发展的大势所趋，的确应该提倡和崇尚。

到了六国的末期，情况越发危急，越急迫越剧烈，各方势力更是不得不召集有才能的侠士以求自保，所以侠义之风气弥盛，名誉加之，财爵赏之，权利利之，整个社会以此作为教育方向，所以才有全民族以此为生活风范，轰轰烈烈，真千古之奇观哉！

我考察那时候中国武士应当具备的条件，当有不下十例。一者，有如先縠、栾书、郤至、雍门子狄之类，肩负起国家名誉之重担，倘若国家名誉受到损害，则刻不能忍；一者，有如曹沫、蔺相如、毛遂之类，在国际交涉时，倘若国家权利受到侵犯，则以生死相争亦在所不惜；一者，有如郑叔詹、安陵缩高、侯嬴、樊於期之类，若能以一死换回国家尊严，则必将毫无保留地从容赴死；一者，有如狼瞫、卞庄子华周、杞梁之类，自身的信誉，倘若为他人所侵犯，则刻不能忍，即使如此，亦不肯做出自杀的决定，不肯因心中愤恨而起报复之心，而是必将为国而死，以换回自己武士的声誉；一者，有如鬻拳、先轸、魏绛之类，他们忠于自己的长辈，对自己所尊崇之人热忱备至，而倘若国家名誉受到损害，即便是尊长所为，亦当与之抗争，毫不宽容，事成之后，亦不肯宽容自己对尊长的冒犯；一者，有如齐太史兄弟，及李离、申鸣、孟胜之类，他们一生恪尽职守，宁愿牺牲其一切所爱，乃至以身殉职，亦无甚遗憾；一者，有如信陵君、虞卿之类，友人有难，托付于我，我必以死相救；一者，有如墨子、鲁仲连之类，他人有难，或许未曾给予过我，未曾向我求助，而只要是大义所在，亦能自告奋勇去给予帮助，事成之后却不居功自傲；一者，有如田光、江上渔父、溧阳女子之类，若能以一死来守住秘密，以助事之成功，必将从容无

惧，直至身死；一者，有如锄麑、奋扬、子兰子之类，在处境进退两难之时，可以做出最合乎大义的选择，事过之后，无论成或不成，都将以一死来证明其不得已；一者，有如程婴、成公赵之类，起初，倘以生命为代价求一事之成功，则无论此事成或不成，若求无愧于心，必将以死相谢。或如庆郑、奋扬般有罪不逃刑；或如北郭骚、豫让、聂政、荆轲般受人之恩生死相报；或如项羽、田横般宁可战败，死不为俘；或如聂政、贯高般死不连累他人；或如聂荣般死以成人之名；或如孟胜、田横的门客般与尊亲之人共存亡；抑或如子囊、成公赵般，一举一动可为万世法则，定不使后人误学我，乃至误入歧途、滋长流弊。

其余种种美德，不可悉数。总而言之，则国家重于生命，朋友重于生命，职守重于生命，承诺重于生命，恩仇重于生命，信誉重于生命，道义重于生命。以上便是我族先民意志中最为高尚纯粹的理想，亦是当时社会上最为普遍的风俗。

这是横绝四海以风雷为魂、壁立万仞使河岳生色的武德精神。再看千年以来日本人赖以自夸的所谓武士道、武士道，怎么忽然就不如了呢？！怎么忽然就不如了呢？！

我华夏民族武德精神之摧残，大抵在统一专制政体行使之初就已开始。统一专制政体的第一要务，便是使天下人等尽皆处于弱势，而唯一人独强，而后方才满足。故称：一人为刚，万夫为柔，即是统一专制政体的必胜要诀。而统一专制的始作俑者，便是秦始皇。秦始皇并六国、统一天下，并收四方豪杰为己所独有。后世贾生有言：毁坏名城，逐杀豪俊，尽收天下之兵，聚于咸阳，将锋利的兵器铸成乐器，以削弱天下百姓的反抗力量。又说：六国之勇士不敢举起弓刀来复仇。民气之摧残，正是以此为发端。万幸的是，秦始皇的统一专制并没有持续太久即被平息，而先前武德之遗风犹然炽盛，尚未消散殆尽。因此，楚汉之间，前人之遗范愈显高尚。弥劭、张良视万乘之君若褐夫；田横死绝岛而不悔；员高为求得自主，肌肤溃烂亦在所不惜；窦婴为拯救其友，卸去爵位亦不曾后悔。此四者，即是先民遗志尚存之最有力的佐证。

进一步摧残这种武德和民气的，则是汉高祖。叔孙通制定朝仪，致使朝野上下莫不慑服于王，功臣武士，尽皆汗下不敢仰。可叹啊，精神风貌已显疲弊之态。然则，当时乡里之间，尚有一些豪举游侠之辈可供记述，有如朱家、剧孟、王孟、济南瞯氏、陈周庸、郭解等，其声气尚可震动天下。

到汉景帝、汉武帝时期，民气愈弱。班固有言，将乡里的公侯贵族、豪强英俊、游侠首领、富商大贾，一并迁往汉家七陵，担任守护皇陵的工作，以此削弱地方、加强中央，壮大京都，以观临万国。此举与秦始皇弱天下之意味相仿，只是两者的手段有巧拙之异罢了。于是，四海之内凡是有些血气的人，全部被收拢到了皇帝的周围，心志体魄在淫佚奢靡的生活中渐渐变得脆弱和荒芜。春秋时晋国大臣狐偃曾说，我将软化他们（近代龚自珍《定庵文集》中有一篇《京师乐籍说》，讲述这个道理最为清晰）。朝中再选进严酷的官吏，为司隶，为尹以助皇帝更快地锄灭四方豪俊。汉武帝则继承

了汉景帝时期的大诛游侠之风，法网愈加严密，至都、宁成、周阳由、赵禹、张汤、义纵、王温舒、尹齐、杨仆、减宣、杜周等辈，莫不极力逢迎皇帝旨意而蒙受恩宠，有如刈割野草、搜捕禽兽般，对豪杰之士施行最后的残杀。而与此同时，又有公孙弘、主父偃之徒，假借推行儒术之名行进献奸言之实，以助长这种抑武的气焰。

至此，铭刻于我族先民骨髓之中的尚武精神，恐怕已经消亡殆尽。难怪史圣司马迁如此感叹：自此之后，为侠之人甚多，难以计数。然则，有如樊仲子、赵王孙等辈，虽身为侠者，待人却是平和礼让，颇有君子之风。又或如北姚、西杜、南仇、东赵之类，虽身为侠者，实不过是大盗居于民间，更为朱家这样的大侠所不齿。千百年来养育出的尚武精神，不及数十年即可锄灭殆尽，这难道不可悲吗？季布一世以武侠闻名，在讨伐匈奴问题上，尚且只能劝皇帝含垢忍辱。黄帝以来代代相传的这种武德精神既已消磨，我族之对外则断无强盛之日矣。

总而言之，中国之武士道与诸侯争霸相始终。春秋时代，霸国初起，武士道始蔚然成风。战国时期，强国争霸甚烈，武士道也极盛。楚汉相交，时日虽短，但彼此相争，武士道亦盛行。汉初，天下统一，但仍分封诸侯，于是诸国争霸犹如绮丽之晚霞，武士道虽残存，却已似强弩之末，不能穿鲁缟。到汉孝景帝平定吴楚七国之乱，分封的诸侯国绝迹，此后再也没有以武侠之名闻于世者。

时势造人，难道不是吗！游九州而辅佐君王，以四海为家。

其进也，勇于竞争，有成就功名之地。其退时，能得到保护，有避难之所，故勇士之所以能展示其武士精神，不仅是天性，也是形势使然。待到天下定于一尊，人上之君，不再有敌国劳其警惕，此前强强相峙之势，忽然变成了己强而众弱，而其害怕的是，弱者复兴而变为强敌，所以此前夸奖他的人，今则贬低他；以前的左臂右膀，现在要摧残他，事情必然如此，道理本来这样。而天下一家，天涯海角，人人都成为天子任命之官吏，一旦触及法网，欲飞而无翼，只能束手待审。于是倔强之人被处死，其次则改变情操。前行者被杀，后来者无以为继。

所以社会之势力，必然有所承袭，才能得以长久延续。后来者虽欲有所建树，但新芽已歪并固于管理。因此强武之人，反而劣败被淘汰，余下弱者繁衍子孙。昔人诗曰：何意百炼钢，化作绕指柔！君子观此，岂能不仰天悲恸！

但若我国长时间处于战国时代，各国势均力敌始终不相上下，这果真是国家之利吗？我认为，利害未可知，但形势却已不允许。中国的地理环境，是天然统一的地势，而幅员如此辽阔，人口如此众多，即使在历史早期，如果不把权力集中于中央，则难以为治，所以专制必然与统一相连，不得不以一强大之中央来控驭众多之弱者，形势使然也。假如境外没有其他强敌与我们相遇，则长此延续，遵守这固有的秩序，难道不足以达到小康吗？无奈如今全世界物竞天择的形势却又不允许这样做，所以情见势拙，而两千年来，终以屈辱之历史，在天地之间留下丑名。

其他不详说，即使如汉孝武帝者，难道不是一代枭雄吗？他的对外思想，雄健沉静，匈奴人带来的白登之耻、缯币之辱，一直牢记未曾忘却。还击之志，终身有之，但其成就还是赶不上赵武灵王。赵武灵王的时代，举国皆强，而汉孝武帝时代，强者仅武帝一人，而其余皆弱。以全体积弱的国民与外国竞争，便无人能幸免。孝武帝想扬名本族之威于域外，但却在境内削弱本族之气势，这就是所谓的倒行而求前也。

自此以来，凡是有一代枭桀之主，那么武德的消磨，便更增加了一度。此前所谓的专制，唯一人强而众人弱。后来所谓的专制，则变成了他族刚而我族柔。以无数的弱者，与一强者对抗，强者虽强，但终是少数，失败遂极其容易。至于以柔弱的我族，和刚强的他族对抗，他族强者甚多，并且互为爪牙，因我族弱小，他族能够轻易击败我族，继之因他族之强，我族如今的衰弱更是难以恢复，递相为因，递相为果，引而无穷，每下愈况，于是三千年前最强的民族，如今已奄奄一息，原因即在于此。所以说时势造之，地势造之，而最后又不得不致憾于人事。

今者民智程度，已渐脱蒙昧无知的阶段，而时势也发生了根本转变。将五大洲视为一个大的战国，那么地势将会变化，所未变者，人事而已。西方哲人说过，凡是可以用人力破坏的东西，一定可以用人工恢复。那我族之不善武力，是他的第二个天性，如果保留最初的天性，那么现今之诸族，应该没有能在我族之上者，这是历史明白告知我们的。

今者爱国之士，莫不知道奖励尚武精神是当务之急，即使这样，孔子不是说过吗，我与其写空话，不如用人的所作所为举例更加让人明白。（我欲见诸空言，不如征之行事之博深切明）又说：没有证据人民就不相信，不相信，人民就不听从。（无征弗信，弗信民弗从）又说：我离开鲁国也无处可去。（吾舍鲁奚适矣）

现在的有识之士大声疾呼告诫同胞说：你要崇尚武德，你要崇尚武德，无人听之，于是他引用五洲之历史，摘录伟人的言行，说，某人勇武，所以国家就强大，某族勇武，所以统治他的邻族，这难道不使万里之外的人，闻之而兴奋吗？但思想保守、久束湿薪的大多数人，则可能会说，我是秦人，但你却跟我说越国之肥瘠，甚至有人说，上天厚爱他们，赋予其武士精神，终究不是我们民族所能比的。

所以我现在汇集我们祖先经历过的事实，给我们的子孙留下最好的模范，叙述其来龙去脉，而加以评论，借用日本输入的通行词，取名为《中国之武士道》，以补我国精神教育之缺。

呜呼，我的同胞们，兴！兴！！兴！！！以你们祖先的神力为依靠，起死回生。不然的话，祖先光荣的历史将在你们这里斩断，你又有何面目和他们相见于九泉之下呢？

【原文】

新史氏既述春秋战国以迄汉初，我先民之以武德著闻于太史者，为《中国之武士道》一卷，乃叙其端曰：泰西日本人常言，中国之历史，不武之历史也，中国之民族，不武之民族也。呜呼，吾耻其言，吾愤其言，吾未能卒服也。我神祖黄帝，降自昆仑，四征八讨，削平异族，以武德贻我子孙。自兹三千余年间，东方大陆，聚族而居者，盖亦百数，而莫武于我族。以故循优胜劣败之公理，我族遂为大陆主人。三代而往，书阙有间矣。即初有正史以来，四五百年间，而其人物之卓荦（luò）有价值者，既得此数。于戏，何其盛也。

新史氏乃穆然以思，矍然以悲，曰中国民族之武，其最初之天性也，中国民族之不武，则第二之天性也，此第二之天性，谁造之，曰时势造之，地势造之，人力造之。

司马迁，良史也，其论列五方民俗，曰种代石北也，地边胡，数被寇，人民矜懻忮，好气，任侠；中山地薄人众，民俗懁急，丈夫相聚游戏慷慨悲歌；郑卫俗与赵相类，然近梁鲁，微重而矜节。濮上之邑徙野王，野王好气任侠，卫之风也；夫燕亦勃碣之间一都会也，人民希，数被寇，大与赵代俗相类，而民雕悍；临淄亦海岱之间一都会也，其俗怯于众斗，勇于持刺，故多劫人者。大国之风也。

由此观之，环大河南北所谓我族之根据地，安所往而非右武之天性所磅礴乎？夫形成社会之性质者，个人也，而铸造个人之性质者，又社会也，故人性恒缘夫社会周遭之种种普通现象特别现象而随以转移。

中国自昔非统一也，由万国（夏禹时），而三千（殷时），而八百（周初），而百二十（周东迁时。《史记》称孔子适周，见百二十国宝书），而十二（春秋时。《史记》有十二诸侯年表），而七（战国时），而归于一。其间竞争剧烈，非右武无以自存。盖一强与众弱遇，弱者固弱，强者亦不甚强，数强相持，互淬互厉，而强进矣。其相持者非必个人也，强群与强群相持，其强之影响，遍浸渍于群中之分子，而个人乃不得不强。此春秋战国间，我民族所以以武闻于天下也。抑推原所自始，则由外族间接以磨厉而造成之者，功最多焉。

我族之有霸国，始于春秋（寻常称五霸，谓霸主也；吾谓霸者以国不以主，故易称霸国）。霸国者，强权所由表征也，其在春秋，曰齐，曰晋，曰秦，曰楚，曰吴，曰越；其在战国，则晋分为韩、赵、魏，吴、越合并于楚，而更益以燕。此诸国者，皆数百年间我民族之代表也，而推其致霸之由，其始皆缘与他族杂处，日相压迫，相侵略，非刻刻振厉，无以图

存，自不得不取军国主义，以尚武为精神。其始不过自保之谋，其后乃养成进取之力，诸霸国之起原，皆赖是也。

请言齐。环齐左右者，徐莱淮，夷綦强，故太公初封营丘，莱夷即与之争国(见《史记·齐世家》)，其后徐偃王朝三十二诸侯焉（见《韩非子》），故太公以悍急敷政，而管子作内政寄军令，齐富强至于威宣，盖以此也。

请言晋。晋故狄地也，故晋人曰：狄之广莫，于晋为都，晋之启土，不亦宜乎（《左传》庄公廿八年）。又曰：晋居深山之中，戎狄之与邻，而远于王室（同昭十五年）。又曰：吾先君之亟战也有故，秦狄齐楚皆强，不尽力子孙将弱（同成十六年）。故春秋之世，晋与狄相终始，而犹未能得志于鲜虞。鲜虞，白狄别种，而战国之中山也，三卿分晋，而赵当其冲，故武灵王曰：中山侵掠吾地，系累吾民，先王忿之，其怨未能报也（《战国策·赵策》）。故以胡服骑射教民，举国皆执兵焉。全晋之时，其民既以仁悍称，至赵益甚，盖以此也。

请言秦。秦最初以讨戎功得封，秦仲以来五世与戎为仇，死戎难者三焉（见《史记·秦本纪》），秦穆修政，乃伐西戎，灭国十二，辟地千里。秦之建国，以血肉与诸戎相搏而易之也。其后商鞅厉农战，司马错伐蜀，而秦即用是以并天下。

请言楚。楚之封，与古三苗遗裔争地，若敖蚡冒，筚路蓝缕，以启山林，其君无日不讨军实而申警之，曰祸至之无日，戒惧之不可以怠（见《左传》宣十二年），楚之能强，皆以此也。

请言吴越。吴越通上国较晚，其初代与他族竞争之烈，不可深考。要之亦我族沐甚风栉甚雨而抚其地也。阖闾勾践时代，所以厉其民者至矣。

请言燕。燕僻处东北，自春秋初即有山戎之祸，其后北戎日益暴，而燕亦日益强，是以得并六为七，以显于战国也。太史公曰：天下冠带战国七，而三国边于匈奴（《史记·匈奴列传》），谓秦与赵与燕也，夫使武灵不以幽弑，乐毅不以间亡，蒙恬不以谗杀，三子者有一焉能终其业，则黄帝以来獯（xūn）鬻（yù）之患，或至是而竟消灭，而后此白登之围困，甘泉之烽火，乃至刘石金元之耻辱，或竟不至以污蔑我国史焉，未可知也。

夫其对于外族之竞争，既若是矣，其在本族，亦地丑德齐，莫能相尚，兢兢于均势，汲汲于自完，故尚武之一观念，上非此无以率其民，民非此无以事其上，盖社会之大势，所以鼓吹而摩荡之者如是也。

六国之末，悬崖转石之机，愈急愈剧，有势位者，益不得不广结材侠之民以自固，故其风扇而弥盛，名誉誉此者也，爵赏赏此者也，权利利此者也，全社会以此为教育，故全民族以此为生涯，轰轰烈烈，

真千古之奇观哉！

夷考当时武士信仰之条件，可得十数端。一曰，常以国家名誉为重，有损于国家名誉者，刻不能忍，如先縠（hú）、栾书、郤（xì）至、雍门子狄之徒是也；一曰，国际交涉，有损于国家权利者，以死生争之，不畏强御，如曹沫、蔺相如、毛遂之徒是也；一曰，苟杀其身而有益于国家者，必趋死无吝无畏，如郑叔詹、安陵缩高、侯嬴、樊於期之徒是也；一曰，己身之名誉，或为他人所侵损轻蔑，则刻不能忍，然不肯为短见之自裁，不肯为怀忿之报复，务死于国事，以恢复武士之誉，如狼瞫（shěn）、卞庄子华周、杞梁之徒是也；一曰，对于所尊长，常忠实服从，虽然，苟其举动有损于国家大计或名誉者，虽出自所尊长，亦常抗责之不肯假借，事定之后，亦不肯自宽其犯上之罪，而常以身殉之，如鬻拳、先轸（zhěn）、魏绛之徒是也；一曰，有罪不逃刑，如庆郑、奋扬之徒是也；一曰，居是职也，必忠其职，常牺牲其身乃至牺牲其一切所爱以殉职，如齐太史兄弟，及李离、申鸣、孟胜之徒是也；一曰，受人之恩者，以死报之，如北郭骚、豫让、聂政、荆轲之徒是也；一曰，朋友有急难以相托者，常牺牲其身命及一切利益以救之，如信陵君、虞卿之徒是也；一曰，他人之急难，虽或无与于我，无求于我，然认为大义所在，大局所关者，则亦锐身自任之，而事成不居其功，如墨子、鲁仲连之徒是也；

一曰，与人共事，而一死可以保秘密，助其事之成立者，必趣死无吝无畏，如田光、江上渔父、溧阳女子之徒是也；一曰，死不累他人，如聂政之于其姊、贯高之于其王是也；一曰，死以成人之名，如聂荣之于其弟是也；一曰，战败，宁死不为俘，如项羽、田横之徒是也；一曰其所尊亲者死，则与俱死，如孟胜之门人、田横之客是也；一曰，其所遇之地位，若进退维谷，不能两全者，则择其尤合于义者为之，然事过之后必以身殉，以明其不得已，如锄麑、奋扬、子兰子之徒是也；一曰，其初志在必死以图一事者，至事过境迁以后，无论其事或成或不成，而必殉之，以无负其志，如程婴、成公赵之徒是也；一曰，一举一动，务使可以为万世法则，毋令后人误学我以滋流弊，如子囊、成公赵之徒是也。

其余诸美德，尚不可悉数。要而论之，则国家重于生命，朋友重于生命，职守重于生命，然诺重于生命，恩仇重于生命，名誉重于生命，道义重于生命，是即我先民脑识中最高尚纯粹之理想，而当时社会上普通之习性也。

呜呼，横绝四海，结风雷以为魂，壁立万仞，郁河岳而生色。以视被日本人所自侈许曰武士道武士道者，何遽不逮耶！何遽（jù）不逮耶！

呜呼，我民族武德之斫丧，则自统一专制政体之行始矣。统一专制政体，务在使天下皆弱，惟一人

独强，然后志乃得逞，故曰，一人为刚，万夫为柔，此必至之符也，作俑者为秦始皇。始皇既一天下，锄群强而独垄之。贾生记之曰：堕名城，杀豪俊，收天下之兵，聚诸咸阳。销锋铸鐻，以弱天下之民。又曰：士不敢弯弓而报怨，民气之摧残，自兹时矣。幸其凶焰不久即被决溃，而前此遗风余烈，且尚未沫。故楚汉之间，前蹈弥劭、张良等万乘于褐夫，田横死绝岛而不悔，贯高糜肤以白主，窦婴掷侯以拯友，犹先民之遗志也。

次摧之者则汉高祖。叔孙通定朝仪，尊扬主威，功臣武士，皆戢（jí）戢慑伏，汗下不敢仰。嘻，盖稍稍惫矣。然乡曲豪举游侠之雄若朱家、剧孟、王孟、济南瞯（jiàn）氏、陈周庸、郭解等，声气尚动天下。

次则景武之间，复大挫之。徙诸侯强宗豪杰及富人于诸陵，班固所谓三选七迁，充奉陵邑，盖以强干弱枝，隆上都而观万国（见《文选·两都赋》），此殆犹始皇豪俊弱天下之意。特其操术巧拙殊异耳。群天下血气之士于辇毂（gǔ）下，使其心志佚于淫冶，其体魄脆于奢靡。晋狐偃有言，吾且柔之矣（近儒龚自珍《定庵文集》有《京师乐籍说》一篇最能发明此义）。而复选严酷之吏，为司隶，为尹，以次第锄之。盖景帝大诛游侠（《史记·游侠列传》：景帝闻之，使使尽诛此属），孝武承流，法网逾密，郅都、宁成、周阳由、赵禹、张汤、义纵、王温舒、尹齐，杨仆、减宣、杜周辈，希指承宠，草薙（tì）而禽狝之。而公孙弘、主父偃之徒，复假儒术，文奸言，以助其焰（《史记·游侠列传》云：吏奏郭解无罪，御史大夫公孙弘议曰，解布衣，为任侠行权，以睚眦杀人，解虽弗知，此罪甚于解杀之。当大逆无道，遂族郭解翁伯。又徙豪杰实陵邑之议，实发自主父偃。《史记·平津侯主父偃列传》云，偃说上曰，天下豪杰皆可徙茂陵，内实京师外销奸猾，此所谓不诛而害除者也，云云）。

至是，而尚武精神，澌（sī）灭以尽矣。太史公伤之曰：自是之后，为侠者极众，敖而无足数者。如樊仲子、赵王孙辈，虽为侠，而逡逡有退让君子之风。至若北姚、西杜、南仇、东赵之徒，此盗跖居民间者耳，又乡者朱家之所羞也（《史记·游侠列传》）。呜呼，千百年养之而不足，数十岁锄之而有余，不亦重可悲耶？盖季布以武侠闻一世，而讨伐匈奴之议，犹且以含垢忍辱劝人主，则黄帝以来遗传之武德，既已销磨，而我族之对外，始不竞矣。

要而论之，则中国之武士道，与霸国政治相终始。春秋时代，霸国初起，始形成武士道之一种风气。战国时代，霸国极盛，武士道亦极盛。楚汉之交，时日虽短，犹然争霸也，故亦盛。汉初，天下统于一矣，而犹有封建，则霸国之余霞成绮也，而武士道虽存，亦几于强弩之末，不穿鲁缟。逮孝景定吴楚七国之乱，

封建绝迹，而此后亦无复以武侠闻于世者矣。

呜呼，时势造人，岂不然哉！夫历九州而相君，壑四海以为家，其进也，既厉于竞争，有以为功名之地，其退也，复得所保护，有以为逋逃之薮（sǒu），故士之能以武自见者，非独天性，亦形势使然也。及天下定于一尊，为人上者，无复敌国之足以劳其狼顾。前此强强相持之势，忽变为一强遇众弱，而其所最患，弱者之复起而为强耳，故前之奖之者，今则贱之，前之翼之者，今则摧之，事所必至，理所固然也。而天下一家，山谷海澨，悉受成于天子之命吏，法网所触，欲飞靡翼，束手待司败而已。倔强者死焉，次焉者易其操。前辈死焉，后起者无以为继。

夫社会之势力，必有所承袭，而始得永续性。后起者虽欲自建树，则固于其始萌蘖（niè）之顷而牧之矣。以故强武之民，反归于劣败淘汰之数，而惟余弱种以传子孙。昔人诗曰：何意百炼钢，化为绕指柔！君子观此，未尝不仰天而长恸也。

然则我国苟长为战国时代，互均势终不相下，是果为国之利乎？曰，利害未可知，然大势固不许尔尔。中国之地势，为天然统一之地势，而幅员如此其辽阔，户口如此其众多，其在幼稚时代，非厚集权力于中央，无以为治，故专制必与统一为缘。不得不以一强驭群弱，势使然也。夫使境外无复他强以与我相遇，则长此终古，保守秩序，宁不足以致小康，其奈全世界物竞之大势又不许尔尔，夫是以情见势绌，而二千年来，遂以屈辱之历史，播丑于天壤。

他勿具论，即如汉孝武者，岂非一世之雄主耶？其对外思想，雄健沉郁，白登之耻，缯（zēng）币之辱，刻未尝去怀也。膺惩之志，终身以之，而成功遂不逮赵武灵王者。武灵时代，全赵皆强，孝武时代，则强者仅孝武一人，而其余皆弱也。以全体积弱之民，而从事外竞，未有能幸者矣。孝武欲扬本族之威于域外，而又锄本族之气于域中，此所谓却行而求前也。

自兹以还，经一度枭桀之主，则武德之销磨，愈增一度。前此所谓专制者，则一人刚而万夫柔也，后此所谓专制者，则客族刚而主族柔也。以万夫之柔者，与一人之刚者抗，彼虽武甚，然固极少数，踣（bó）之犹易也。至于以主族之柔者，与客族之刚者抗，则彼固亦有多数焉，以为爪牙，始焉以我弱故，彼乃得以强加诸我，继焉以彼强故，而我之弱益不可复瘳，递相为因，递相为果，引而无穷，每下愈况，以三千年前最武之民族，而奄奄极于今日，皆此之由。故曰时势造之，地势造之，而又不得不终致憾于人事也。

今者民智程度，渐脱离天造草昧之域而时势盖一变矣。合五大洲为一大战国，而地势盖又一变矣，所未变者，人事而已。西哲有言，凡可以以人力破

坏之物，必还可以以人力恢复之。夫我族之不武，其第二之天性耳，若夫最初之天性，则举今存诸族，度未有能出吾右者，此历史所明以告吾侪也。

今者爱国之士，莫不知奖励尚武精神之为急务，虽然，孔子不云乎：我欲见诸空言，不如征之行事之博深切明。又曰：无征弗信，弗信民弗从。又曰：吾舍鲁奚适矣。

今之君子大声疾呼以告其同胞曰：君其尚武，君其尚武，未之或听也，乃杂引五洲史乘，摭伟人言行，曰，某氏武，故显其国，某族武，故长其邻，岂不使万里之外，闻而奋兴耶？而彼久束湿薪之大多数人，犹或曰，吾秦人而子语我以越之肥瘠也，甚者或曰，天实厚彼，赋之武德，终非吾族所能几也。

吾故今搜集我祖宗经历之事实，贻最名誉之模范于我子孙者，叙述始末，而加以论评，取日本输入通行之名词，名之曰中国之武士道，以补精神教育之一缺点云尔。

呜呼，我同胞，兴！兴！！兴！！！汝祖宗之神力，将式凭焉，以起汝于死人而肉汝白骨。而不然者，汝祖宗所造名誉之历史逮汝躬而斩也，其将何面目以相见于九原也？

凡例

一、初次编纂此书，原是想要供士夫参考，但友人看后建议我稍作整改，使其适合教科用，大概是想让全国都具有武士精神吧，预先培养，再普及至全国，所以有了今天的文章。

二、武士道是日本名词，日本自称的大和魂，就是此物，因为其名文辞优美、典雅不俗且含义深远，便用此名。

三、本书采集自春秋战国至汉初那些足以成为子孙后辈榜样的先辈武德事迹，用列传的方式依次叙述，加以评论，以表现尚武精神的实质。

四、所引用的古籍，全部都是原文，其中只有删减，并无改篡，全都保留着它原本的意寓。

五、文章末尾都引用原书注明，并不仅仅用来得到大家的认同，也是用来供大家参考学习。因为原著有别的体裁，也就不能全文录入了，而事件的始末，有时又不得不为学生讲解，则教师按原书查询即可。文章有先秦文字，也有深奥久远无法说明的地方，我不敢用今文将其篡改，教书授业之人应当查找原书，便可得到注解。

六、兴趣是教育孩童的要素，本文所采用的事实，都是大家感兴趣的内容，可以使人有兴趣去了解，所以建议最好

将其作为高等小学及中学的教材。

七、近来新知进入我国，教育必要的条件越来越多，所以国文一科，反而教得粗略简单，仅仅教识字缀文而已，其他新出的书籍，又都间杂译语，文义迂曲，晦涩难懂，我们国家的文学精神将要丢失。本书选用的都是先秦名文，教学者最好选择其中的长篇，教授时以口诵之，以启发学生在文学方面的天赋，这比读诗词和精通八股文要好得多。

八、文末所缀评语，不过是略抒己见，若想要探索更深处的知识，还是要靠老师的指导。

九、篇首之自序，揭示了著书的本意，以便教师参考，而不是供学生使用，教师随时选取其含义深远之处来教育学生，也是奋勉精神的一个方法。

十、本文的叙事顺序，全部依照年代，因为孔子作为两千年来全国思想的中心点，所以将其放置篇首，以此表明对他的尊崇与敬仰。

十一、本文所删减的东西，都是经过深思熟虑，如专诸与荆聂同类，因为他自私蛮横，且无心全国大计，所以删掉了；如季布与朱郭齐名，因为他穷的时候卑鄙下贱，富贵后也未有建树，且以不思进取之气破坏民族对外的雄心，故将其删除；又如鲁仲连，一文弱书生，虽未有在困境中决一死战的行为，但是他的理想，实属当时武士道之代表，所以便留了下来。但凡书中的删留，皆与上述理由相似。

十二、到了汉景武两帝，武士道消灭，不再有如锦如荼之人，常光喜欢我写历史，但是记载的事情在这里停止，是我无穷的遗憾，此后，后史上依旧具有尚武精神的人，并非无人，仍思忖将其更新为书作之后续部分，起于傅介子，止于张汶祥，若在此时终止，那才是完美。

【原文】

一、初撰此编，原欲以供士夫之参考，一二友人见之，谓宜稍整齐之，使适教科用，盖欲使全国尚武精神，养之于豫，而得普及也，故为今体。

二、武士道者，日本名词，日人所自称大和魂，即此物也，以其名雅驯，且含义甚渊浩，故用之。

三、本编采集春秋战国以迄汉初，我先民之武德，足为子孙模范者，以列传体叙次之，加以论评，以发挥其精神。

四、所引古籍，皆依原文，有删节，无改窜，存其真也。

五、各章皆将引用原书注明章末，非徒以征信而已，亦以备教科参考。因著述有别裁，往往不能全文直录，而事之始末，或有不能不为学生讲者，则教师依所注原书，检之可也。又先秦文字，或有奥古难解者，著者断不敢以今文窜易之，教授者翻原书，当得注释焉。

六、兴味为教育儿童之要件，本编所采事实，皆最有兴味，能刺激人脑识者，故以充高等小学及中学之教科，最宜。

七、近来新智识输入，教育必要之条件既繁多，

故国文一科，反致欠缺，仅教以识字缀句而已，其余新出诸籍，又皆间杂译语，诘鞠为病，祖国高等文学之精神，遂将失坠。本编所采，皆先秦名文，教者宜择其中长篇，授学徒口诵，以启发其文学之天才，胜于读词胜理疏之八家文也。

八、每篇末所缀评语，不过略发己见而已，引申触类，是在教者。

九、篇首之自序，揭著书本旨，以供教师参考，非为学生用，教者随时撮其谊以诏学生，亦振厉精神之一法也。

十、本编叙次，一依年代，惟以孔子为二千年来全国思想之中心点，故迻冠诸首，以资信仰。

十一、本编去取，微有权衡，如专诸与荆聂同类，以其为一私人野心之奴隶，非有所不得已，且无与全国大计，故黜之；如季布与朱郭齐名，以其亡命龌龊，且贵后无所建白，而以暮气损民族对外之雄心，故黜之；又如鲁仲连，一文弱书生，未尝有决死犯难之举动，然其理想，实当时武士道之代表，故列焉。凡诸去取，皆此类也。

十二、汉景武以还，武士道消灭，不复有如锦如荼之人物，常光宠我历史，故记载止于是焉，实编者无穷之遗憾也，但此后吉光片羽，亦非无人，尚思更为续编，起傅介子，讫张汶祥，若其杀青，俟诸休暇。

甲辰十日　编者识

孔子：夹谷会盟

鲁定公十年夏天，鲁定公与齐景公将在夹谷会面。作为傧相的孔子说："我听闻外交谈判必须有军事力量作保障。以前的诸侯出行边疆，必定配备应有的官员，请设立左右司马一道同行。"鲁定公说："好！"于是定公便听孔子之言，设立了左右司马。犁弥向齐景公说："孔丘知道礼仪却没有勇气，如果此时派莱人用武力劫持鲁定公，那便是志在必得的事了。"齐景公照着犁弥的话做了。当莱人欲用刀劫持鲁定公时，孔子拉着鲁定公向后退了几步说："士兵快冲上前去。两国国军友好相交，而夷人俘虏却用武力搅乱两国友谊，这定不是齐侯原本的意愿，请国君让其退下。"可莱人却没有想要退下的意思。孔子看着晏子和景公，景公心中有些许惭愧，才命令莱人士兵退下。将盟，齐人又在盟书中加载了一款条约："如果齐师出境作战，而鲁国不支配三百兵车随我一起出行，齐国便按盟誓惩罚。"孔子让兹无还作揖回击道："倘若你们不还我汶阳的土地，也同此誓。"于是齐人便归还了侵略鲁国所得的郓地、汶阳、欢地、龟阴等地。

新史氏说，论天下的大智大勇，又有谁是可以超过我们的孔子呢？身处困境，依然能临危不惧，淡定自若，没有大智大勇的人又怎能与此相抵抗呢？孔子的盟辞之言所含的力量足以争夺国家之权利，那么后世蔺相如相赵折秦是从孔子这儿效仿的吗？《吕氏春秋·慎大览》中说道：以孔子一人的力量，足以打开各国国门。但他却不想让人们以这样的方式认识他，所以孔子究竟有多勇敢，从这便可以想象《孝经》中有记录孔子的话："战阵无勇，非孝也"；《庄子》中所应用到孔子的话："临大难而不惧者，圣人之勇也"；《孟子》中引用的孔子的话："志士不忘在沟壑，勇士不忘丧其元"。《论语》《中庸》中，大多谈论列举知、仁、勇三种品德，所以孔子推崇尚武精神大概也就因为如此吧。

新史氏又说，《韩非子·显学篇》说孔子死后，儒分为八，漆雕氏的儒学主张不面露胆怯之色不逃避事实，倘若做错了事，面对奴隶也愿意认错，若是自己占有理，也敢怒斥于诸侯。而这就是后世行侠仗义的鼻祖，孔子门下也必然有这样的一派，最后漆雕氏必定也衍传下了这一派。孟子说北宫黝、孟施舍、曾子、子夏身上所有正是这种风气，且举例了曾子："纵然面前是千万人，我也要依旧奋勇向前"的名句。其观孔子射箭于圃雄姿英发的模样，而扬觯辟人，他曾说：败坏军中士气的将士，使国家走向衰亡的大夫，是不可能在这个位置的。这足以看出孔门的尚武精神在他的思想体系中，必定占很大的因素。到了后来，田常作乱，宰我在齐国殉难；

蒯聩违抗命令，子路结缨而死，这都是世人皆知的事。《说文》中提到的，学儒学为懦弱，倘若没了孔子的思想，他们离懦弱还会远吗？今日再谈武士道，按照年代先后，必是孔子为首，来表明对国家与儒家思想的崇高信仰。

【少年说】

故事发生在春秋时期的齐国和鲁国，夹谷会盟发生于鲁国第二十五任君主鲁定公时期，时间是公元前500年，距离武王灭商约五百四十五年，距离秦国成立大约还有二百八十年。主人公跟晏子、老子同时代，而在同时期的欧洲，罗马共和国才成立不久。

春秋时期王纲解纽，政治秩序崩塌瓦解，在多数国家，“周礼”已渐荒废。但鲁国这个周王室嫡封的邦国，却对周礼谨守不渝，并把它当作一种学问去做。当时鲁国有一批人，专以传授经文，以祭祀中的司仪为职业，这种人就叫作“儒”。“周礼”独在鲁国盛行，是孔子在鲁国担任司寇的原因。而孔子却是将“礼”当作个人修养来看待，他教育学生不要靠做司仪来谋生，要追求“君子儒”而不是“小人儒”，正所谓外化于行，内化于心，也就是形容孔子这种有君子之义的人吧！

春秋战国的外交史以夹谷会盟闻名，而一提春秋战国，又无人不想到历史上著名的百家争鸣——各大思想的大繁荣。那时，有追慕圣贤之治的孔孟；有主张“无

为而治”的老子；有主张“兼爱”和“非攻”的墨子；还有主张依法治国的韩非子。同一时期，不同的学派、不同的声音，交织在一起，不管是对当时，还是对现在，都有着深远的影响。

孔子所带来的，是整个中华民族精神上“质”的变化，就好比“温故而知新，可以为师矣”，“博学而笃志，切问而近思”这些句子，其实早已在我们的心中潜移默化，对我们的行为规范形成一种无形的约束。照我们常说，儒家文化也就为“仁、礼、中庸”三个核心价值观，而所谓“仁与礼”便是“善与爱”，所谓“中庸”，无非是“和”，而转眼至全人类，这三点是人类在历史长河中一直在追求的精神。

可是现在，我们所体会的，还是孔子所倡导的“仁”“礼”“中庸”吗？不过囫囵吞枣，草草读完。这又怎么能体会孔子身上的尚武精神，字里行间的生活态度呢？也许，我们应该重新地好好审视一番。

如今，我们再说孔子，再说尚武精神，再览历史长河的英雄气概，再一次努力地辨认方向，得到的，必定是一个新的民族情怀！

【梁任公原文】

鲁定公十年，夏，公会齐侯于夹谷。孔子摄相事，曰：“臣闻有文事者必有武备。古者诸侯出疆，必具官以从，请具左右司马。”定公曰：“诺。”具左右司马。犁弥言于齐侯曰：“孔丘知礼而无勇，若使莱人以兵劫鲁侯，必得志焉。”齐侯从之。孔子以公退，曰：“士，兵之。两君合好，而裔夷之俘，以兵乱之，非齐君所以命诸侯也，请命有司。”有司却之，不退。孔子左右视晏子与景公，景公心怍（zuò），麾而退之。将盟，齐人加于载书曰：“齐师出竟，而不以甲车三百乘从我者，有如此盟。”孔子使兹无还揖，对曰：“而不反我汶阳之田，吾以共命者亦如之。”于是齐人乃归所侵鲁之郓、汶阳、欢、龟阴之田。

（《左传·定公十年》《史记·孔子世家》）

新史氏曰，天下之大勇，孰有过我孔子者乎？身处大敌之冲，事起仓猝之顷，而能底定于指顾之间，非大勇孰能与于斯？其盟辞之力争国权，不肯让步，则后此蔺相如相赵折秦之所由取法也？《吕氏春秋·慎大览》云：孔子之劲，举国门之关。而不肯以力闻。则孔子之勇，其可以想见矣。（按《左氏·襄十》传云：偪阳人启行诸侯之士门焉，县发郰（zōu）人纥抉之以出门者，似是孔子父叔梁纥事，《吕览》记作孔子事，未知孰是，要之，孔子之勇受诸遗传矣。）《孝经》记孔子言曰：战阵无勇，非孝也；《庄子》引孔子言曰：临大难而不惧者，圣人之勇也（《秋水篇》）；《孟子》引孔子言曰：志士不忘在沟壑，

勇士不忘丧其元。《论语》《中庸》，多以知、仁、勇三达德并举，孔子之所以提倡尚武精神者至矣。

新史氏又曰，《韩非子·显学篇》称孔子卒后，儒分为八，漆雕氏之儒不色挠不目逃，行曲则违于臧获，行直则怒于诸侯。按此正后世游侠之祖也，孔门必有此一派，然后漆雕氏乃得衍其传。孟子述北宫黝、孟施舍之风正若是，而云一似曾子，一似子夏，且引曾子虽千万人吾往矣之言以为证。观孔子射于矍相之圃，而扬觯（zhì）辟人，曰：败军之将，亡国之大夫，不在此位。可见孔门尚武之风，必甚盛矣。至若田常作难，宰我殉齐于庭中（见《盐铁论》，足证宰我非党田氏），蒯（kuǎi）聩（guì）犯命，子路酬卫于结缨（见《礼记·檀弓》及《史记》），又尽人所同知矣。《说文》训儒为需弱，其去孔子之真，不亦远乎？今叙次武士道，一依年代，惟首列孔子者，示一国以向往云尔。

曹沫（曹刿）：仗剑一怒，定国安邦

曹沫，鲁国人，以勇力侍奉鲁庄公。鲁庄公十分欣赏勇士，曹沫是鲁国将军，与齐国作战，三战三败。鲁庄公害怕了，就献上遂邑求和，但仍然用曹沫为将。齐桓公答应和鲁庄公在柯地会见，订立盟约。桓公和庄公在盟坛上订立盟约以后，曹沫手拿匕首胁迫齐桓公，桓公的侍卫人员都不敢轻举妄动，桓公问：“你打算干什么？”曹沫回答说：“齐国强大，鲁国弱小，而大国侵略鲁国也太过分了。如今鲁国都城一倒塌就会压到齐国的边境了，您要考虑考虑这个问题。”于是齐桓公答应全部归还鲁国被侵占的土地。说完以后，曹沫扔下匕首，走下盟坛，回到面向北的臣子的位置上，面不改色，从容如常。

齐桓公征伐鲁国，鲁国人不敢轻易出战，在距离都城五十里的地方封土为界，请求比照附庸国来听从齐国，齐桓公答应了，于是约定第二天盟誓缔约。第二天，庄公与曹刿都怀藏宝剑走到祭坛上。庄公左手抓住齐桓公，右手拔出剑来架在自己脖子上，说道：“鲁国国都原本距边境几百里，现在离边境只有五十里，没法活了。估量着大概要死，就让我

在您面前自杀吧！”管仲、鲍叔要进前，曹刿按剑挡在两个台阶中间，说：“两位国君正要划定国界，谁也不要过来！”庄公说：“以汶水为界才行，不然但请一死！”管仲见形势危急，说：“请大王答应他吧。”于是双方在汶水之南划定了疆界，桓公与庄公盟誓缔约。

新史氏说，曹沫凭借自己的一次愤怒果敢之行，安定了国家社稷，立下的功劳真是前无古人，后无来者。司马迁将他与专诸、聂政并列，这两个人，为了追求一个人的恩仇，以死相报，应该算是侠客，但是这对于大局而言又有什么帮助呢？而曹沫这种人，就是从古至今武士之道的楷模了！

【少年说】

曹沫，或作曹刿。生卒年不详，春秋时期鲁国（今山东菏泽）人，著名的军事理论家。鲁庄公十年，齐攻鲁，刿求见请取信于民后战，作战时随从指挥，大败齐师，一鼓作气之典出于此。

曹刿和曹沫是否为同一人？为此，大多史料沿袭旧说，语焉不详。《管子》一书认为曹沫与曹刿乃一人。然而，本文的主人公曹沫是好勇尚力、大胆莽撞的猛将、刺客；而曹刿是足智多谋、沉稳持重、重礼知义的政治家、军事家，可参见“曹刿论战”“谏庄公如齐观社”等。反差之大，很难让人认同二者是同一人。但是无论如何，他们二人皆依靠自己的能力救国家于危难之中，都是值得敬佩的。

【梁任公原文】

曹沫者，鲁人也，以勇力事鲁庄公。庄公好力。曹沫为鲁将，与齐战，三败北。鲁庄公惧，乃献遂邑之地以和，犹复以为将。齐桓公许与鲁会于柯而盟。桓公与庄公既盟于坛上，曹沫执匕首劫齐桓公。桓公左右莫敢动。而问曰："子将何欲？"曹沫曰："齐强鲁弱，而大国侵鲁，亦以甚矣。今鲁城坏，即压齐境，君其图之。"桓公乃许尽归鲁之侵地。既已言，曹沫投其匕首，下坛，北面就君臣之位，颜色不变。

（《史记·刺客列传》）

齐桓公伐鲁。鲁人不敢轻战，去鲁国五十里而封之。鲁请比关内侯以听，桓公许之，于是明日将盟。庄公与曹刿皆怀剑。至于坛上，庄公左搏桓公，右抽剑以自承，曰："鲁国去境数百里，今去境五十里，亦无生矣。钧其死也，戮于君前。"管仲、鲍叔进，曹刿按剑当两陛之间，曰："且二君将改图，无或进者。"庄公曰："封于汶则可，不则请死。"管仲曰："君其许之。"乃遂封于汶南，与之盟。

（《吕氏春秋·贵信》）

新史氏曰，曹子一怒以安国家定社稷，伟哉，旷古之奇功也。史迁以之与专诸、聂政并列，夫专聂者，徇一人之恩仇，以死报之，侠则侠矣，而于大局何与也？若曹子者，其千古武士道之模范矣！

弘演：纳肝为棺

卫懿公有一个名为弘演的臣子，奉命出使他国。在此期间，翟人攻打卫国，卫国的百姓都说："你（国君）将高官厚禄都给了仙鹤，宠幸宫人。你就派他们为你征战吧，我们怎么能参战呢？"然后百姓就溃散而去。翟人在荥泽追到了懿公，将他杀了，并吃光了他的肉，只留下了他的肝。弘演回来之后，对着懿公的肝汇报完出使情况，就大哭起来，并说道："臣仅且以身为棺吧！"他割开自己的腹部，将懿公的肝放进去，然后就自杀了。齐桓公听说了这件事，说："卫国之所以灭亡，是因为国君治理国家混乱不堪。但如今，卫国有弘演这样的大臣，不能不将卫国保留下来。"于是，又在楚丘重建了卫国。

弘演可以说是很忠诚了，以自杀来追悼国君。非但以身殉君，后来又间接促成卫国重新建立，祭祀不绝，可以说是有功于国家啊！

新史氏说，《吕氏春秋》对于弘演的论述已经足够详尽了。晏子曾说过：国君如果为社稷而死，就追随他去死，若是为国家而逃亡，就追随他去逃亡。但是他如果是为自己而死，为了自己而逃亡，除了与之亲密的人，还有谁会做这样的事？

像这样，懿公不是一个值得为之赴死的国君，但弘演的死感动了强大的邻国，使将亡的国家得以保存。那这就不是为暴君而死，而是为国家百姓而死！

【少年说】

春秋前期，北方的游牧部落狄人很强大，不断侵犯晋、卫、邢等国。晋国军力强大，狄人占不到便宜，被迫自西向东侵扰，卫国首当其冲。

卫懿公是卫惠公的儿子，名赤，世称公子赤。他爱好养鹤，如痴如醉，不恤国政。喜欢高贵典雅的仙鹤，本来无可厚非，但因此而荒废朝政，不问民情，横征暴敛，就难免要招来灾祸。

周惠王十七年（公元前660年）冬，北狄（今大同一带）聚两万骑兵向南进犯，直逼朝歌。本文就是在这样的背景下发生的，这也是“弘演纳肝”典故的由来，弘演确有忠君爱国之志，但也不免有愚忠的嫌疑。

梁启超赞美他非为暴君死，是为百姓死，恐怕是过度拔高了，因为复建卫国的大功，更多应该算在齐桓公头上。

【梁任公原文】

卫懿公有臣曰弘演，有所于使。翟人攻卫，其民曰："君之所予位禄者鹤也，所贵富者宫人也。君使宫人与鹤战，余焉能战？"遂溃而去。翟人至，及懿公于荥泽，杀之，尽食其肉，独舍其肝。弘演至，报使于肝毕。呼天而啼，尽哀而止。曰："臣请为褾（bó）。"因自杀，先出其腹，实内懿公之肝。桓公闻之，曰："卫之亡也，以为无道也。今有臣若此，不可不存。"于是复立卫于楚丘。

弘演可谓忠矣，杀身出生以徇其君。非徒徇其君也，又令卫之宗庙复立，祭祀不绝，可谓有功矣。

（《吕氏春秋·忠廉篇》）

新史氏曰，《吕氏》所以论弘演至矣。晏子有言：君为社稷死则死之，为社稷亡则亡之。若为己死而为己亡，非其亲昵，谁敢任之？若是，夫懿公殆可非死之君也，然以一死动强邻，使国家亡而不亡，是则非为独夫死，为国民死也！

鬻拳：国王你别进城

巴国人攻打楚国，楚文王带兵抵抗，但在津（今湖北江陵一带）大败而归。当楚文王逃回国都时，鬻拳关闭城门不让他们进来，无奈，楚文王只能去攻打黄国，在踖陵击败黄国军队。回去时，到了湫，文王生病了。后来到六月的时候病故了。鬻拳将他葬在夕室，然后自杀了，死后被葬在楚文王地宫的旁边。以前，鬻拳强硬地规劝楚文王，但他不听，鬻拳就用武力威胁他，文王因为害怕而屈服了。后来鬻拳说："我用武力威胁国君，罪过太大了。"于是砍去自己的一只脚。楚人将他派去守国都的城门，称他为大伯。

新史氏说，君主战败而归，就拒绝让他入城，为什么？因为他有辱于国家。国家以国君为重，但是你丢了国家的颜面，那我就不让你入城了。鬻拳可以说是懂得爱国的大义啊，强迫自己的君主来恢复国威。《礼记》说：君子爱人以德，小人爱人以姑息。鬻拳是通过德来爱他的君主吧？他的死是因国君为社稷而死，可敬可畏！那么武士精神就都具备了。

【少年说】

鬻拳，楚国宗室后裔，春秋时楚官。因事诤谏楚文王，文王不从，乃以武力威胁文王，强使改正错误。事后，自认以武力逼君有罪，自削一脚，以示服罪。文王敬其忠诚，授以大阍之职，使其主管郢都城门。

楚文王十五年，文王兵败，鬻拳将其拒之门外。后文王身死，鬻拳迎丧归葬，扶文王长子堵敖继位，随后再刖一足，然后引剑自刎，被葬于文王墓前。两件事情，使鬻拳留名千古，给后人留下了一个独特的忠臣形象。

明代文人读到《左传》对鬻拳“可谓爱君矣”的评价怒不可遏，作诗反对道：“谏主如何敢用兵？闭门不纳亦堪惊。若将此事称忠爱，乱贼纷纷尽借名。”把鬻拳的忠义行为视为洪水猛兽，真是可笑复可叹。

【梁任公原文】

巴人伐楚，楚子御之，大败于津。还，鬻拳弗纳，遂伐黄，败黄师于踖（jí）陵。还，及湫，有疾。夏六月庚申，卒。鬻拳葬诸夕室，亦自杀也，而葬于绖（dié）皇。初，鬻拳强谏楚子，楚子不从，临之以兵，惧而从之。鬻拳曰：“吾惧君以兵，罪莫大焉。”遂自刖也。楚人以为大阍（hūn），谓之大伯。

（《左传·庄十九年》）

新史氏曰，君败而归，则拒弗纳，何以故？以辱国故。国重于君，君而辱国，吾弗君也。鬻拳可谓知爱国之大义矣，强迫其君使恢复国威。《记》曰：君子爱人以德，小人爱人以姑息。鬻子其爱君以德者欤？君为社稷死而死之，又何凛凛也！武士之精神具矣。

先轸、狼瞫：太后你错了

晋国大将先轸在崤（今河南陕县东南）战胜了秦军，俘虏了秦国大将百里孟明视、西乞术、白乙丙。（史称“崤之战”）晋国国君的嫡母文嬴是秦穆公的女儿，她请求放三位秦将回国，她说：“他们挑拨我们两国国君的关系，秦国国君如果能得到他们，恨不得吃了他们。何必屈尊你惩罚他们呢？不如让他们回去受到秦国的处罚，满足秦国国君的心愿，怎么样？”晋襄公同意了。先轸朝见时问起秦国的囚犯，晋襄公说：“夫人请我放了他们，我就放了他们。”先轸生气地说：“将士们不知花费了多少心力抓住了他们，却因为夫人的几句花言巧语就把他们放了。这不是毁了将士们战斗的成果而助长敌国气焰吗？国家不日就要灭亡了啊！”先轸越说越生气，头也不回地狠狠吐了一口唾沫离开了。同年狄军攻打晋国，八月，晋襄公率军在箕地打败了狄军。（史称“箕之战”）先轸说：“武夫在国君面前放肆而没受到惩罚，怎么敢不自己惩罚自己呢？”说完摘下头盔冲入狄军中，死在战场上。狄人送还了他的头颅，他的面色如同活着时一样。

鲁文公二年，秦国和晋国在殽地发生战争，梁弘为晋襄公驾驭战车，莱驹是晋襄公的车右（即在主将车的右边，因为古人以右为尊，所以主将车右的地位仅次于主将）。作战的第二天，晋襄公绑了秦国的俘虏，派莱驹用戈去杀他们，俘虏突然大声喊叫，莱驹吓得把戈都掉在了地上，旁边的勇士狼瞫拿起戈砍了俘虏的头，拿下莱驹，追上了晋襄公的战车，晋襄公便提拔狼瞫为车右。在不久后的箕之战中，狼瞫被将军先轸撤职，续立简伯为晋襄公的车右。狼瞫十分气愤，他的朋友说："我跟你一起杀死先轸吧。"狼瞫说："《周志》中说过，如果仅凭勇敢就杀了地位在自己之上的人，死后也不能进入明堂。不合道义而死，并不是勇敢，为国家所用才叫勇敢。我以勇敢得到了车右之位，又因为不勇敢而被废黜，也是合适的。如果上位者不了解我，我被废黜也是适合的。若是我因为这个而去杀他，反而证明我无勇又无义，不配当车右。来日方长，您姑且就等着吧。"到达彭衙后，狼瞫带领部下冲进秦军的队伍，死在了战场上，晋军跟着冲上去，大败秦军。君子们认为，狼瞫这样的人可以算是君子了。《诗经》说：君子如果怒斥谗言，祸乱会快速止息。又说：文王盛怒，立刻就整顿自己的军队。生气却不作乱，反而上阵打仗，可以称得上是君子了。

新史氏说，像先轸、狼瞫这样的人，可以说是春秋时期武德精神的代表了。先轸于秦帅一事，因其关乎国家大计，虽是君主太后所为，他也未曾以此为借口保持沉默，是爱国之情驱使他这样做的。事后自觉有失礼数，同样没有含糊，驱动他的是自爱。他有大功于国尚且如此，假如周亚夫知道此事，又怎么会有“此怏怏者非少主臣也”的讥讽？狼瞫不甘心被废黜，因为这样辱没了他的勇武之名；也不肯以下犯上，因为这样不符合武德精神。左氏评价他是君子，也是对的，大概当时所说的拥有武德精神之人，名誉哪怕受到一丝侮辱也不能容忍，甚至愿意牺牲自己的性命来恢复名誉，他们视名誉重于生命。虽是如此，却也不肯枉杀无辜，不愿随意自杀。他们认为杀人乃暴乱之举，自杀是意志薄弱的表现。于是等到国家发生战乱，他们就率先冲入敌阵，以死来扬国家威名。这样的人，才能称得上大勇。他们可以作为百世人的楷模！

【少年说】

先轸（约前 680 年—前 627 年），追随晋国公子重耳，在骊姬之乱时随他一起逃到了狄国。后来在宋国、楚国、秦国等多位国君的帮助下流亡十九年的公子重耳和追随他的几位名士回到了晋国，重耳即位，是为晋文公。后文的晋襄公是晋文公的儿子。

第一个故事发生在秦惠文王十一年左右，即公元前 627 年，此时晋襄公刚刚即位，属战国时期，廉颇出世。此时亚历山大正在东征波斯帝国和印度河流域。

狼瞫（？—公元前 625 年），春秋时期晋国人。原为晋军中一小将，因斩杀俘虏的秦将褒蛮子，被晋襄公

称赞勇气可嘉，而被任命为车右（后被先轸免职）。他英勇正直，在彭衙之战中主动请缨，率领部下突入秦军，拼死作战，壮烈牺牲。死后被追赠为将军。

第二个故事发生在鲁文公二年，即公元前625年，属于春秋时期。此时希腊奴隶制形成，奴隶制城邦国家形成，斯巴达、雅典成为世界上重要的国家。

【梁任公原文】

晋先轸败秦师于崤，获百里孟明视、西乞术、白乙丙以归。文嬴请三帅，曰："彼实构吾二君，寡君若得而食之不厌，君何辱讨焉？使归就戮于秦，以逞寡君之志，若何？"公许之。先轸朝，问秦囚，公曰："夫人请之，吾舍之矣。"先轸怒曰："武夫力而拘诸原，妇人暂而免诸国，堕军实而长寇雠，亡无日矣。"不顾而唾。狄伐箕。八月，晋侯败狄于箕。先轸曰："匹夫逞志于君而无讨，敢不自讨乎？"免胄入狄师死焉。狄人归其元，面如生。

（《左氏·僖三十三年传》）

战于崤也，晋梁弘御戎，莱驹为右。战之明日，晋襄公缚秦囚，使莱驹以戈斩之。囚呼，莱驹失戈。狼瞫取戈以斩囚，禽之，以从公乘，遂以为右。箕之役，先轸黜之，而立续简伯。狼瞫怒。其友曰："盍死之？"

瞫曰："吾未获死所。"其友曰："吾与女为难。"瞫曰："《周志》有之：勇则害上，不登于明堂。死而不义，非勇也，共用之谓勇。吾以勇求右，无勇而黜，亦其所也。谓上不我知，黜而宜，乃知我矣。子姑待之。"及彭衙既陈，以其属驰秦师，死焉。晋师从之，大败秦师。君子谓狼瞫于是乎君子。《诗》曰："君子如怒，乱庶遄（chuān）沮。"又曰："王赫斯怒，爰整其旅。"怒不作乱，而以从师，可谓君子矣。

（《左氏·文二年传》）

新史氏曰，若先轸、狼瞫者，可谓春秋时武士道之代表矣。先轸于秦帅一事，以其关于国家大计也，虽以君主太后之过举，曾不稍假借，爱国之热诚驱迫使然也。事过而自觉失礼，亦不肯稍自假借，自爱之热诚驱迫使然也。彼有大功于国而犹若是，使周亚夫而知此也，则何有泱泱非少主臣之诮（qiào）乎？狼瞫不甘被黜，以失其勇名也，不肯犯上，以是为非武士之道德也。左氏评之曰君子，宜矣。大抵当时所谓武士道者，苟有一毫损害其名誉者，则刻不可忍，宁牺牲身命以回复名誉。彼视名誉重于生命也。虽然，又不肯妄杀人，不肯妄自杀。以杀人为乱暴之举动。自杀为志行薄弱之征也。故必俟国家有战事。乃率先陷敌阵，一死以扬国威。如此者，谓之大勇。呜呼！是可为百世师矣！

郑叔詹：下油锅？让我把话说完

晋文公准备攻打郑国，郑国知晓后派使臣携重礼去见晋文公，想要求和，晋文公不同意，说："当年郑国对我无礼，郑叔詹作为大臣没有成功劝说国君认清道理，如果你们肯把郑叔詹交给我，我就立刻撤兵回国。"郑叔詹得知后请求前往，郑文公不答应。郑叔詹再次请求，说："若是以我一人之命便能换得百姓安居、江山稳固，那不是一件非常值得的事情吗？还是请大王把我交给晋文公吧。"于是郑国将郑叔詹交给了晋文公。晋文公想把他丢到油锅里烹，郑叔詹说："臣想把要说的话说完再去赴死，这样即使死了也没有遗憾了。"于是晋文公就让他说。郑叔詹说："上天降罪于郑国，我们国君在亲戚落难时没有伸出援手，弃礼仪不顾。我曾经劝阻他不可如此，说晋国公子十分贤明，他身边之人都是能人贤士，如果他复国并在诸侯之中树立起威望，郑国就大祸来临了。如今祸事已至，尊重贤明的人胜过每天提心吊胆预防灾难的降临，是明智的举动；为了拯救国家而牺牲自我，是对国家的忠贞。"说完厉声说道："像我这样的大臣都要被烹，从今以后为人臣子者再也不要学叔詹！"话音刚落就要纵身往油锅里跳。晋文公深受感动，命人拦住郑叔詹，给他许多厚礼让他回国了。郑国从此以后奉郑叔詹为将军。

新史氏说，《史记·郑世家》记载：郑叔詹对郑文公说，晋之所以围郑是因为我；我以死抵消郑国的为难，是我心之所愿，于是自杀了。郑人将郑叔詹的尸体给了晋国。这与《国语》的记载有所差别。重点是，郑叔詹用自己的生命挽救国家危亡，这是事实。他得以释放，这是他的智慧，就算死了也成全了他的仁义。不论何种记载，郑叔詹都是我辈应该崇拜的人。

【少年说】

公元前 637 年，晋国公子重耳为了逃避父亲宠妃的陷害，逃离晋国流亡在外。途经郑国国都时恰逢风雪交加，重耳请求入城，守城的士兵得知是晋国公子，且重耳与郑国国公同姓（当时同姓的人即为同一氏族）不敢怠慢，就上报给了郑国国君郑文公。郑文公得到守城士兵的禀报后，认为重耳叛父，此举为不孝，郑国绝不能接受，而且郑文公认为重耳在外流亡这么多年，一定是个没出息的人，理都不理他就拒绝了他的请求。郑文公的弟弟郑叔詹得知此事后劝说郑文公："重耳是一位贤人，他尊贤重才，体恤百姓，追随他的赵衰、狐偃等人都是名士，我们应该对他以礼相待。"郑文公却不以为然。郑叔詹又说道："如果主公不能以礼相待，就请您下令杀了他。"

郑文公认为自己和重耳无恩无怨，没必要接待他也没必要杀害他。就这样，重耳被拒之门外，只得冒着风雪奔向楚国。

晋文公于公元前636年继位。

【梁任公原文】

晋文公伐郑，郑人以名宝行成。公弗许，曰："予我詹而师还。"詹请往，郑伯弗许。詹固请，曰："一臣可以赦百姓而定社稷，君何爱于臣也？"郑人以詹予晋人，晋人将烹之，詹曰："臣愿获尽辞而死，固所愿也。"公听其辞，詹曰："天降郑祸，使淫观状，弃礼违亲。臣曰：不可。夫晋公子贤明，其左右皆卿才，若复其国而得志于诸侯，祸无赦矣。今祸及矣，尊明胜患，知也；杀身赎国，忠也。"乃就烹，据鼎耳而疾号，曰："自今以往，知忠以事君者与詹同。"乃命弗杀，厚为之礼而归之。郑人以詹伯为将军。

（《国语·晋语》）

新史氏曰，《史记·郑世家》云："詹言于郑君曰：晋所以围郑，以詹；詹死而赦郑国，詹之愿也。乃自杀。郑人以詹尸与晋。"与《国语》异。要之，詹之办一死以救国，则事实也。其得放免，则其智也。藉日死焉，则其仁也。皆我辈所当崇拜者也。

先縠、栾书、郤至：为了祖国，前进！

楚国讨伐郑国，晋国派遣军队前去救援。荀林父率领中军前往，先縠辅佐其左右。当军队到达黄河之时，听闻郑国已经与楚国谈和，荀林父欲调头而归，先縠却说："不可以如此行事。晋国之所以能够称霸，是因为他们的军队骁勇，臣子得力。现在失去了各路诸侯，不能称得上是得力。有敌军在前却不跟随追逐，不能称得上是勇武。若是因为我等失去了晋国的霸主地位，不如去死。而且现已出兵，听闻敌军强大便不战自退，非大丈夫所为。受命成为将领统帅，却做出了非大丈夫所做的事，只有你们会这么做，我是不会干的。"说完，就带领中军副帅所属军队渡过黄河。

郑国背叛了晋国，楚国的子驷跟从楚公子在武城会盟。晋国的栾书说："不可以在我们这一代人手中失去对诸侯的统治，一定要去讨伐郑国。"等到了六月，晋国和楚国的军队在鄢陵相遇，范文子不愿意开战，郤至说："韩地一战，惠公出师不利；箕地一战，先轸不能够回国复命；邲地一战，荀伯也没有再回来过。这些全都是晋国的耻辱。你也亲眼见

证了先人的失败，如今我们避开楚国的军队，又增加了晋国的耻辱。”

新史氏曰，邲地之战，鄢陵之战，晋国都没有福运降临。先縠、栾书、郤至三个人，他们的人品和风度都不值得一谈。现在列举这些人，不因为人品而否定他们的言论，是因为他们的言论都以国家的名誉为第一重要的事情，能够代表当时全国的尚武精神。晋国是在一群戎狄部落之间建立起来的，所以有的书记载，晋国居住在深山里面，戎狄与之为邻，远离了王室，王室的精神意志无法到达；范燮也说，其先人屡次战斗都有原因，秦国、戎狄、齐国、楚国都十分强大，不竭尽全力，子孙后代将会逐渐弱势。晋国的国势，不采取军国民主义无法生存，所以武士道的风气，晋国最为繁盛。因此，晋国能够称霸百年之久，而战国之后，三晋的威势，也没有丧失和堕落。

【少年说】

先縠（？—公元前 596 年），姬姓，先氏，名縠，先轸之后，亦称原縠。春秋时期晋国大夫，邲地之战时为中军副帅。先縠的故事大概讲述了荀林父被派往援助被楚国攻打的郑国，但他中途决定返回时，先縠对他的指令有异议，最终先縠决定过黄河前往郑国。在荀林父选择调头回晋时，先縠却依旧选择出兵攻打。他跟荀林父的意见不同，导致晋国在邲地之战中大败。后来为了防止晋国诸侯怪罪，他便筹划与赤狄联合作乱。最后，被晋国追究邲地之战失败的责任，他和家族尽灭。

郤至讲述的是在郑国背叛晋国之后，晋国与楚国对峙时产生的异议。范文子在晋楚军队相遇的时候，不愿意展开战斗，但郤至却极力呼吁军队攻打楚国。他的决策最终让晋国大败了楚国，射瞎了楚共王。

不难看出，无论是先縠还是郤至，他们身为晋国的将领都有着共同点，那就是他们的果敢和决心。梁启超认为他们的人品风度都不足以提名，但晋国的武士精神确实昌盛。梁启超认为当时尚武精神以晋国为最盛。

【梁任公原文】

楚伐郑，晋师救之。荀林父将中军，先縠佐之。及河，闻郑既及楚平，桓子（即荀林父）欲还，彘（zhì）子（即先縠）曰："不可。晋所以霸，师武、臣力也。今失诸侯，不可谓力。有敌而不从，不可谓武。由我失霸，不如死。且成师以出，闻敌强而退，非夫也。命为将帅，而卒以非夫，惟群子能，我不为也。"以中军佐济。

（《左氏·宣十二年传》）

郑叛晋，子驷从楚子盟于武城。栾武子（名书）

曰："不可以当吾世而失诸侯，必伐郑。"六月，晋楚遇于鄢陵，范文子不欲战，郤至曰："韩之战，惠公不振旅；箕之役，先轸不反命；邲之师，荀伯不复从，皆晋之耻也。子亦见先君之事矣，今我辟楚，又益耻也。"

（《左氏·成十六年传》）

新史氏曰，邲之战，鄢陵之战，皆非晋之福也。先縠、栾书、郤至三人者，其人格皆不足道。今举之者，不以人废言，谓其言皆以国家之名誉为重，可以代表当时全国尚武之精神也。晋之建国，在群狄之间，故籍谈曰：晋居深山之中，戎狄之与邻，而远于王室，王灵不及（《左氏·昭十五年传》）；范燮亦曰：吾先君之亟战也有故，秦狄齐楚皆强，不尽力子孙将弱（《成十六年传》）。盖晋之国势，非取军国民主义，无以自存，故武士道之风，晋最盛焉。此所以能称霸百年，而战国以后，三晋之威稜，且未坠也。

庆郑、魏绛：有罪不逃刑

秦国陷入饥荒，派人前往晋国买粮食。晋惠公不答应，大臣庆郑说："背弃施恩还幸灾乐祸，会被百姓所唾弃。亲近的人都会因此结仇，更何况仇敌？"晋惠公充耳不闻。庆郑退下并说道："大王将会因此而后悔。"第二年，秦穆公出兵讨伐晋国，晋惠公对庆郑说："敌人已经深入我国，该如何是好？"庆郑回答："这实在是您令敌军深入了我国，又能怎么办呢？"晋惠公骂道："放肆！"后来，晋惠公占卜选择在战车右侧陪乘的人，庆郑得到吉卦，但晋惠公却不用他，还要改乘从郑国得来的小驷马。庆郑说："古时候的人遇到大事，必会乘坐本国的马驾车，这些马生长在自己的国土上，了解主人内心所想，听从他们的调教，熟悉本国的道路，任由他们使唤，无不随心所欲。现在我们坐着异国的马去带兵打仗，等到马儿受到惊吓的时候就会失控，不听从人的指挥，胡乱发泄愤怒，血脉偾张，外强中干，进退不能，连简单的调头旋转都做不到，大王到时候一定会后悔的。"晋惠公依旧不听。壬戌日，晋与秦在韩原上决战，晋惠公的军马陷入泥泞当即停下。晋惠公呼叫庆郑，庆郑说：

“任由心性，不听劝谏，违背占卜的结果，失败是唯一的结局，又为什么呼救呢？”于是他便离晋惠公而去。后来，秦和晋谈和，蛾析对庆郑说：“为什么不离开这里呢？”庆郑回答说：“使国君深陷在失败里，失败后却不死而逃亡，又逃避国君的刑罚，不是一个大臣应有的样子。身为臣而没有臣的样子，又能逃到哪里去呢？”晋惠公归来，杀了庆郑然后才入城。

晋悼公的弟弟扬干，在曲梁（今河北邯郸）胡乱行事，魏绛杀了他的仆人。晋悼公大怒，对羊舌赤说：“会盟诸侯是为了荣耀，扬干的仆人被杀，还有什么羞辱比这更严重的？一定要杀了魏绛，不得有误。”羊舌赤回答说：“魏绛心无二向，侍奉国君不避危难，有了罪过也不避刑罚，他会自己过来说明的，何必劳烦大王发布命令呢？”话刚说完，魏绛到了，把奏疏交给仆人，立刻要拔剑自刎，士鲂和张老连忙劝止他。晋悼公读他的奏疏，上面写道：“以前大王缺少使唤之人，让我做了司马。臣听闻军队中的人以服从军纪叫作勇武，作战的时候宁死不违反军纪叫作敬。大王会合诸侯，我哪里敢不严格执行军纪？大王的军队不勇武，做事的人不敬，再没有比这更大的罪过了。我惧怕触犯军纪，因此波及到扬干，无法逃脱罪责。不能够事先教导众军，以至于动用了斧钺，我的罪过太重，怎敢不遵从刑罚激怒大王呢？请让我回司寇那里领死。”晋悼公光脚急忙跑出来说：“寡人的话是出自对兄弟的亲爱之情，先生的整治是源自对军纪的尊重。寡人有弟弟，却没能好好教导，使他触犯军纪，这是寡人的过失。先生不要再加重寡人的过错了，这算是我的请求。”

新史氏认为，犯下了罪行却不逃避刑罚的说法，是那时候武士道最重要的信条。先轸、庆郑、魏绛都守住了这个信条。还有类似“师众以顺为武，军事有死无犯为敬”这种话，可见那时候军人的理想。

【少年说】

庆郑，春秋时晋国大夫。他在秦国饥荒的时候，认为应该资助秦国，以报当年秦国资助晋国的恩情，但晋惠公未采纳。在秦国攻打晋国的时候，庆郑建议自己为晋惠公驾车，但晋惠公也没有任用。最终庆郑对晋惠公失望，离开了晋惠公。他虽然离开，但未曾逃跑，而是在等着晋惠公归来。晋惠公最终被俘虏而后释放，回到晋国后杀了庆郑。

魏绛的故事，讲述的是晋国的王侯弟弟杨干不服从军纪，于是魏绛便杀了为他驾车的人。魏绛在羊舌赤和晋悼公面前拔剑自刎，未成，随即晋悼公朗读他的手书之后明白了他的用意，也为他能遵守刑法而感到敬意，随即承认自己的错误。

梁启超选用这两篇文章，讲述了两个人在晋国服从军纪的特点。晋惠公屡次拒绝庆郑谏言，庆郑最终失望

离去，却触犯了刑法。有人在怂恿他逃离晋国的时候，他却冷静地回答要等候晋惠公，哪怕已知晓晋惠公回来就会杀了他。他这一生尽忠尽力，哪怕是晋惠公的责任却依旧为了证明忠心而送死，不可不谓忠也。魏绛虽为小臣，却依旧遵守军纪。哪怕是晋悼公之弟犯军纪，依旧诛杀他的仆人。回晋后知道难免一死，但为了证明忠心，打算写下手书后当面自刎。他的坚毅实乃强大，既对军纪一丝不苟，也对刑法和主公倾尽所有。他的忠心也被晋悼公所见，最终承认了自己的过错。庆郑和魏绛这种毫不逃避的信条，正是梁启超认为的武士道所遵循的，当时晋国的军队如此严刑峻法，符合武士道的信条。

【梁任公原文】

秦饥，使乞籴（dí）于晋。晋人弗与，庆郑曰："背施幸灾，民所弃也。近犹仇之，况怨敌乎？"弗听。退曰："君其悔是哉。"秦伯伐晋，晋侯谓庆郑曰："寇深矣，可若何？"对曰："君实深之，可若何？"公曰："不孙。"卜右，庆郑吉，弗使。乘小驷，郑入也。庆郑曰："古者大事，必乘其产，生其水土，而知其人心，安其教训，而服习其道，唯所纳之，无不如志。今乘异产，以从戎事，及惧而变，将与人易，乱气狡愤，阴血周作，张脉偾兴，外强中干，进退不可，周旋不能，君必悔之。"弗听。壬戌，战于韩原，晋戎马还泞而止。公号庆郑，郑曰：“愎谏违卜，固败是求，又何号焉？”遂去之。秦及晋平。蛾析谓庆郑曰：“盍行乎？”对曰：“陷君于败，败而不死，又使失刑，非人臣也。臣而不臣，行将焉入。”晋侯归，杀庆郑而后入。

（《左氏·僖十四、十五年传》）

晋侯之弟扬干，乱行于曲梁，魏绛戮其仆。晋侯怒，谓羊舌赤曰：“合诸侯以为荣也，扬干为戮，何辱如之？必杀魏绛，无失也。”对曰：“绛无贰志，事君不辟难，有罪不逃刑，其将来辞，何辱命焉。”言终，魏绛至，授仆人书，将伏剑，士鲂、张老止之。公读其书曰：“日君乏使，使臣斯司马。臣闻师众以顺为武，军事有死无犯为敬。君合诸侯，臣敢不敬？君师不武，执事不敬，罪莫大焉。臣惧其死，以及扬干，无所逃罪。不能致训，至于用钺，臣之罪重，敢有不从，以怒君心？请归死于司寇。”公跣而出曰：“寡人之言，亲爱也；吾子之讨，军礼也。寡人有弟，弗能教训，使干大命，寡人之过也。子无重寡人之过，敢以为请。”

（《左氏·襄三年传》）

新史氏曰，有罪不逃刑一语，是当时武士道最要之信条也。先轸、庆郑、魏绛皆守斯律也。又师

众以顺为武，军事有死无犯为敬，可见当时军人之理想。

李离：坚守本职

李离是晋文公的狱官，他错误地听取了下级的汇报而判人死罪，发现后便把自己关押起来定了死罪，晋文公说："官有贵贱大小之分，刑罚有轻重之分，这是你手下官吏的错，不是你的过错！"李离说："臣担任的官职是长官，并没有让位给下级官吏；享受俸禄多，也不曾和下属平分，现在我错误地听了下级汇报而误判人死罪，却把罪过转嫁到下级官吏身上，这是没有听说过的。"他推辞而不接受命令，晋文公说："你如果自以为有罪，我也应该有罪吗？"李离说："狱官有应该遵守的法纪，错误地判刑就应判自己的刑，错误地判人死罪就应判自己死罪。您因为我能审察和判定疑难案件，所以让我当狱官，现在我错误地听取下级的汇报而判人死刑，罪责应当死。"于是，他仍不接受命令，拔剑自刎而死。

新史氏说，忠于本职工作而献出生命，严守律法而不顾惜生死，勇敢之致也。这体现了真正的依法治国精神！当时武德精神已蔚然成风，受其感染者，不单单存在于军人之间。

【少年说】

李离，春秋时代晋国晋文公（前636—前628）时期的理官，生卒年无从考证。对于李离的殉法，《韩诗外传》引用《诗经》当中的一句诗来评价:“彼君子兮，不素餐兮。”《史记》则点评得非常精确：“李离伏剑，为法而然。”李离之死在一定程度上反映了当今社会依法治国的理念。

以今天的眼光来解读，李离殉法，至少有以下三层含义：第一，在面临君命与法律相抵触时，他选择违抗君命来维护法律的尊严。第二，李离的时代应该是“刑不上大夫”的时代，但他却以“王子犯法，与庶民同罪”的精神来挑战当时的等级特权制度。这说明，在中国古代，其实并不缺乏“法律面前人人平等”的思想因子，只是到后来没有得到很好的弘扬而已。第三，即使以今天的法律来衡量，李离的错判也只是一个过失行为，其责任应该由整个国家机器来承担，但他却选择伏剑而死。这是以一种矫枉过正的方式，来宣示法律的神圣不可侵犯。

【梁任公原文】

李离者，晋文公之理也。过听杀人，自拘当死。文公曰：“官有贵贱，罚有轻重，下吏有过，非子之罪也。”李离曰：“臣居官为长，不与吏让位；受禄为多，不与下分利。今过听杀人，傅其罪下吏，非所闻也。”辞不受令。文公曰：“子则自以为有罪，寡人亦有罪邪？”李离曰：“理有法，失刑则刑，失死则死。公以臣能听微决疑，故使为理。今过听杀人，罪当死。”遂不受令，伏剑而死。

（《史记·循吏传》）

新史氏曰，以死殉职守，以死殉法律，勇之致也。是真能得法治国之精神哉！当时武士道成为风气，其所感被，不独在军人社会而已。

鉏麑、奋扬、子兰子：大侠必守大义

晋灵公不行君主之道，赵宣子屡次进谏。晋灵公心怀不满，派鉏麑去刺杀他。鉏麑清晨来到宣子的居所，宣子内室的门已经大开，只见宣子穿戴整齐，准备要上朝，时间还早，宣子便不解衣带，端正地坐着打盹儿。鉏麑退出房间，感慨道："时刻不忘恭敬国君（指按时上朝），真是百姓的靠山啊！杀害百姓的靠山，是为不忠；违背君主的命令，是为不信。有其中的一件，都没有面目存于这天地之间。"于是便头撞槐树自杀而死。

楚平王派城父的司马奋扬追杀太子建。奋扬知其无辜，便在出发前遣人通知太子逃走。三月，太子建逃到了宋国，平王便招奋扬回去。奋扬让城父的人绑了自己过去。平王说："话从我嘴里出去，进入你的耳朵里，你知我知，到底是谁告诉了太子建？"奋扬回答："是臣告诉他的。大王曾经命令我对待太子建就像对待您。臣愚笨，不敢三心二意。臣按大王先前的嘱咐执行，无法遵从大王后来的命令，所以就将太子放跑了，现在追悔莫及了。"平王说："你敢回来，又是为什么呢？”奋扬回答：“被大王派遣没有完成使命，得到召唤再不回来，这便是再度违反命令，这样的人就算逃了也无容身之处。”平王说：“还是回去做你原来的工作吧。”

齐国有个叫子兰子的人，事奉白公胜。白公胜将要发动国难，谋杀国君，于是告诉子兰子说：“我将要在国内做一件大事，希望和你一起做。”子兰子说：“我侍奉你却和你一同谋杀国君，这是帮助你做不义的事情；如果害怕祸患而离开你，这是逃避和你共患难。所以我不同你一起谋杀国君，来成全我的大义。我将在庭院里自杀，来成就我的品行。”

新史氏说，这三个人做的事其实很相似：为其职守而殉职，如李离一般；有罪过而不逃避惩罚，如魏绛一般；而奋扬的智慧，保全了父子亲情，非世俗之人可以做到。

【少年说】

这三个人物的故事均发生在春秋时期，即通常所指的东周前半期，自公元前770年至公元前476年这段历史时期。这个时期对应的正是西方古希腊罗马文明。晋灵公，春秋时期晋国国君，公元前620年—前607年在位。楚平王，春秋时期楚国国君，公元前528年—前516年在位。白公胜，楚平王之孙，公元前479年发动叛乱，自立为楚王。

【梁任公原文】

晋灵公不君，赵宣子骤谏。公患之，使锄麑贼之。晨往，寝门辟矣，盛服将朝，尚早，坐而假寐。麑退，叹而言曰："不忘恭敬，民之主也。贼民之主不忠，弃君之命不信。有一于此，不如死也。"触槐而死。

（《左氏・宣二年传》）

楚平王使城父司马奋扬杀太子建。未至而使遣之。三月，太子建奔宋，王召奋扬。奋扬使城父人执己以至，王曰："言出于余口，入于尔耳，谁告建也？"对曰："臣告之。君王命臣曰：事建如事余。臣不佞，不能苟贰。奉初以还，不忍后命，故遣之。既而悔之，亦无及矣。"王曰："而敢来何也？"对曰："使而失命，召而不来，是再奸也，逃无所入。"王曰："归从政如他日。"

（《左氏・昭二十年传》）

齐人有子兰子者，事白公胜。胜将为难，乃告子兰子曰："吾将举大事于国，愿与子共之。"子兰子曰："我事子而与子杀君，是助子之不义也。畏患而去子，是遁子于难也。故不与子杀君以成吾义，契领于庭以遂吾行。"

（《说苑・立节篇》）

新史氏曰，三人者其事实颇相类：其殉其职守也，犹李离之志也。其有罪不逃刑，犹魏绛之志也。而奋扬之智，足以全人父子，尤倜乎远矣。

卞庄子、华舟、杞梁及其母：活着就要捍卫名誉

卞庄子勇武善战，但由于要奉养老母，三次作战都战败而逃，朋友们都责备他，国君也羞辱他。在他母亲去世三年后的冬天，齐国与鲁国交战，卞庄子请求参战，拜见鲁国的将军说："以前要奉养母亲，所以三次败逃。现在母亲故去了，请求让我弥补对国家的责任，也让我魂有所归。"于是冲入敌阵，斩杀了一个披甲士兵的头来献功，说："这个头洗雪我一败之耻。"又冲入敌阵，斩杀了一个披甲士兵的头来献功，说："这个头洗雪我二败的耻辱。"又冲入敌阵，斩杀一个披甲士兵的头来献功说："这个头洗雪我三败的耻辱。"将军说："不要丢了性命，是时候停下来了，我愿与你结为兄弟。"卞庄子说："三次败北，是因为要服侍母亲，尽到为子之道，现在一个武士的气节稍稍具备了，又弥补了自己之前的失职。我听说，有气节的人从不忍辱偷生。"于是便杀回敌阵，连续斩杀十人，自己也战死了。

齐庄公将要攻打莒国，设立"五乘之宾"（一种奖励勇士的待遇），勇士杞梁、华舟偏偏不在其中，所以他们回家后连饭都吃不下。他们的母亲便说："你活的时候如果没有信义大节，死的时候默默无闻，那么即使是'五乘之宾'，有谁不笑话你呢？如果你活的时候有义举，死的时候有很大名声，那么就算是'五乘之宾'，和你比都等而下之了。"两人便赶紧吃了饭，随军出征。

杞梁、华舟乘一辆战车，陪侍庄公而行。到了莒国，莒人迎战，杞梁、华舟下车格斗，斩获甲士首级三百。庄公劝他们停下，说："你们歇歇吧，我和你们共同统治齐国。"杞梁、华舟说："大王设'五乘之宾'，但我们两人偏偏不在其中，这是看不起我们的勇武。面临大敌涉身险地，用利来阻止我们，这是在玷污我们的德行。深入敌营多杀敌人，是我们的本分，要得到齐国什么利益，不是我们应该知道的。"遂冲入敌阵搏杀，毁敌垒、破敌阵，敌国三军不敢阻挡。

到了莒国都城下，莒国人用火炭铺地，二人站了一会儿，不能攻入。隰侯重当时做车右，看到这种情势后说："我听说古代的勇士敢于冒灾祸赴危难，那是因为他们视死如归。来吧，我来负你们过去！"隰侯重依仗盾牌伏身在火炭上，杞梁、华舟二人踏在他背上攻入城内，回头看着隰侯重痛哭失声。华舟哭了很久，杞梁说："你害怕了吗？为什么哭了这么久？"华舟说："我怎么会害怕呢？因为隰侯重与我们一样勇敢，却死在我们前面，因此为他难过。"

莒国人对他们说；"你们不要来送死，我们与你们一起共享莒国。"杞梁、华舟说："离开祖国投奔敌人，不是忠臣。

离开君长接受赏赐，不是正当的行为。况且鸡鸣天刚亮时才约定，到中午就忘记了，不是守信的行为。深入敌阵多杀敌人，是臣子的职责，莒国的好处，不是我们想要了解的。”于是又上前拼杀，杀了二十七人之后战死。

新史氏说，这三个人，都是以殉身来获得名誉的人。以武士之名立于国中，却蒙受不勇的名声，一刻都不能容忍。有人说：“既然已经重新奔赴战场，恢复了名誉，被君王将领看重，得到邻国的尊敬，岂不是不用死了吗？”答：“那时的勇武之士认为，名誉一旦被玷污，终生都不能洗去耻辱，就如妇人被玷污，不死便不能自明，是他们追寻的理想道义。”孟子说：“可因此而死，也可不死，死去有伤勇武。”大概说的就是这样。虽然如此，可以磨砺抵制不良之风。对不知廉耻的国民，最适宜用这样的方法。

【少年说】

这几个故事也都发生在春秋时期。卞庄子，春秋时期鲁国的大夫，是著名的勇士。他的故事发生在公元前685年至前681年之间，在差不多的这个年代，亚述攻陷了巴比伦。杞梁、华舟都是春秋时齐国的大夫、将领。齐庄公伐莒发生于公元前550年，此时雅典梭伦改革，古印度处于佛陀时期，罗马图利乌斯改革，波斯消灭新巴比伦，伯罗奔尼撒同盟形成。

【梁任公原文】

卞庄子好勇，养母，战而三北，交游非之，国君辱之。及母死三年，冬，齐与鲁战。卞庄子请从，见于鲁将军，曰："初于母处，是以三北。今母死，请塞责而神有所归。"遂赴敌，获一甲首而献之曰："此塞一北。"又入，获一甲首而献之曰："此塞再北。"又入，获一甲首而献之曰："此塞三北。"将军曰："毋没尔家，宜止之，请为兄弟。"庄子曰："三北以养母也，是子道也，今士节小具而塞责矣。吾闻之，节士不以辱生。"遂反敌杀十人而死。

（《新序·义勇篇》）

齐庄公且伐莒，为车五乘之宾，而杞梁、华舟独不与焉，故归而不食。其母曰："汝生而无义，死而无名，则虽五乘，孰不汝笑也？汝生而有义，死而有名，则五乘之宾，尽汝下也。"趣食乃行。

杞梁、华舟同车，侍于庄公而行。至莒，莒人逆之，杞梁、华舟下斗，获甲首三百。庄公止之，曰："子止，与子同齐国。"杞梁、华舟曰："君为五乘之宾，而舟梁不与焉，是少不吾勇也。临敌涉难，止我以利，是污吾行也。深入多杀者，臣之事也。齐国之利，非吾所知也。"遂进斗，坏军陷阵，三军弗敢当。

至莒城下，莒人以炭置地，二人立有间，不能入。隰（xí）侯重为右，曰："吾闻古之士犯患涉难者，其去遂于物也。来，吾逾子。"隰侯重仗楯伏炭，二子乘而入。顾而哭之，华舟后息。杞梁曰："汝无勇乎？何哭之久也？"华舟曰："吾岂无勇哉？是其勇与我同也，而先吾死，是以哀之。"

莒人曰："子毋死，与子同莒国。"杞梁、华舟曰："去国归敌，非忠臣也。去长受赐，非正行也。且鸡鸣而期，日中而忘之，非信也。深入多杀者，臣之事也。莒国之利，非吾所知也。"遂进斗，杀二十七人而死。

（《说苑·立节篇》）

新史氏曰，此三人者，皆以身殉名誉者也。以武士立于国中，而蒙不武之名，刻不能忍也。或曰：彼于其战也，则既已恢复其名誉，君帅重之，邻国敬之矣，其死不亦可已乎？曰：当时之武士，以为名誉一玷，则其耻终身不可洗涤，犹妇人见污于强暴，非死无以自明也，是其特别之理想也。孟子曰：可以死，可以无死，死伤勇，盖谓此焉。虽然，是可以厉末俗矣。今日寡廉鲜耻之国民，以此药之最良。

晏婴：用生命捍卫原则

齐国的崔杼杀死了国君。晏婴站在崔杼的门外，他的手下人说："我们也去死吗？"晏婴说："是我一个人的国君吗，我要为他去死？"手下人说："那我们逃吗？"晏婴说："是我的罪过吗，我要逃走？"手下人又说："那我们回去吗？"晏婴说："国君死了，我们还能回到哪儿去？作为百姓的国君，难道是用他的地位，来凌驾于百姓之上吗？他应当主持国政。作为国君的臣下，难道只是为了俸禄吗？他应当保护国家。所以国君为国家而死，那么也就是为他而死，为国家而逃亡，那么也就是为他而逃亡。如果国君为自己而死，为自己而逃亡，不是他最宠爱的人，谁能承担这个责任？而且别人有了国君反而杀死了他，我哪能为他而死，又怎能为他而逃亡，又能回到哪里去呢？"开了大门，晏婴进去，头伏在尸体的大腿上哭号。起身后，跳脚行丧礼，然后才出去。有人对崔杼说："一定要杀了他！"崔杼说："他是百姓中有威信的人，放了他，可以得民心。"崔杼与庆封拥立景公为国君，和国人在太公的宗庙盟誓，说："有敢不依附崔氏、庆氏的……"晏婴仰天长叹说："晏婴所效忠的不仅是国君，有利于社稷的人也

在其中，苍天为证！”于是就歃血盟誓。

崔杼弑杀了庄公后扶立景公为国君，他和庆封分别任宰相一职。他们胁迫众将军、大夫和有名望的士人及百姓到了太庙上的一个大坑旁，下令所有人盟誓。筑起三仞高的大坛，下面挖了坑，派出千列甲士包围了内外，盟誓者都解下了佩剑进到里面，只有晏婴不肯那样做，崔杼允许他佩剑进入。有胆敢不盟誓的人，就用戟勾着他的脖子，剑指着他的心，命令他自己发誓说：“不追随崔杼、庆封一起拥护公室，会遭受报应。”盟誓不迅速，手指没有流出血的人会被杀死，已经杀死七人。轮到晏婴了，晏婴捧起装歃血的杯子，仰天叹道：“啊，崔杼干了不仁道的事，弑杀了他的国君，不拥护公室而追随崔杼、庆封的人，会遭到报应。”低头喝下了杯中的血。崔杼对晏婴说：“您更改您的话，那么我与您共享齐国；您不更改您的话，戟已经在您的脖子上，剑已经在您胸口上，您好好考虑一下吧。”晏婴说：“用兵刃胁迫我，而使我丧失气节，不是勇武。用利益诱惑我，使我背叛国君，不是仁义。崔杼，你就不怕遭到天谴吗？《诗经》中说：莫莫葛藟，施于条枚，恺悌君子，求福不回。现在我会丧失气节而祈求降福吗？即使弯刀勾着我，长枪指着我，我也不会改口。”崔杼想杀了他，有人说：“不行，您因为您的国君无道而杀了国君，现在他的臣子是个有道之人，又接着杀了他，就不能够服众了。”于是崔杼放了晏婴。晏婴说：“如果大夫做出大不仁之事，又施些小恩小惠，这样就可以了吗？”

快步走出门，接过缰绳上了车，他的仆人想快跑，晏婴拍拍他的手说：“慢点走，快跑不一定活，慢走不一定死。鹿生长在野外，而命却系于厨子之手，我的命也在别人手中呢。”从容完成了各项礼节，然后离去。《诗经》中说：彼其之子，舍命不渝。这个人，说的就是晏婴啊。

新史氏说，晏子可以说是很爱国了。他没有为庄公之难殉死，不是为了苟活，而是为了人民。为国而不为君，如此大义，在我国也只有晏子了吧。他在崔家门外的寥寥数语，就算是黄宗羲的《原君》《原臣》也比不上！当进行盟誓的时候，触犯逆鳞，冒着生命危险，离死不容许发，而措辞严明，慷慨从容，多么悲壮啊！走得快不一定活，走得慢不一定死，晏子之所以如此从容，有赖于平日的修养，他那伟大的大丈夫一面只有在灾难面前才会显示出来。

【少年说】

故事发生在春秋时代的晚期，崔杼、晏婴大致与孔子、吴王夫差、赵简子是同时代的人。此时，礼崩乐坏的局面已经开始出现，以下犯上的事情在各国都屡见不鲜，不但周天子的封建秩序难以维继，春秋五霸式的统治秩序也不太奏效了。当时，齐国的邻国莒国派使者前来访问，齐国在城北设宴款待使者，崔杼谎称生病而没有上朝。果然，齐庄公兴冲冲而来，名为探病，实则趁机来和棠

姜私通。而崔杼早已经准备好了一切，他让棠姜进入内室和他一起从左侧的门里出来。齐庄公的侍从贾举，因为对庄公不满，他和崔杼里应外合，将齐庄公的随从关在门外。崔杼的手下甲士群起攻杀庄公。齐庄公慌忙爬墙，狼狈逃走，无奈人多势众，齐庄公只得求饶，崔杼不答应，庄公试图翻墙逃脱。士兵们用箭射他，射中了他的大腿，他就从墙上摔了下来，士兵们一拥而上，就把齐庄公给杀死了。

【梁任公原文】

齐崔杼（zhù）弑其君。晏子立于崔氏之门外，其人曰："死乎？"曰："独吾君也乎哉，吾死也？"曰："行乎？"曰："吾罪也乎哉，吾行也？"曰："归乎？"曰："君死安归？君民者岂以陵民，社稷是主。臣君者岂为其口实，社稷是养。故君为社稷死则死之，为社稷亡则亡之，若为己死而为己亡，非其私昵，谁敢任之。且人有君而弑之，吾焉得死之，而焉得亡之，将庸何归。"门启而入，枕尸股而哭。兴，三踊而出。人谓崔子必杀之，崔子曰："民之望也，舍之得民。"崔庆立景公，盟国人于大宫，曰："所不与崔庆者……。"晏子仰天叹曰："婴所不唯忠于君，利社稷者是与，有如上帝。"乃歃。

（《左传·襄二十五年》）

崔杼既弑庄公而立景公，杼与庆封相之。劫诸将军大夫及显士庶人于大宫之坎上，令无得不盟者。为坛三仞，坎其下，以甲千列环其内外，盟者皆脱剑而入。惟晏子不肯，崔杼许之。有敢不盟者，戟拘其颈，剑承其心，令自盟曰："不与崔庆而与公室者，受其不详。"言不疾指不至血者死，所杀七人。次及晏子，晏子奉杯血仰天叹曰："呜呼，崔子为无道而杀其君，不与公室而与崔庆者，受此不祥。"俯而饮血。崔杼谓晏子曰："子变子言。则齐国吾与子共之；子不变子言，戟既在脰（dòu），剑既在心，维子图之也。"晏子曰："劫吾以刃而失其志，非勇也。回吾以利而倍其君，非义也。崔子，子独不为天讨乎？诗云：莫莫葛藟（léi），施于条枚，恺悌君子，求福不回。今婴且可以回而求福乎？曲刃钩之，直兵推之，婴不革矣。"崔杼将杀之，或曰："不可，子以子之君无道而杀之，今其臣有道之士也，又从而杀之，不可以为教矣。"崔子遂舍之。晏子曰："若大夫为大不仁而为小仁焉，有中乎。"趋出授绥而乘，其仆将驰，晏子抚其手曰："徐之。疾不必生，徐不必死。鹿生于野，命悬于厨，婴命有系矣。"按之成节而后去。诗云：彼其之子，舍命不渝。晏子之谓也。

（《晏子春秋·内篇杂上》）

新史氏曰，晏子可谓能爱国矣。其不死庄公之难，非苟活也，为国民者。有死国而无死君，此大义，我国人罕有知之者，惟晏子明辨之。其在崔氏门外之数言，虽梨洲之《原君》《原臣》，何以加焉！及入盟之际，撄逆鳞，冒白刃，去死不容发，而词严义正，慷慨从容一何壮也！疾不必生，徐不必死，晏子之所以养之于平日者素矣，卒定大难，以其君显，有以夫。

公孙接、田开疆、古冶子：两桃杀三士

公孙接、田开疆、古冶子三人侍奉齐景公，凭着勇猛有力搏击猛虎而闻名齐国。晏婴在他们面前谦逊地小步急走而过，他们三人却傲慢不起身。晏婴入朝拜见齐景公说：“我听说圣明的君主蓄养的勇猛之士，对上有君臣之义，对下有长幼伦常，对内可以禁止暴乱，对外可以威慑敌军，君主因为他们的功绩而得到好处，下面的人也敬服他们的勇力，所以给他们尊崇的地位，让他们的俸禄丰厚。现在您蓄养的勇士，对上不讲君臣的大义，对下不讲长幼伦常，对内不能禁止暴乱，对外不能威慑敌人，这是危害国家的人啊，不如除掉他们。”齐景公说：“这三个人，和他们搏击恐怕不能成功，刺杀恐怕也不能成功。”晏婴说：“他们都是靠勇力攻取强敌的人，但是不讲长幼之间的礼节。”于是请齐景公派人送了两个桃子给他们三人，说：“你们三人何不按功劳的大小来吃桃子呢？”公孙接仰天长叹说：“晏婴是个足智多谋的人啊！让景公评估我们的功劳，不能得桃子的，就是无勇之人。人多桃少，怎能不按照功劳大小来吃桃子呢？我公孙接曾经徒手打死过野猪和一只产仔后的母虎，像我公孙接这样的功劳，

可以吃桃子而没有人能和我一样了。”说完就起身拿起一个桃子。田开疆说：“我设伏兵两次击退三军齐备的强大敌人，像我田开疆这样的功劳，也可以吃桃子而没有人能和我一样了。”说完也起身拿起一个桃子。古冶子说：“我曾经与君主一起渡黄河，大鼋咬住左辕的马潜入暗礁激流之中，那个时候，我年纪尚轻不会游泳，就潜入水中步行，逆水前进了百步，又顺流行了九里，捉住大鼋并杀了它。我左手握着马尾，右手提着大鼋的头，像白鹤一样跃出水面。渡口的船夫都说‘是河神！’，再仔细一看，原来是大鼋的头，像我古冶子这样的功劳，也可以吃桃子而没有人能和我一样了，你们二位何不把桃子交回来？”说完拔剑而起。公孙接、田开疆说：“我们不如你勇猛，功劳也不及你，我们拿走桃子而不让出来，这就是贪；如果这样还不死，就不算勇士了。”二人都退还了他们所拿的桃子，刎颈而死。古冶子说：“两位都死了，我却独自活着，这是不仁；用言语羞辱别人，来夸耀自己的名声，这是不义；憎恨自己的行为，而不去死，不算勇士。虽然他们二人同吃一个桃子是合适的，我一人吃一个桃子也是应该的。”说完也交还桃子，刎颈而死。使者回去禀告景公说：“三人都死了。”景公用盛服收殓了三人，按照士的礼仪安葬了他们。

新史氏说，晏子固然喜爱勇武之士，但用卑劣的手段杀了公孙接、田开疆、古冶子三人，来挫杀士气，岂不是很过分！后来诸葛亮作《梁甫吟》来表达哀叹：“步出齐东门，遥望荡阴里。里上有三坟，累累正相似。借问谁家墓，田疆古冶子。力能排南山，文能绝地纪。一旦被谗言，二桃杀三士。谁能为此谋，相国齐晏子。”多么恐怖而又精妙！但那三人，重名誉而不甘居于人下，争功名而不怕死，武士之道德、精神皆具。百世以后看到这样的景象后还表现出同情，又岂止是一个武侯！

【少年说】

晏子本想利用的三人恃才傲物的弱点，让彼此相互争功，离间人心，从而削弱他们的政治威胁，并没有想到他们会舍生取义，有如此君子风度。他们开始时比较骄傲，都看重自己的事迹和功劳，是古冶子的一番话让另二人感到了羞耻，当他们觉得自己做错事情时，宁愿用生命去弥补耻辱，这是一种很高贵的精神。古冶子后来的举动同样如此。所以他们自刎之后，无论是晏子还是齐景公，都有悲切之意，为稳定朝野，反错杀了三位大义将才。

【梁任公原文】

公孙接、田开疆、古冶子，事景公，以勇力搏虎闻。晏子过而趋，三子者不起。晏子入见公曰：“臣闻明君之蓄勇力之士也，上有君臣之义，下有长率之伦，内可以禁暴，外可以威敌，上利其功，下服其勇，故尊其位，重其禄。今君之蓄勇力之士也，上无君臣之义，下无长率之伦，内不以禁暴，外不可威敌，此危国之器也，不若去之。”公曰：“三子者，搏之恐不得，刺之恐不中也。”晏子曰：“此皆力攻勍（qíng）敌之人也，无长幼之礼。”因请公使人少馈之二桃，曰：“三子何不计功而食桃？”公孙接仰天而叹曰：“晏子，智人也！夫使公之计吾功者，不受桃，是无勇也。士众而桃寡，何不计功而食桃矣。接一搏猏（jiān）而再搏乳虎，若接之功，可以食桃，而无与人同矣。”援桃而起。田开疆曰：“吾伏兵而却三军者再，若开疆之功，亦可以食桃，而无与人同矣。”援桃而起。古冶子曰：“吾尝从君济于河，鼋衔左骖（cān）以入砥柱之流。当是时也，冶少不能游，潜行，逆流百步，顺流九里，得鼋而杀之，左操骖尾，右挈鼋头，鹤跃而出，津人皆曰：河伯也。若冶视之，则大鼋之首，若冶之功，亦可以食桃，而无与人同矣，二子何不反桃？”抽剑而起。公孙接、田开疆曰：“吾勇不子若，功不子逮，取桃不让，是贪也。然而不死，无勇也。”皆反其桃，挈领而死。古冶子曰：“二子死之，冶独生之，不仁。耻人以言而夸其声，不义。恨乎所行，不死，无勇。虽然，二子同桃而节，冶专其桃而宜。”亦反其桃，挈领而死。使者复曰：“已死矣。”公殓之以服，葬之以士礼焉。

（《晏子春秋·内篇谏下》）

新史氏曰，晏子固好勇者，乃以卑劣手段，杀此三人，以挫士气，岂不甚哉！后诸葛武侯为《梁甫吟》以哀之曰：步出齐东门，遥望荡阴里。里上有三坟，累累正相似。借问谁家墓，田疆古冶子。力能排南山，文能绝地纪。一旦被谗言，二桃杀三士。谁能为此谋，相国齐晏子。诚恫之也！然三士者，重名誉而能下人，竞功名而不惜死，武士之精神，武士道之道德，皆具矣。百世下犹将见其气象焉，表同情者，岂特一武侯哉！

北郭骚及其友：我挺你，死挺！

齐国有位名叫北郭骚的人，他平日结兽网、编蒲苇、织草鞋，以此赡养母亲，但仍入不敷出，于是他登门拜见晏婴说："我听说先生身怀大义，所以希望讨些东西奉养母亲。"晏婴的仆从对晏婴说："这是齐国的贤士啊。他的气节高远，不向天子称臣，不结交诸侯，不苟且于趋利避害。如今能来请求帮助以奉养母亲，那是仰慕您的高义，一定要答应他。"晏婴派人把仓库里的粮食钱财给他，北郭骚推辞掉钱财，只接受了粮食。

过了一段时间，晏婴被齐景公怀疑，要出逃。经过北郭骚的家门向他辞行。北郭骚恭恭敬敬地沐浴后来见晏婴，说："先生要去哪里？"晏婴说："我被国君所猜忌，需要逃亡。"北郭骚说："先生您好自为之吧！"晏婴上车，叹息说："我出逃，难道错了吗？我也太不了解士人了！"

晏婴走后，北郭骚叫来他的朋友说："我知道晏子的大义，曾向他乞求奉养母亲的东西。我听说，对待赡养过自己双亲的人，自己要勇于分担他的困难。现在晏子被怀疑了，我会用自己的死来为他辩白。"北郭骚穿衣戴帽，让朋友拿着剑、捧着竹匣跟着他到朝堂。他对传话的人说："晏子是天下的贤人啊！他离开齐国，齐国一定会被他国侵犯。与其看着国家不可避免地被侵犯，不如一死。请您拿着我的头进去，为晏子辩白。"北郭骚继而对朋友说："把我的头放在竹匣中，用托盘捧着它。"便退而自杀。他的朋友于是捧着托盘对围观的人说："北郭子是为国而死，我将为北郭子而死。"便也退下自刎。

齐景公听说了这件事，大惊，乘着驿车亲自追赶晏婴，在齐国的边境追上了他，请求他回去。晏婴不得已返回齐国，听说北郭骚用死来为自己辩白，叹息说："我出逃，难道错了吗？我更加不了解士人了！"

新史氏说，北郭骚对于晏婴，和侯嬴对于平原君的关系，有什么不同？但北郭骚的后世名声不如侯嬴，是因为一个载于《史记》而另一个没有。依附好的载体才能更好地显出意义，相信这句话吧！不过北郭骚的大义，不仅报答了晏婴，实际上也安定了齐国。侯嬴以死保全赵国，北郭骚以死安定齐国，"死重于泰山"，说的不就是这个吗？北郭骚的朋友也是第二个北郭骚。由于书阙有差别，名声无法得以传扬，可悲啊！君子不轻易受恩于人，一旦接受就必会思量如何报答。唉，古人的这种精神呐！现如今已不复存在了。

【少年说】

滴水之恩，必当涌泉相报。在北郭骚困难之时，晏婴出手帮助；在晏婴有难之际，北郭骚明白言语上的辩解无用，故没有在晏婴面前多言，而是直接用生命为他的恩人辩白，着实舍生取义。在晏婴出行前，北郭骚没有用言语来安慰，而是直接用行动在最大程度上帮助了他，以至于晏婴最后都惭愧一开始误会了自己的救命恩人。

【梁任公原文】

齐有北郭骚者，结罘（fú）罔，捆蒲苇，织履，以养其母，犹不足，踵门见晏子曰："窃说先生之义，愿乞所以养母。"晏子之仆谓晏子曰："此齐国之贤者也。其义不臣乎天子，不友乎诸侯。于利不苟取，于害不苟免。今乞所以养母，是说夫子之义也，必与之。"晏子使人分仓粟府金而遗之，辞金而受粟。

有间，晏子见疑于景公，出奔，过北郭骚之门而辞。北郭骚沐浴而出，见晏子曰："夫子将焉适？"晏子曰："见疑于齐君，将出奔。"北郭骚曰："夫子勉之矣。"晏子上车，大息而叹曰："婴之亡，岂不宜哉？亦不知士甚矣！"

晏子行，北郭子召其友而告之曰："吾说晏子之义，而尝乞所以养母者焉。吾闻之，养及亲者，身伉其难。今晏子见疑，吾将以身死白之。”著衣冠，令其友操剑，奉笥（sì）而从，造于君庭，求复者曰：“晏子，天下之贤者也。今去齐国，齐必侵矣。方见国之必侵，不若死，请以头托，白晏子也。”因谓友曰：“盛吾头于笥中，奉以托。”退而自刎。其友因奉托而谓复者曰：“此北郭子为国故死，吾将为北郭子死。”又退而自刎。

景公闻之，大骇，乘驲（rì）而自追晏子，及之国郊，请而反之。晏子不得已而反，闻北郭之以死白己也，太息而叹曰：“婴之亡，岂不宜哉？亦愈不知士甚矣！”

（《晏子春秋·内篇杂上》，《吕氏春秋·士节篇》略同）

新史氏曰，北郭骚之于晏子，与侯嬴之于平原君，何异焉？而骚之著称于后世不若嬴，则一见于《史记》而一不见也。附骥益显之义，信夫！抑北郭子之义，非徒报晏子也，而实以安齐国。侯生死以存赵，北郭子死以安齐，重于泰山，其是之谓乎？其友亦第二之北郭也。书阙有间，名以不章，悲夫！君子不轻受恩于人，受则必思所以报之。于戏，古之人哉！古之人哉！而今亡矣。

史官的信仰，用生命去捍卫

齐国崔杼强迫国人在太庙盟誓，太史记载说：崔杼杀了他的国君。于是崔杼杀了太史。太史的弟弟接着继续这样写，又被杀了。太史另一个弟弟又照样写，崔杼终于放弃了。南史氏听闻太史都被杀了，便拿着竹简前去，打算继续书写崔杼的暴行，听说都已经被记录下来后，这才返回。

新史氏说，忠于职责，能尽义务，不畏强权，不屈服于掌权者，此为大勇。齐国太史兄弟三人及南史氏可当得此名。这不仅仅是史官的模范，也应是整个社会学习的榜样。顶天立地的好男儿，即使不知道他们的名字，他们也留给了后世宝贵的东西啊。

【少年说】

秉直刚正是一代史官最难做到的，也是最令人尊敬的品行。太史一家面对崔杼的强权毫不畏惧，实为壮举。他们记录的不只是历史，也是政治。

在现实生活中，我们很难坚持自己认为正确的东西，即使坚持它的代价很小。很多时候，我们在毫不自知的情况下就向隐藏着的权利或系统妥协了。虽然生存之道没有对错，但像文中太史这种愿意看轻自己得失，将生命的意义奉献给信念的行为显示出了人性的高尚之处。

【梁任公原文】

齐崔杼既盟于大宫，大史书曰：崔杼弑其君。崔子杀之。其弟嗣书而死者二人。其弟又书，乃舍之。南史氏闻大史尽死，执简以往，闻既书矣，乃还。

（《左氏·襄二十五年传》）

新史氏曰，忠于职任，能尽义务，不畏强御，不枉所掌者，是谓大勇。齐大史兄弟四人及南史氏当之矣。岂徒史家之模范，实全社会人所当步趋也。轰轰男子，乃佚其名，后史之责矣夫。

邢蒯聩及其仆：食君之禄，忠君之事

齐国崔杼杀了齐庄公。邢蒯聩出使晋国回来后，他的仆人说：“崔杼杀了庄公，你会怎么做？”邢蒯聩说：“赶快驱车，我要以死来报答国君。”他的仆人说：“国君昏庸无能，周边诸侯没有不知道的，你为他死，值得吗？”邢蒯聩说：“你还挺能说的，但是已经晚了。你若早点告诉我，我还能劝谏他；他若听不进劝谏，我可以离开。但现在既没能劝谏，又还赖着没走，我听说吃了别人的俸禄，就得尽忠人事，我已经吃了乱君的俸禄，又怎么能为贤明的君主而死呢？”于是驱车入内而死。他的仆人说：“人不幸遇到乱君，都可以为他而死，我有幸遇到贤明的上司，难道不可以为他去死吗？”于是挽了缰绳，在马车上自杀。

新史氏说，邢蒯聩的事迹，与弘演相似，和晏婴所奉行的“死国不死君”的道理很不相同。虽然他们的地位不一样，晏婴相信自己不死也可以安定国家，蒯聩的才智不如晏婴，赴死也算舍身取义。他对仆人说的话，十分切合理法，他的这位仆人也可以算是了不起的人了。

【少年说】

鞠躬尽瘁，死而后已。君臣之间，性命的交托已不在话下。邢蒯聩明知其主昏庸，但也愿以命相随，这点和晏婴之论有异。晏婴认为“死国不死君”（愿意为国家而非某位国君交付性命）。晏婴有能力有本事来安定整个国家，而邢蒯聩没有自信和晏婴相媲美，便以对君主的忠诚来表明作为忠臣的赤子之心。

【梁任公原文】

齐崔杼弑庄公，邢蒯聩使晋而反。其仆曰：“崔杼弑庄公，子将奚如？”邢蒯聩曰：“驱之，将入死而报君。”其仆曰：“君之无道也，四邻诸侯莫不闻也，以夫子而死之，不亦难乎？”邢蒯聩曰：“善能言也，然亦晚矣。子早言我，我能谏之，谏不听，我能去。今既不谏，又不去。吾闻食其禄者死其事，吾既食乱君之禄矣，又安得治君而死之？”遂驱车入死。其仆曰：“人有乱君，人犹死之，我有治长，可毋死乎？”乃结辔自刎于车上。

《说苑·立节篇》

新史氏曰，邢蒯聩事，大类弘演，其与晏子死

国不死君之义颇异。虽然，其地位固异也，晏子自信不死可以定国家，蒯聩智德，不逮晏子，死而可也。其对其仆之言，深合于论理法。抑仆亦伟人矣。

赵氏孤儿：程婴、公孙杵臼的生死抉择

晋国的大夫屠岸贾想要诛杀赵氏一家。大臣韩厥听说此事后立即通知赵朔，叫他赶紧带着家人逃亡。赵朔却不肯，说："您一定要让赵家香火延续下去，这样，我也死而无憾。"韩厥答应了他的请求，称病不出。屠岸贾擅自做主联合诸将在下宫诛杀赵氏一族，杀了赵朔、赵同、赵括和赵婴齐，将赵氏一族满门抄斩。

赵朔的妻子是晋成公的姐姐，怀有赵朔的遗腹子，逃到了宫中藏身。赵朔有一个名叫公孙杵臼的门客，他问赵朔的好友程婴："你为什么不追随赵氏去死？"程婴说："赵朔的妻子怀有身孕，如果有幸生出男孩，我便供养他；若是女孩，我再从容赴死。"没过多久，赵朔的妻子产下了一个男孩。屠岸贾听闻此事，便到宫中搜寻。赵朔的妻子将孩子藏在裙子里，祈祷着说："老天要赵家灭亡的话，你就哭吧；老天要赵家不灭亡，你就别出声。"搜查时，婴儿竟未发出任何声息。脱险之后，程婴便对公孙杵臼说："今天没搜到，屠岸贾日后必然还会再来搜，该怎么办呢？"公孙杵臼问道："你认为抚养孤儿长大成人和赴死哪个更难？"程婴回道："死

容易，抚养孤儿长大比较困难。”公孙杵臼说：“赵家几代先人，待您不薄，请您做难的那件事吧。我来做容易的事，请让我先走一步。”

于是，两人想办法弄到了别人家的一个婴儿，给他包上华丽的襁褓，由公孙杵臼带着躲进了山中。程婴出来，骗众位将军说：“程婴不贤，没有办法抚养赵氏孤儿长大，谁能给我千金，我就带他去赵氏孤儿藏身之地。”将军们听了这话，非常高兴，答应了程婴，派军随着他来到了山中，攻打公孙杵臼。公孙杵臼装出很愤怒的样子，大喊道：“程婴，你这个小人！当初下宫之难，没有为朋友而死，和我商量藏这个孩子，现在又出卖我，即使你真的不能抚养他，你又怎么忍心出卖他？”公孙杵臼抱着孩子大喊：“苍天啊，赵氏孤儿到底有什么罪？恳请留他一命，杀我公孙杵臼一人好了。”众将哪肯答应，抄起剑杀了公孙杵臼和孤儿。众将以为赵氏孤儿真的已经死了，都十分高兴。然而真正的赵氏孤儿还活着，后来程婴和他一起躲进深山之中。

过了十五年，晋景公患病，占卜显示是创下大功业的子孙后代不如意而作祟。景公问韩厥是否知道那人是谁，韩厥知道赵氏孤儿还在，便只好以实情告知：“大功臣的后代子孙中在晋国断绝香火的，只有赵氏了吧？从中衍传下的后代都是姓嬴的了。中衍人面鸟嘴，来到人世辅佐殷帝太戊，到他的后代辅佐的几位周天子，都功勋卓著。再往下到厉王、幽王时昏庸无道，叔带就离开周来到晋，侍奉先君文侯，一直到成公时代，他们世代建功，从未断绝过香火。如今只有主君您单单灭了赵氏宗族，国人都为他们悲哀，所以在占卜时就显示出来了。希望您好好想想吧。”景公问：“赵氏还有后人吗？”韩厥把实情一五一十告诉了景公。于是景公就与韩阙谋划立赵氏孤儿，先把他找回来藏在了宫中。将军们进宫问候景公的病情，景公依靠韩阙的众多随从迫使众将拜见赵氏孤儿，赵氏孤儿名叫赵武。众将不得已，只好说：“下宫之难是屠岸贾一手策动，他假传君令，并且号令群臣，不然谁敢发动变乱呢！如果不是您生病，我们这些大臣本来就是要请立赵氏孤儿的。如今您的命令，正是群臣的心愿啊。”

当时就让赵武、程婴拜谢各位将军，诸将又倒戈与程婴、赵武攻打屠岸贾，将他满门抄斩，景公又把原属赵氏的封地赐还给了赵武。等到了赵武行了弱冠之礼，已是成人了，程婴就拜别了诸位大夫，然后对赵武说：“当初下宫之变，人人都能赴死，我并非不能去死，我是想着扶持赵氏的后代。如今你已经承立祖业，长大成人，也恢复了原来的爵位，我要到地下报告给主公和公孙杵臼。”赵武哭着叩头，坚决请求说：“我宁愿自己受苦也要报答您，一直到死，难道您忍心离我而去吗？”程婴说：“这样不行。公孙杵臼认为我能成事，所以为我创造机会先一步死去。如今我不去复命，他会以为我的任务没有完成。”然后就自杀了。赵武为程婴守孝三年，给他安排了祭祀专用的土地，春秋祭祀，世代不绝。

新史氏说，程婴、公孙杵臼之义，古往今来人人称赞，我再加以称赞就显得累赘了。大功已成，程婴本可以不必赴死。

他毫不犹豫的选择了去死，不负其初心。当时武士道的信条就是这样，真是了不起啊！

【少年说】

这个故事发生在春秋时期的晋国，公元前 598 年，晋灵公时期。自晋国在公元前 1033 年分封建国以来，到这个故事发生已将近五百年。赵氏孤儿与孔子同时代，出生时间大约比孔子早了三十年，在秦始皇之前大约三百五十年。此时期的欧洲，正是新巴比伦王国的国王尼布甲尼撒两次进攻耶路撒冷，犹太王国的百姓展开殊死抵抗的时期。

【梁任公原文】

晋屠岸贾将诛赵氏，韩厥告赵朔趣亡。朔不肯，曰："子必不绝赵祀，朔死不恨。"韩厥许诺，称疾不出。贾不请而擅与诸将攻赵氏于下宫，杀赵朔、赵同、赵括、赵婴齐，皆灭其族。

赵朔妻成公姊，有遗腹，走公宫匿。赵朔客曰公孙杵臼。杵臼谓朔友人程婴曰："胡不死？"程婴曰："朔之妇有遗腹，若幸而男，吾奉之。即女也，吾徐死耳。"居无何，而朔妇免身，生男。屠岸贾闻之，索于宫中。夫人置儿绔中，祝曰："赵宗灭乎若号，即不灭，若无声。”及索，儿竟无声。已脱，程婴谓公孙杵臼曰：“今一索不得，后必且复索之，奈何？”公孙杵臼曰：“立孤与死孰难？”程婴曰：“死易，立孤难耳。”公孙杵臼曰：“赵世先君遇子厚，子强为其难者，吾为其易者，请先死。”

乃二人谋取他人婴儿负之，衣以文葆，匿山中。程婴出，谬谓诸将军曰：“婴不肖，不能立赵孤，谁能与我千金，吾告赵氏孤处。”诸将皆喜，许之。发师随程婴，攻公孙杵臼。杵臼谬曰：“小人哉程婴。昔下宫之难，不能死，与我谋匿赵氏孤儿，今又卖我，纵不能立，而忍卖之乎？”抱儿呼曰：“天乎！天乎！赵氏孤儿何罪，请活之，独杀杵臼可也。”诸将不许，遂杀杵臼与孤儿。诸将以为赵氏孤儿良已死，皆喜。然赵氏真孤乃反在，程婴卒与俱匿山中。

居十五年，晋景公疾，卜之，大业之后不遂者为祟。景公问韩厥，厥知赵孤在，乃曰：“大业之后在晋绝祀者，其赵氏乎？夫自中衍者皆嬴姓也。中衍人面鸟噣（zhòu）降佐殷帝大戊及周天子，皆有明德。下及幽、厉无道，而叔带去周适晋，事先君文侯。至于成公，世有立功，未尝绝祀。今吾君独灭赵宗，国人哀之，故见龟策。唯君图之。”景公问：“赵尚有后子孙乎？”韩厥具以实告，于是景公乃与韩厥谋立赵孤儿，召而匿之宫中。诸将入问疾，景公因韩厥之众，以胁诸将而见赵孤。赵孤名曰武，

诸将不得已，乃曰："昔下宫之难，屠岸贾为之，矫以君命，并命群臣，非然，谁敢作难？微君之疾，群臣固且请立赵后。今君有命，群臣之愿也。"

于是召赵武、程婴遍拜诸将。遂反与程婴、赵武攻屠岸贾，灭其族，复与赵武田邑如故。及赵武冠，为成人，程婴乃辞诸大夫，谓赵武曰："昔下宫之难，皆能死，我非不能死，我思立赵氏之后。今赵武既立，为成人，复故位，我将下报赵宣孟与公孙杵臼。"赵武啼泣顿首固请曰："武愿苦筋骨以报子至死，而子忍去我死乎？"程婴曰："不可。彼以我为能成事，故先我死。今我不报，是以我事为不成。"遂自杀。赵武服齐衰三年，为之祭邑，春秋祠之，世世勿绝。

（《史记·赵世家》）

新史氏曰，程婴、杵臼之义，古今称之，吾赞盖赘焉。独婴大功既成，宜可不死。顾必死者，不负初志也。当时武士道之信条则然也，于戏，嬍（měi）哉。

伍子胥、江上渔父、溧阳女子：载入史册的逃亡

从前，楚平王有一位大臣叫伍子奢。伍子奢得罪了平王，即将被杀死。他的两个儿子逃走了：伍子尚逃往吴国，而伍子胥逃往郑国。平王将伍子奢召来问他："如果召你的儿子回来，他们会来吗？"伍子奢回答说："我儿子伍子尚为人仁义而有智慧，来到这必定会进入城中。伍子胥为人十分勇敢而有智慧，来了必定不会进入城中。而且伍子胥还会投奔吴国，大王一定要早早关闭城门，很晚再打开，伍子胥会成为我国的心腹大患。"

于是，平王马上派使者到吴国去叫伍子尚回来，说："你的父亲犯了罪，你回来了就免除他的罪，不回来就杀死他。"伍子胥听说了，让人到吴国告诉伍子尚："我听说楚平王召见你，你千万别回去啊。回去就是穷途末路，逃出来还可以报仇。回去送死，这是不理智的。死了就不能给父亲报仇，这不能叫做勇武啊。"然而伍子尚回答说："我回去则父亲就可以免去死罪，不回去就是不仁义，我爱惜自己的生命不愿赴死，就断绝了父亲生还的希望，这不是贤士所为！想法

不同谋划就不合，你就等着吧，我要回楚国了。”楚平王又派使者召见伍子胥说：“你回去就免去你父亲的死罪，否则就杀了你父亲。”伍子胥穿着铠甲拿着弓箭，出去见使者，道歉后说：“我穿着铠甲，就不行跪拜之礼了，请使者转告平王，大王如果认为我父无罪，赦免并且让他活下去，他的儿子又能去哪儿呢？”使者回去报告给楚平王，平王知道伍子胥不会回来，就杀了伍子奢与伍子尚。

伍子胥听说了这件事，便从横岭登上了太山，向北瞭望齐国与晋国，对自己的门客说：“离开这里吧，这里国泰民安，依山靠水，这里的人民安居乐业不易被发动。”于是他向南奔向了吴国。到了江边，看见了一位打鱼的人，就说：“来，请渡我过河。”渔人知道他并非常人，想要去摆渡他，但又担心被人知晓，于是渔人唱着歌，从他身边过去，歌词唱道：“日昭昭，侵以马也，与子期蒲芦之碕。”伍子胥立即听从了渔人的话到了蒲芦边的水道。太阳落山了，渔人又唱着歌来：“心中目施，子可渡河，何为不出。”船一靠岸伍子胥就登船，一登上船就卧倒在船舱，等船航行到了江中，他才抬头对渔人说：“你叫什么名字？等我回来要报答您的恩德。”而渔人却说：“我放走了楚国的逃犯，而你要向楚国复仇，我们都不是仁德之人，何必要问姓名？”伍子胥便解下自己的宝剑送给渔人说：“我这把先人之剑价值百金，请你收下。”渔人说：“我听说平王有令，捉到伍子胥的人赏千金。我连平王悬赏的千金都不看在眼里，为什么又要一把值百金的剑呢？”渔人渡他到了子斧渡口，给了伍子胥一些饭食，说：“赶快吃了饭走吧，别让追兵追上你。”伍子胥说：“是。”他吃完就离开，回头对渔人说：“藏好你的酒壶，千万别暴露了。”渔人说：“好。”待到伍子胥上路后，渔人立即沉了船，用匕首自刎于江中，表明自己不会泄露此事的心志。

伍子胥继续赶路，渐渐走到了溧阳地界，看见一位女子在濑水边敲打清洗棉絮。伍子胥说：“可否给我一些吃食？”那女子说：“好。”便打开饭桶，将壶中所有的汤水都倒给他吃。伍子胥吃了后要离开，便对女子说：“还请收好你的餐具，不要暴露了我的行踪。”女子说：“好。”伍子胥走了几步再回头看，见女子自己跳入濑水之中自杀了。伍子胥渐渐走到了吴国，他光着脚，披头散发，在吴国的集市上乞讨。

吴军攻入郢城，伍子胥搜寻昭王却没有找到，就挖开楚平王的坟墓，拖出他的尸体，鞭打了三百余下。

新史氏认为，伍子胥借助外族之力颠覆了自己的祖国，以爱国之义审度，当然是有罪的。虽然如此，复仇也是天下之大义。心中的怨恨对于人来说实在是太厉害了，父亲蒙冤而死，作为儿子不为父报仇，同样不得人心。像孔子这样的圣人，尚且离开鲁国帮助多位国君，当时风尚如此，与伍子胥又何干？他智谋深沉，真乃一世英雄。江上渔夫、击絮女子，漫漫逃亡路上，肯为他而死，驱使他们如此的难道不是那颗对英雄人物的崇敬之心吗？张俭逃亡之时，一望见人家，便投奔请求收容。主人无不敬重他的声名和德行，宁愿冒着家破人亡的危险也要收容他。相比之下，不足为奇。

【少年说】

伍子胥，公元前559年—公元前484年，楚国人，春秋末期吴国大夫、军事家，与孔子同一时代。这个故事发生在楚国与吴国之间，楚国于公元前1115年立国，到该事件发生时已经建国将近六百年了，而吴国于公元前12世纪建国，到该事件发生时已经建国将近七百年了。此时楚国由楚平王当政。

同时期，古希腊有一个用思想影响了整个欧洲的人将要出生了，他就是西方哲学之父苏格拉底。

【梁任公原文】

昔者，荆平王有臣伍子奢。奢得罪于王，且杀之。其二子出走：伍子尚奔吴，伍子胥奔郑。王召奢而问之，曰："若召子，孰来也？"子奢对曰："尚为人也，仁且智，来之必入。胥为人也，勇且智，来必不入。胥且奔吴邦，君王必早闭而晏开，胥将使边境有大忧。"

于是王即使使者召子尚于吴，曰："子父有罪，子入则免之，不入则杀之。"子胥闻之，使人告子尚于吴："吾闻荆平王召子，子必毋入。胥闻之，入者穷，出者报仇。入者皆死，是不智也。死而不报父之仇，是非勇也。"子尚对曰："入则免父之死，不入则不仁。

爱身之死，绝父之望，贤士不为也。意不同，谋不合，子其居，尚请入。”荆平王复使使者召子胥于郑，曰：“子入则免父死，不入则杀之。”子胥介胄彀弓，出见使者，谢曰：“介胄之士，固不拜矣。请有道于使者，王以奢为无罪，赦而蓄之，其子又何适乎？”使者还报荆平王，王知子胥不入也，杀子奢而并杀子尚。

子胥闻之，即从横岭上太山，北望齐晋，谓其舍人曰：“去，此邦堂堂，被山带河，其民重移。”于是乃南奔吴。至江上，见渔者，曰：“来，渡我。”渔者知其非常人也，欲往渡之，恐人知之，歌而往，过之曰：“日昭昭，侵以驰，与子期甫芦之碕。”子胥即从渔者之芦碕。日入，渔者复歌往曰：“心中目施，子可渡河，何为不出。”船到即载，入船而伏，半江而仰谓渔者曰：“子之姓为谁，还得报子之厚德。”渔者曰：“纵荆邦之贼者我也，报荆邦之仇者子也，两而不仁，何相问姓名为？”子胥即解其剑以与渔者曰：“吾先人之剑直百金，请以与子也。”渔者曰：“吾闻荆平王有令曰：得伍子胥者，购之千金。今吾不欲得荆平王之千金，何以百金之剑为？”渔者渡于子胥之津，乃发其箪饭，清其壶浆而食，曰：“亟食而去，毋令追者及子也。”子胥曰：“诺。”子胥食已而去，顾谓渔者曰：“掩

尔壶浆，无令之露。”渔者曰：“诺。”子胥行，即覆船，挟匕首，自刎而死江水之中，明无泄也。

子胥遂行至溧阳界中，见一女子击絮于濑水之中。子胥曰：“岂可得托食乎？”女子曰：“诺。”即发箪饭，清其壶浆而食之。子胥食已而去，谓女子曰：“掩尔壶浆，毋令之露。”女子曰：“诺。”子胥行五步还顾，女子自纵于濑水之中而死。子胥遂行至吴，徒跣被发，乞于吴市。

（《越绝书》）

吴兵入郢，伍子胥求昭王既不得，乃掘楚平王之墓，出其尸，鞭之三百。

（《史记·楚世家》）

新史氏曰，伍子胥引外族以自覆其祖国，律以爱国之义，盖有罪焉。虽然，复仇亦天下之大义也。怨毒之于人甚矣，父冤死而不报，则亦无人心者也。以孔子之圣，犹且去鲁干七十二君，当时风尚如是，于子胥何责焉？其智深勇沉，则真一世之雄也。江上丈人、击絮女子，悠悠行路，乃为之死，岂崇拜英雄之心所驱使耶？然则张俭之望门投止，破家相容（见《后汉书·党锢传》），其又不足异也已。

申包胥：何谓爱国？

起初，伍子胥和申包胥是朋友。伍子胥在逃亡时对申包胥说："我一定要灭了楚国。"申包胥说："努力吧。你能灭了楚国，我就一定能使楚国复兴。"等到楚昭王在随国避难的时候，申包胥到秦国请求救兵，说："吴国就像是大猪、长蛇，一再吞食中原各国，最先被攻打的就是楚国。鄙国的国君没能守住国家，流落在偏僻的地方，派遣我来告急，吴国的本性贪得无厌，如果成了您的邻国，贵国的边疆就会受到威胁。趁吴国还没有完全征服楚国，您可以去夺取一部分楚国的土地。如果楚国随后灭亡，这土地就属于您了。而如果凭借您的威福来安抚楚国，楚国人世代都会侍奉您。"秦哀公派人辞谢，说："我听了你们的请求。请你姑且住进客店休息，我考虑一下再告诉你。"申包胥回话说："鄙国国君流亡在偏僻的地方，还没有安身之处，我怎能就这样安歇呢？"于是就靠着院墙站着痛哭，连续七天，哭声日夜不绝，水米未进。秦哀公为他作了《无衣》这首诗，他连叩了九个头才坐下。随后秦国终于出兵了。

吴王阖闾和楚昭王在柏举开战，楚国的一个叫大心的莫嚣，按着给他驾车的战士的手说："今天我们抗御强敌，冒着利剑和箭石的袭击，奋勇作战乃至牺牲生命，最终取得胜利，能让人民太平、国家保全，这就行了吧。"说完就冲入敌阵，一往无前，最终被敌军剖了腹、砍了头，就这样义无反顾地为国壮烈牺牲。申包胥看到大心这个样子，说："如果像大心这样竭尽力气冲入敌阵，流血牺牲，也不过只起到一个士卒的作用，不如谦卑地去向诸侯求救。"于是他身背干粮，赤脚上路，登上陡峭的山峰，趟过深溪，泅渡湍急的河流，越过津关，翻越蒙笼山，又在沙石滩里艰难行走，走得从脚掌到膝盖都磨起厚厚的老茧，赶到秦国朝廷。他在朝廷外像鹤一样站着，七天七夜，不吃不睡，昼夜不停地哭泣，弄得脸色昏黑，涕泪纵横，终于见到秦王。

吴国军队被击败，楚昭王复位，要封赏申包胥。申包胥说："辅佐国君，让国家安定，不是为了个人。救急除害，不是为了名声。立下了功劳而受到赏识，就是出卖勇武。国君已经安定了，我还有什么想要的呢？"于是逃赏，终生都没有再出现。

新史氏认为，说到爱国之义，那么申包胥比伍子胥高尚得多。七天七夜，不吃不喝，不停痛哭，来拯救国家的危难，自古至今，天下万国，也没有过。有这样一个人就可以让国史增光。立功而不接受赏赐，因为他把爱国作为自己应尽的义务，不认为这是难得的品格。他的人格，比鲁仲连还高尚。

【少年说】

第一个故事发生在定公四年，晋定公是春秋末晋国国君，公元前511年到公元前475年在位，定公四年即公元前508年。晋国自从西周初年（公元前1033年）分封建国，到这时已经有五百二十五年了。故事的主人公申包胥与孔子是同一时代的人。同一年中，雅典实行了政治和社会改革，罗马成立了共和制。

第二个故事发生在公元前506年，背景是吴国与楚国之间的柏举（大概在今天的湖北省）之战，楚国当时出军二十万人，而吴国只出了数万人，却把楚国打败。同一年，雅典还在进行民主改革。

第三个故事发生在公元前505年左右，这一年曾参（孔子的一个弟子）出生。

【梁任公原文】

初，伍员与申包胥友。其亡也，谓申包胥曰："我必覆楚国。"申包胥曰："勉之。子能覆之，我必能兴之。"及昭王在随，申包胥如秦乞师，曰："吴为封豕长蛇，以荐食上国，虐始于楚。寡君失守社稷，越在草莽，使下臣告急，曰：夷德无厌，若邻于君，疆埸之患也。逮吴之未定，君其取分焉。若楚之遂亡，君之土也，若以君灵抚之，世以事君。"秦伯

使辞焉，曰：“寡人闻命矣。子姑就馆，将图而告。”对曰：“寡君越在草莽，未获所伏，下臣何敢即安。”立依于庭墙而哭，日夜不绝声，勺饮不入口，七日。秦哀公为之赋《无衣》，九顿首而坐，秦师乃出。

（《左氏·定四年传》）

吴与楚战，莫嚣大心抚其御之手曰：“今日距强敌，犯白刃，蒙矢石，战而身死，卒胜民治，全我社稷，可以庶几乎。”遂入不返，决腹断头，不旋踵，运轨而死。申包胥曰：“竭筋力以赴严敌，伏尸流血，不过一卒之才，不如约身卑辞求救于诸侯。”于是乃赢粮跣走，跋涉谷行，上峭山，赴深溪，游川水，犯津关，躐（liè）蒙笼，蹶沙石，蹠（zhí）达膝，曾茧重胝，七日七夜，至于秦庭，鹤跱而不食，昼吟宵哭，面若死灰，颜色霉黑，涕液交集以见秦王（下略）。

（《淮南子》）

吴师既退，昭王复国，而赏贻于包胥。包胥曰：“辅君安国，非为身也。救急除害，非为名也。功成而受赏，是卖勇也。君既定，又何求焉？”遂逃赏，终身不见。

（《新序·士节篇》）

新史氏曰，以爱国之义，则包胥又贤于子胥远矣。

七日七夜，不饮食，不绝哭，以拯国难，自古及今，天下万国，未尝有也。得一人可以光国史矣。功成不受赏，盖认爱国为应尽之义务，不自知其为奇节也。于戏，其人格，又出鲁仲连上矣。

要离：刺客信条

吴王阖闾想要杀掉卫国的王子庆忌，但却怎么也杀不死他。吴王为此非常忧虑。大臣要离对吴王说："我能杀死他。"吴王反问道："你有什么办法？我曾经用六匹马追他，一直追到江边，却还是追不上。把所带的箭全都射光了，也不能射中他。现在你举剑不能过臂，上车都需要人搀扶，又怎么能杀死他呢？"要离回答道："壮士只担忧自己不够勇敢罢了，哪里用得着担忧事情做不成呢？如果大王真的能够助我一臂之力，我就一定能成功。"吴王答应了他。

第二天，吴王假装给要离判了罪，抓了他的妻子和子女，将他们全部挫骨扬灰。要离从吴国逃到了卫国，见到了王子庆忌。庆忌高兴地说："吴王无道，你也看到了，诸侯也是知道的。如今你能幸免于难逃离吴国，很不容易了。"

要离同庆忌相处一段时间之后，对庆忌说："吴王越发无道了，我愿跟你去夺回吴国。"王子庆忌说："好。"于是和要离一同渡江。到了江中，要离拔出剑刺向王子庆忌。王子庆忌揪住他，把他扔到江水里，他浮上来后王子庆忌又把他扔进水里，这样反复了多次。最后王子庆忌说："你是闻名天下的国士，我饶你不死来成就你的名声。”

要离得以不死，回到吴国。吴王很高兴，愿意和他分享国家。要离说：“不行。我决心一死！”吴王阻止他，要离说：“我杀了妻子儿女，并将他们焚骨扬灰，是为了行刺而故意做的，我认为这是不仁。为了旧主人而杀新主人，我认为这是不义。被揪住扔进江里，三进三出，王子庆忌特意饶了我而不杀我，这对我来说是奇耻大辱。我不仁不义，又被羞辱，我不能再苟活了。”吴王劝止不住，要离最终拔剑自刎而死。

新史氏认为，要离所做的事情，于国家无益，还连累了他无罪的妻子和儿女，来帮助君主行不义之事，不能称之为君子。但是他爱惜自己名誉，也有值得夸奖的地方。他是与卞庄、华周、杞梁同样的人啊！受辱便不能苟活，这是当时武士的信条。

【少年说】

故事发生在春秋时期的吴国和卫国。要离是吴国的一名刺客，身材短小，相貌丑陋。当时，吴王阖闾刺杀上一任吴王成功篡位，但上一任吴王的儿子庆忌逃到了卫国。阖闾想要杀掉庆忌，但一直没有机会。于是，要离叫阖闾杀了自己的妻子、孩子，并砍掉自己的右臂，以便取得庆忌的信任。故事发生的时间是公元前 541 年，与孔子同时期，大约在秦始皇之前三百年。此时的西方，

强大的波斯帝国正准备入侵巴比伦和印度。

【梁任公原文】

吴王欲杀王子庆忌，而莫之能杀，吴王患之。要离曰："臣能之。"吴王曰："汝恶能乎？吾尝以六马逐之江上矣，而不能及；射之，矢左右满把，而不能中。今汝拔剑则不能举臂，上车则不能登轼，汝恶能？"要离曰："士患不勇耳，奚患于不能。王诚能助，臣请必能。"吴王曰："诺。"

明旦，加要离罪焉，拿执妻子，焚之而扬其灰。要离走，往见王子庆忌于卫。王子庆忌喜曰："吴王之无道也，子之所见也，诸侯之所知也，今子得免而去之，亦善矣。"

要离与王子庆忌居有间，谓王子庆忌曰："吴之无道也愈甚，请与王子往夺之国。"王子庆忌曰："善。"乃与要离俱，涉于江，中江，拔剑以刺王子庆忌。王子庆忌捽（zuó）之，投之于江，浮，则又取而投之，如此者三，其卒曰："汝天下之国士也，幸汝以成而名。"

要离得不死，归于吴。吴王大悦，请与分国。要离曰："不可。臣请必死。"吴王止之，要离曰："夫杀妻子焚之而扬其灰，以便事也，臣以为不仁。夫为故主杀新主，臣以为不义。夫捽而浮乎江，三入三出，特王子庆忌为之赐而不杀耳，臣已为辱矣。夫不仁、不义，又且已辱，不可以生。”吴王不能止，果伏剑而死。

（《吕氏春秋·忠廉篇》）

新史氏曰，要离之事业，非有益于国，而至湛弃其无罪之妻子，以长君之恶，君子弗称也。但其爱惜名誉，亦有足多者焉。其下庄、华周、杞梁之舆儓（tái）乎！已辱则不可以生，是诵当时武士之训条也。

子囊：严于律己

楚国将要与吴国开战。楚国的兵比吴国少，楚国将军子囊说："如果我军与吴军在这儿大战一场，我军必定大败，国君受辱，国土沦丧，我不忍心看到这样啊！"而后，子囊没有禀告国君就私自退兵了。待军队回到国都的郊外，他派人去拜见国君报告说："子囊请求自尽。"国君回复道："大夫你的撤退是以国家的利益为重，而现在也证明是有利于国家的，所以大夫你不必死。"但是子囊却说："逃遁的人没有罪，那么后世为君为臣的人，都可以借不利于国家的托辞来效仿我临阵逃遁。如果真的这样，那么楚国终会成为天下弱国！我请求一死！"子囊退下后就要拔剑自尽。国君说："真的要这样，那就成全大夫的忠义吧。"于是，国君给他做了三寸厚的桐木棺材，并加斧锧于棺材之上，子囊就这样为国而死！

新史氏说，君子会权衡自己一言一行所造成的影响。有人做事图一时之利，也有人做事为百年功利，如果这两点不能同时实现，以君子的原则要求自己的人几乎没有了。但是那些小人，往往遇事推脱还要自圆其说，可惜啊，没能受到子囊的教导啊！他既牺牲自己的名誉来捍卫国家和民众眼前的困境，又牺牲自己的性命来保证国家百年强盛，不是真的爱国的人能这样做吗？孔子曾说：仁德之人不会标榜仁德。子囊就是其中之一。

【少年说】

子囊，春秋时期楚国的令尹，芈姓，熊氏，名贞，字子囊，是楚庄王的儿子。

这个故事发生在楚国，楚国是春秋战国时期周朝的诸侯国，于公元前 1115 年立国，到该事件发生的时候已经建国将近六百年了，子囊与孔子同一时代，在秦始皇之前约三百年。

同世纪的欧洲居鲁士统一波斯。亚洲佛教在印度产生。

【梁任公原文】

楚人将与吴人战。楚兵寡而吴兵众，楚将军子囊曰："我击此，国必败，辱君亏地，忠臣不忍为也。"不复于君，黜（chù）兵而退。至于国郊，使人复于君曰："臣请死。"君曰："子大夫之遁也，以为利也。而今诚利，子大夫毋死。"子囊曰："遁

者无罪，则后世之为君臣者，皆入不利之名而效臣循。若是，则楚国终为天下弱矣。臣请死。”退而伏剑。君曰：“诚如此，请成子大夫之义。”乃为桐棺三寸，加斧锧其上，以徇于国。

（《说苑·立节篇》）

新史氏曰，君子一言一动，必计其影响之所届。事有为一时之利者，有为百世之利者，若乃两者之利害不能相容，则君子之所以自处者几穷。而首鼠之辈，往往托以自文矣，惜也，未闻子囊之教也。既牺牲其名誉以捍国民目前之患，复牺牲其身命以为国家百年之计，非真爱国者能如是耶？孔子曰：好仁者无以尚之。子囊有焉。

雍门子狄：何以赢得敌人尊重

越国的军队到达了齐国，雍门子狄向齐王请死。齐王说：“战鼓声还没听见，箭和垒石都还没有相互攻击，兵刃未曾交锋，你为什么就要请死？这是身为人臣该有的礼数吗？”雍门子狄回答说：“我听说，从前大王到苑囿去打猎，车的左毂发出声响，车右武士请求一死，大王问道：‘你为什么要请死呢？’车右武士说：‘因为车毂的响声吵到了大王。’大王说：‘那是造车工匠的罪过，你又有什么责任呢？’车右武士回答道：‘我没有看见工匠造车，只知道车的响声吵到了大王。’于是拔剑自刎而死。有这回事吧？”齐王说：“有这回事。”雍门子狄说：“现在越军打来了，这件事对大王的吵扰，难道比不上车的左毂发出的声响吗？车右武士可以因为左车毂有声响而死，而我却不能因为越军入侵而死吗？”于是拔剑自刎而死。当天，越国军队撤退了七十里，说：“齐王所有臣子都像雍门子狄那样，如果同他们打仗，他们一定会灭掉越国的。”于是班师回朝。齐王用上卿之礼安葬了雍门子狄。

新史氏认为，西方人爱国，轻慢国旗，就会被处死。一面国旗而已为何如此计较？守卫国旗而死的人，传达的是国家不可被欺侮。国旗尚不可辱，更何况国家；一国连侮辱尚且不能，又怎么可以损失一丝一毫。我听说日本维新之前，美国将军坐船到达了日本，测量了它的海岸线，日本举国哗然，尊王攘夷的声音风起云涌。随后英国人偶然冲犯了藩侯家中长子的仪仗队，为了这件事而死的有七人，更别说雍门子狄痛恨越国惊扰自己的国君了。自此以后，欧美的诸国，没有敢侮辱日本的，它的士气都足以震慑邻国。所以雍门子狄以一死来逼退越国，又有什么奇怪的呢？以我国近数十年来所遭受的国耻，如果还在春秋战国时期，我知道定有勇武之士站出来以身退敌。《诗经》说：老天已经震怒，曲意顺从也于事无补。《左传》说：卑躬屈膝的人，没有骨气。唉！到底因何缘由，怎么会落到如此地步！

【少年说】

这个故事发生在公元前 284 年，属于战国时期。和故事的主人公雍门子狄生活在同一时代的人还有燕昭王。公元前 284 年时法家的代表人物李斯出生；罗马的社会陷入了“三世纪危机”，外族开始入侵罗马。

【梁任公原文】

越甲至齐，雍门子狄请死之。齐王曰：“鼓铎之声未闻，矢石未交，长兵未接，子何务死之为？人臣之礼耶？”雍门子狄对曰：“臣闻之，昔者王田于囿，左毂鸣，车右请死之，而王曰：子何为死？车右对曰：为其鸣吾君也。王曰：左毂鸣者，工师之罪也，子何事之有焉？车右曰：臣不见工师之乘而见其鸣吾君也。遂刎颈而死。知有之乎？”齐王曰：“有之。”雍门子狄曰：“今越甲至，其鸣吾君也，岂左毂之下哉？车右可以死左毂，而臣独不可以死越甲也？”遂刎颈而死。是日，越人引甲而退七十里，曰：“齐王有臣钧如雍门子狄，拟使越社稷不血食。”遂引甲而归。齐王葬雍门子狄以上卿之礼。

（《说苑·立节篇》）

新史氏曰，西人之爱国也，有慢其国旗者，则致死焉。夫国旗则何与大计？顾为之死者，示国之不可侮于人也。旗且不可侮，而况于国。侮且不可，而况乃动其豪末也。吾闻日本维新以前，美将军彼理以舟至，测量其海岸线，而举国哗然，尊攘之声，风起水涌。其后英人偶冲犯长门藩侯之卤簿，而士为之死者七人，是犹雍门子狄之耻越甲鸣其君也。

顾自是以还，欧美诸国，遂莫或敢侮日本，士气之足以威邻国也，如是乎！则雍门以一死却越军，又奚怪焉？呜呼！以我国近数十年来所更之国耻，使其在春秋战国之世也，吾知其绝吭刳（kū）腹者相属于道矣。诗曰：天之方蹶，无为夸毗。传曰：夸毗，柔脆无骨也。呜呼，以何因缘，而至于此！

田基：坚守道义

佛肸在中牟县反叛，设下封地与大鼎，并说："归顺于我者能受封地，而不肯归顺的便用鼎烹之。"中牟的士人都归顺了他，唯独城北余子田基后到，脱去衣服就要进鼎，说："我听说，对于有义之士，即便有轩冕在前，只要是取之不义的，便不愿乘坐；只要是为了道义，即便有斧钺架在身后，也不回避。"佛肸拦住他放他去了。赵简子灭了中牟叛军，夺取了此地。论功时，将田基排在了首位。田基说："我听说廉洁之士从不会羞辱他人，如果我这般接受平定中牟之功，中牟之士要终生羞惭了。"于是，带着他的母亲向南搬到了楚国。楚王欣赏他的仁义，授其以司马之位。

新史氏认为，廉洁之士从不羞辱他人，也是当时武士的信条之一。城北余子，在道德责任上贯彻了这一原则。

【少年说】

根据《左传》记载，"佛肸用中牟之县畔"一事发生在鲁哀公五年（公元前490年），正值勾践回到越国“卧薪尝胆”。而希腊和波斯在距雅典不远的马拉松平原发生激战，战后一名叫作菲迪皮茨的雅典士兵作为信使向雅典城报捷，在拼命跑了四十二公里后力竭而死，马拉松运动由此诞生。

【梁任公原文】

佛肸（xī）用中牟之县畔，设禄邑炊鼎曰：“与我者受邑，不与我者其烹。”中牟之士皆与之。城北余子田基独后至，祛衣将入鼎，曰：“基闻之，义者，轩冕在前，非义弗乘；斧钺于后，义死不避。”遂祛衣将入鼎。佛肸播而去之。赵简子屠中牟，得而取之。论有功者，用田基为始。田基曰：“吾闻廉士不耻人，如此而受中牟之功，则中牟之士终身惭矣。”襁负其母，南徙于楚。楚王高其义，待以司马。

（《说苑·立节篇》）

新史氏曰，廉士不耻人，又当时武士一信仰之条件也。城北余子，其于道德责任，备践之矣。

成公赵：行刺也要讲究道义

宋康公攻打阿地，攻下单父。成公赵说："以前我不知道，以为在千乘之国则万乘之国不敢来讨伐，在万乘之国则全天下都不敢对我有所图谋。而现在我在阿地，宋康公夺取单父，这让我无颜自立于世，我要去杀了赵康公。"于是他去了宋国，三个月过去了都无法接触到宋康公。有人对他说："为何不趁宋康公接见邻国使节的时候接触他呢？"成公赵答道："不行！如果我趁着他接见邻国使节的时候行刺，后世的使节便都不会被信任，所持的符节都不再有效力。所有人都会说这都是因我而起，不行！"还有人对他说："为何不在宋康公接见大臣们引荐辩士之时行刺呢？"成公赵答道："不行！如果我在群臣引荐辩士时行刺，导致后世的忠臣不被信任，辩士不再被重用，大家也都会说是因为我的缘故。不行！我听说古代的士人愤怒之时也不忘保持理智，危急时也不忘道义，一心要以正当的方法寻求结果。"一年后，宋康公病死。成公赵说："廉洁之士不会辱没自己的名誉，有信之士不会在行动上懈怠。如今我身在阿地，宋康公却攻克了单父，这是有辱名声的事，行刺宋王之

事花了一年都没有完成，是懈怠的行为。我如果继续活下去，有什么颜面面对天下的士人？”于是枯立在彭山上而死。

新史氏认为，曹沫和蔺相如都曾要挟邻近的君主，以图帮助其国家恢复地位。但真心处心积虑图谋刺万乘之君的人，则始于成公赵，但又不肯用歪门邪道之法，假借他力以达成目的，他的一言一行，都可以作为后世的典范。呜呼！岂不贤哉！未获成功宁可以身殉之，正是所谓以死明志！

【少年说】

“宋康公攻阿，屠单父”发生在赵成侯九年（公元前366年）。宋康公时期的宋国地方达五千余里，物产丰富，国力强盛。不到一年时间，宋康公连败薛、腾、齐、楚、魏五国，一连串军事上的胜利，让宋康公冲昏了头脑，他认为自己已经是当世霸主。康公与人类斗争胜利后，“天”和“地”就变成了他的下一个“对手”，他要与天斗，与地斗，与神灵斗。史书记载：宋康公欲霸业速成，居然下令宋军“射天”“鞭地”，用弓箭向天空射击，用鞭子抽打大地，以示自己不怕天、不怕地的“大无畏精神”。除此之外，他还学习老祖宗帝武乙“射天”的行为。《资治通鉴》记载，宋康公所以如此，是为了“示威鬼神”。此时的秦国在武都筑城击败魏军，为其之后收复河西地区拉开序幕，也预示着魏国的霸主地位即将易位。

而在此时的古罗马，出现了第一位平民出身的执政官，标志着其政治结构上的变化。

【梁任公原文】

宋康公攻阿，屠单父。成公赵曰："始吾不自知，以为在千乘则万乘不敢伐，在万乘则天下不敢图。今赵在阿，而宋屠单父，则是赵无以自立也。且往诛宋。"赵遂入宋，三月不得见。或曰："何不因邻国之使而见之？"成公赵曰："不可。吾因邻国之使而刺之，则使后世之使不信，荷节之信不用，皆曰赵使之然也，不可。"或曰："何不因群臣道徒处之士而刺之？"成公赵曰："不可。吾因群臣道徒处之士而刺之，则后世之忠臣不见信，辩士不见顾，皆曰赵使之然也。不可。吾闻古之士，怒则思理，危不忘义，必将正行以求之耳。"

期年，宋康公病死。成公赵曰："廉士不辱名，信士不惰行。今吾在阿，宋屠单父，是辱名也。事诛宋王，期年不得，是惰行也。吾若是而生，何面目而见天下之士？"遂立槁于彭山之上。

（《说苑·立节篇》）

新史氏曰，曹沫、蔺相如，皆要挟邻主，以图恢复国际上之权利耳。其真处心积虑以图刺万乘之

君者，自成公赵始，而又不肯用诡道假他力以达其志，一言一动，皆使可法于后世。呜呼，岂不贤哉！岂不贤哉！功不就而以身殉之，是所谓殉其志者也。

申鸣：当忠孝难两全

楚国有位士人叫申鸣，靠种地来赡养父母，以孝顺闻名于楚。楚王召见他，申鸣却推辞不去。他的父亲问："楚王想要用你，你为何要推辞呢？"申鸣答道："为何要舍弃儿子的身份而成为臣子呢？"他的父亲说："这样你既可以受到国家给的俸禄，又可以在朝廷有一席之地，你高兴我也没什么好担心的，我希望你去做官呢。"申鸣说："好。"于是去了朝廷，接受任命，楚王让他做了左司马。

这年，白公叛乱，杀了令尹子西、司马子期。申鸣带兵去护卫。白公问石乞："申鸣称得上是天下勇士，如今他带兵，我应该怎么办？"石乞答道："我听说申鸣很孝顺，可以派兵劫持他的父亲。"然后派人对申鸣说："你若归顺于我，我便将整个楚国交给你，若不从，我就杀了你的父亲。"申鸣痛哭流涕，回应道："起初是父亲的儿子，如今是国君的臣子，既然已经不能做孝子了，又怎能不做忠臣？"于是拿起鼓槌击响战鼓，杀死白公，他的父亲也被敌人处死了。

楚王班师回朝，奖赏申鸣，他说："接受国君的俸禄，却在国君危难时逃避，算不上是忠臣。维护国君的法纪而害

死了自己的父亲，又不配做一个孝子。所作所为既无法保全两者，也无法树立两边的名誉，真可悲啊！如果像这样活着，又何以面对天下士人呢？”于是自刎而死。《诗经》将这种境遇称之为：进退维谷。

新史氏说，申鸣之志、事不能保得两全。尽管如此，他开始时顺从了亲人的意愿，结束时忠于国家之职，他的志、事，已然做到两全了。

【少年说】

申鸣（？—公元前 479 年），楚国人。成语“因与之语（意为用这个来要挟他）”即出自申鸣的故事。楚惠王十年（公元前 479 年），白公叛乱，申鸣在保家卫国和顾全父亲性命的两难抉择中，选择了自尽，可悲可叹。此时正值春秋末期，儒家学派的创始人、春秋时期著名思想家孔子正是在公元前 479 年逝世的。

此时的波斯正在向希腊诸邦开战，史称第二次希波战争。著名的萨拉米斯海战在上一年刚刚发生，雅典在萨拉米斯海湾内击败了波斯舰队，为其奠定了日后海上帝国的地位。而普拉提亚战役正是在这一年发生，波斯军队的溃败标志着第二次希波战争的尾声。

【梁任公原文】

楚有士曰申鸣，治园以养父母，孝闻于楚。王召之，申鸣辞不往。其父曰：“王欲用汝，何谓辞之？”申鸣曰：“何舍为子乃为臣乎？”其父曰：“使汝有禄于国，有位于廷，汝乐而我不忧矣。我欲汝之仕也。”申鸣曰：“诺。”遂之朝，受命，楚王以为左司马。

其年，遇白公之乱，杀令尹子西、司马子期。申鸣因以兵之卫，白公谓石乞曰：“申鸣，天下勇士也，今将兵，为之奈何？”石乞曰：“吾闻申鸣孝也，劫其父以兵。”使人谓申鸣曰：“子与我，则与子楚国；不与我，则杀乃父。”申鸣流涕而应之曰：“始则父之子，今则君之臣，已不得为孝子矣，安得不为忠臣乎？”援桴鼓之，遂杀白公，其父亦死焉。

王归，赏之。申鸣曰：“受君之禄，避君之难，非忠臣也。正君之法，以杀其父，又非孝子也。行不两全，名不两立，悲夫。若此而生，亦何以示天下之士哉？”遂自刎而死。诗曰：进退惟谷。

（《韩诗外传》）

新史氏曰，悲哉！申鸣之志、事不能两全也。虽然，始也顺亲之志，终也死国之职。申鸣之志、事，其已两全也。

豫让：忍艰难，成大义

晋国人毕阳的孙子豫让最初给范氏、中行氏做家臣，但心中并不欢喜，于是便投效智伯，得到宠信。后来韩、赵、魏三国瓜分了智伯的土地，赵襄子最痛恨智伯，就把智伯的头拿来作饮器。豫让逃到了山里，说："士为知己者死，女为悦己者容，所以我一定要替智伯复仇！"于是，豫让隐姓埋名，化装成一个犯人，潜伏到王宫里用洗厕所作掩护，想借机杀死赵襄子。有一次，赵襄子入厕，忽然觉得心慌，就下令把打扫厕所的人抓起来审问，发现原来是豫让化装想要行刺，这时豫让竟拿出藏在扫帚杆的匕首说："我要为智伯报仇！"卫士拿下他，要杀了他，可是赵襄子却制止说："这是位义士，我只要小心躲开他就行了。况且智伯已经死了，没有子孙，他的臣子中有肯来为他报仇的，一定是天下的贤人。"最终，赵襄子放了豫让。

豫让又全身涂漆，化妆成一个生癞疮的人，同时又剃光了胡须和眉毛，把自己彻底毁容，然后假扮乞丐乞讨。他的妻子都认不出他了，看到他以后只是说："这个人长得并不像我的丈夫，可是声音怎么这么像他呢？"于是，豫让又吞下炭，为的是改变自己的声音。他的朋友对他说：“你这种办法很难成功，如果说你有志向还可以，如果说你是一个明智之士就错了。因为凭你这种才干，如果竭尽忠诚去侍奉赵襄子，那他必然宠信你，到时候你可以接近他，想怎么样就怎么样，你再实施你的复仇计划，就容易多了，一定能成功的。”豫让笑着说：“你的意思是为了老朋友而去打新朋友，为旧君主而去杀新君主，败坏君臣之义，没有比这更过分的了。今天我之所以要这样做，就是为了彰显君臣之义，并不在于是否顺利报仇。况且已经委身做了人家的臣子，却又在暗中阴谋计划刺杀人家，这就等于是对君主有二心。我今天之所以明知其不可为却要这样做，就是要让后世那些怀有二心侍奉他人的人感到羞愧。”

过了不久，赵襄子要外出巡视，豫让埋伏在他必经的桥下。赵襄子骑马走在桥边时，马忽然惊跳起来，赵襄子说：“这一定又是豫让。”派人搜捕之后，果然是豫让。因此赵襄子就当面责备豫让说：“先生不是曾经侍奉过范氏、中行氏吗？智伯灭了范氏、中行氏，你不替他们报仇，反而委身侍奉智伯。如今智伯身死国亡已经很久，你为什么偏要如此执着地替他报仇呢？”豫让说：“我侍奉范氏、中行氏时，他们只把我当作普通人看待，所以我也就用普通人的态度报答他；而智伯把我当作国士看待，所以我也就用国士的态度报答智伯。”于是赵襄子悲伤感叹说：“唉！豫让啊，你为智伯报仇，已经使你成为忠臣义士了。而寡人对待你，也算是仁至义尽。你自己想一想吧，寡人不会再放过你了！”于是赵襄子就下

令卫士把豫让包围起来。豫让说："我听说，明君不掩盖人的忠义，忠臣为了名节不爱惜自己的生命。您以前已经宽恕过我一次，天下没有不为这件事赞扬您的。今天我到这里行刺，按理您应在这里将我处死。不过，我想得到您的王袍，准许我在这里刺它几下，那我即使死了也没有遗憾了。不敢奢望得到您的同意，只是坦陈心事罢了。"赵襄子为了成全豫让的志节，就当场脱下自己的王袍由侍臣交给豫让。豫让接过王袍以后拔出佩剑，奋而起身，然后用剑刺王袍仰天长叹："我豫让总算为智伯报了仇！"说完就自杀而死。死的那天，赵国的士人听说以后，无不悲伤落泪。

新史氏认为，若坚韧如豫让这般，还有何事做不成？然而最终没能成功，难道是因为能力不够吗？《史记索隐》引《战国策》记载：豫让拔剑劈砍赵襄子的衣服，衣服上鲜血直流，赵襄子返回时，车轮没转上一圈就死了。今天流传的《战国策》并无这样的描述，但司马迁言之凿凿，必定有所依据。难道是后人根据《史记》删改了《战国策》吗？如果真是这样，那么豫让的目的大概已经达到了。就算未能达到，他的名声传至今日，仍能让读者内心震荡，那么对于社会的感化和影响更加深远。豫让希望让后世之人愧疚惊醒，殊不知知愧者不过寥寥！

此外，《史记·刺客列传》首先说的是曹沫，专诸次之，豫让、聂政、荆轲等人再次。我讲述勇武之士，遍载诸子，为什么单单遗漏了专诸呢？曹沫、荆轲皆为国事，结果一成一败，相似却又有着天壤之别。豫让、聂政，都是报恩复仇。恩仇，本就是武德精神的一种要素。专诸则是公子光、伍子胥的傀儡，没有独立的价值观念，只是白白帮助他们行篡逆之事，风骨居于下位。这是我甄选素材时的考量。

【少年说】

本文选自《史记·刺客列传》。豫让是春秋战国时期的晋国人，是晋国正卿智伯瑶的家臣。公元前 453 年，赵、韩、魏联手在晋阳之战中攻打智氏，智伯瑶兵败身亡。为了给主公智伯瑶报仇，豫让用漆涂身，吞炭使哑，暗伏桥下，谋刺敌人赵襄子未遂，反被赵襄子所捕。临死时，求得赵襄子衣服，拔剑击斩其衣，以示为主复仇，然后伏剑自杀，留下了“士为知己者死，女为悦己者容”的历史典故。

豫让的故事体现的是大义凛然和以死报主。后世为铭记其精神而在邢台修建了豫让桥。

【梁任公原文】

晋毕阳之孙豫让，始事范中行氏，而不说，去而就智伯，智伯宠之。及三晋分智氏，赵襄子最怨智伯，而将其头以为饮器。豫让遁逃山中，曰：“嗟

乎，士为知己者死，女为说己者容，吾其报智伯之仇矣。”乃变姓名为刑人，入宫涂厕，欲以刺襄子。襄子如厕，心动，执问涂者，则豫让也。刃其扞曰：“欲为智伯报仇。”左右欲杀之，赵襄子曰：“彼义士也，吾谨避之耳。且智伯已死无后，而其臣至为报仇，此天下之贤人也。”卒释之。

豫让又漆身为厉，灭须去眉，自刑以变其容，为乞人而往乞。其妻不识曰：“状貌不似吾夫，其音何类吾夫之甚也。”又吞炭为哑，变其音。其友谓之曰：“子之道甚难而无功，谓子有志则然矣，谓子智则否。以子之才，而善事襄子，襄子必近幸子。子之得近而行所欲，此甚易而功必成。”豫让乃笑而应之曰：“是为先知报后知，为故君贼新君，大乱君臣之义者无此矣。吾所谓为此者，以明君臣之义，非从易也。且夫委质而事人而求弑之，是怀二心以事君也。吾所为难，亦将以愧天下后世人臣怀二心者。”

居顷之，襄子当出，豫让伏以过桥下。襄子至桥而马惊，襄子曰：“此必豫让也。”使人问之，果豫让。于是赵襄子面数豫让曰：“子不尝事范中行氏乎？智伯灭范中行氏，而子不为报仇，反委质事智伯。智伯已死，子独何为报仇之深也？”豫让曰：“臣事范中行氏，范中行氏以众人遇臣，臣故众人报之。智伯以国士遇臣，臣故国士报之。”襄子乃喟然叹，泣曰：“嗟乎，豫子之为智伯，名既成矣。寡人舍子，亦已足矣。子自为计，寡人不舍子。”使兵环之。豫让曰：“臣闻明主不掩人之义，忠臣不爱死以成名。君前已宽舍臣，天下莫不称君之贤。今日之事，臣故伏诛，然愿请君之衣而击之，虽死不恨。非所望也，敢布腹心。”于是襄子义之，乃使使者持衣与豫让，豫让拔剑三跃，呼天击之曰：“而可以报智伯矣。”遂伏剑而死。死之日，赵国之士闻之，皆为涕泣。

（《战国策·赵策》，《史记·刺客列传》同）

新史氏曰，坚忍若豫让者，何事不可成哉？然竟不成，岂力固不足以胜命耶？《史记索隐》引《战国策》云：豫让击衣，衣尽出血，襄子回车，车轮未周而亡。案今本《国策》无此语，而司马贞云云，必有所据。岂后人据《史记》以删《国策》耶？果尔，则豫让之目的，盖已达矣。就使不达也，而其义声至今日，犹令读者震荡心目，其所以感化社会者，亦深矣。夫豫子欲以愧天下后世，何知愧者寥寥也！

新史氏又曰，《史记·刺客列传》首曹沫，次专诸，次豫让、聂政、荆轲。吾叙述武士，备载诸子，而独遗专诸何也？曹沫、荆轲，皆为国事，一成一败，同照天壤，尚矣。豫让、聂政，俱报恩仇。恩仇者，武士道之一要素也。若专诸则为公子光、伍子胥之

傀儡，无意识之义侠，徒助篡逆，风斯下矣。此去取之微意也。

墨子、孟胜、徐弱：非攻的胜利

公输盘替楚国制造攻城的云梯，造成后，将要用来攻打宋国。墨子听到这个消息后，从齐国出发，长途跋涉，历尽艰辛，走了十天十夜，才到达楚国郢都，拜见公输盘。公输盘说："先生有什么见教呢？"墨子说："北方有人羞辱了我，我希望能借助您的力量去杀了他。"公输盘听了很不高兴。墨子说："我愿意献给您十金。"公输盘说："我坚守道义，决不杀人。"墨子起身，拜了两拜，说："请让我说说我的道理。我在北方，听说您在制造云梯，将用来攻打宋国。宋国有什么罪呢？楚国地广人稀，牺牲本就不足的人口而去争夺多余的土地，称不上明智；宋国没有罪却攻打它，称不上仁义；知道这道理而不对楚王进行劝阻，称不上忠诚；劝阻却没有成功，称不上强大。你崇尚仁义不肯帮我杀死羞辱我的人，却要为楚国攻打宋国而杀死很多人，称不上是明白事理。"公输盘被说服了。墨子说："既然如此，那么为什么不停止攻打宋国的计划呢？"公输盘说："不行，我已经向楚王说明了这件事了。"墨子便说道："为什么不让我去见见楚王呢？"公输盘答应道："好吧。"

墨子见到了楚王，说："现在这里有一个人，舍弃了他

装饰华美的车，却想要去偷邻居的破车；舍弃了他华美的衣服，却想要去偷邻居的粗布衣服。这是怎样的一个人呢？”楚王回答说：“此人必定是有偷窃的毛病。”墨子说：“楚国的土地，方圆五千里；宋国的土地，方圆不过五百里，这好比装饰华美的车子同破车相比。楚国有云梦泽，里面有成群的犀牛麋鹿，长江汉水里的鱼、鳖、鼋、鳄鱼富甲天下；宋国却像人们所说的那样，是一个连野鸡、兔子、小鱼都没有的地方，这好像美食佳肴同糠糟相比。楚国有巨松、梓树、黄梗木、楠木、樟木等名贵木材；宋国是一个连棵大树都没有的国家，这就像华丽的衣服与粗布衣服相比。我认为从这三个方面看，攻打宋国就和那个有偷窃毛病的人的行为是一样的。”

楚王听了说：“说得好。即使如此，公输盘为我造了云梯，我一定要攻打宋国。”于是楚王召见公输盘。墨子解下衣带，用衣带当作城墙，用木片当作守城器械。公输盘多次用了攻城的巧妙战术，墨子却能多次抵御他。公输盘的攻城的方法用尽了，墨子的守城方法还绰绰有余。公输盘支支吾吾地说：“我知道怎么对付你，可我不说。”墨子也说：“我知道你要怎么对付我，我也不说。”楚王问他缘故，墨子说：“公输先生的意思，不过就是要先杀掉我。杀了我，宋国便没人能守城，便可将其攻下。可是我的学生禽滑厘等三百多人，已经拿着我的守城器械，在宋国城上等待楚国入侵了。即使杀了我，也不能杀尽他们啊。楚王说：“那好，我便不攻打宋国了。”

听从墨子差遣的弟子有一百八十人，都可以让他们赴汤蹈火，至死不回，这是教化的结果。

墨家有一任钜子孟胜，与楚国贵族阳城君关系很好。阳城君让孟胜带领墨家弟子为其守城，并把璜玉一分为二作为符节，与孟胜约定："符合则听从命令。"后来楚王死了，群臣围攻追杀吴起，在楚王死的地方兵刃相见，阳城君也参与了此事。而后楚国追究责任，阳城君逃走了，楚国想要收回他的这块封地。孟胜说："受人所托守护国家，并约定了以符为号，如今未见符节，以我之力不能守住城池，看来我今日要葬身此处了。"孟胜的弟子徐弱进言说："如果死对阳城君有好处，也算值得；但是如果这样做对阳城君没有帮助，反而让墨家一脉永绝于世，那就不可以死。"孟胜说："不能这么说。我和阳城君关系匪浅，亦师亦友，我若不死，从今以后，人们拜良师就不会来找墨家，结交好友也不会来找墨家，寻求良臣同样不会来找墨家。我死是为了践行墨家道义并让墨家事业传承下去。我将把钜子之位传给宋国的田襄子，他是贤能之人，何必担心墨家基业消亡于世呢？"徐弱说："若如先生所言，那么我请求先死为您黄泉开道。"于是，转过身去在孟胜面前刎颈而死。孟胜派遣两名手下将钜子令牌送往田襄子手中。阳城被楚军围困，孟胜死后，追随他一同赴死的弟子有一百八十三人。两名弟子将令牌送到田襄子手中后，想要重返楚国追随孟胜而死。田襄子制止他们，说

道："孟先生已将钜子之位传于我，你们不要再去赴死了。"二人不听，返回楚国随孟胜而死。

新史氏认为，墨子是圣人，他教育的恩泽影响深远。匡救世弊，拯济世人。以无为精神为之，不刻意追求。孟子称赞墨子是彻头彻尾牺牲自我以利他人，确实如此。墨家主张非攻却崇尚勇武，鲁国有一人因与墨子有关系，就让墨子教他的儿子。他儿子战死了，父亲就责备墨子。墨子说："你要让我教你的儿子，现在学成了，因战而死，你却怨恨我，这就像卖出买进粮食，粮食卖出去了却怨恨一样，难道不荒谬吗！"可见墨家学派以战死为荣，所说的求学的最终目的也在于此。因此，门中数百位弟子皆可赴汤蹈火，这是墨家教义使然。因此想要具备军国臣民的资格，不可不学墨家。纵观孟胜、徐弱的事迹，他们都重承诺，看重自己的责任和义务，看轻生死，不愧是圣人的徒弟！

【少年说】

故事发生在春秋战国初期，时间是公元前440年前后。在墨子大约二十九岁的时候，楚国准备攻打宋国，并请著名工匠公输盘（鲁班）制造攻城的云梯等器械。墨子正在家乡讲学，听到消息后非常着急，一面安排大弟子禽滑厘带领三百名精壮弟子，帮助宋国守城，一面亲自出马劝阻楚王。故事通过对话形式，记叙了墨子用道理说服公输盘，迫使楚王不得不放弃对宋国的侵略意图的经过。出色地表现了墨子的机智勇敢和反对攻伐的精神，同时也暴露了公输盘和楚王的阴险狡诈，这是墨子“兼爱”“非攻”的主张生动而又具体的体现。这个纠纷复杂的时代维持了长达近五十年之久。故事的主人公墨子跟孔子和希腊哲学家苏格拉底、柏拉图同时代，在秦始皇之前二百一十八年。同时代中国历史上北魏一统北方灭掉了北凉，并且迁都洛阳。同时期的欧洲，汪达尔人占领迦太基城，取代了罗马人在北非的位置。

【梁任公原文】

公输盘为楚造云梯之械，成，将以攻宋。子墨子闻之，起于齐，百舍重茧，裂裳裹足，行十日十夜而至于郢，见公输盘。公输盘曰：“夫子何命焉为？”子墨子曰：“北方有侮臣，愿藉子杀之。”公输盘不说。子墨子曰：“请献十金。”公输盘曰：“吾义，固不杀人。”子墨子起再拜曰：“请说之。吾从北方，闻子为梯，将以攻宋。宋何罪之有？荆国有余于地，而不足于民。杀所不足，而争所有余，不可谓智。宋无罪而攻之，不可谓仁。知而不争，不可谓忠。争而不得，不可谓强。义不杀少而杀众，不可谓知类。”公输盘服。子墨子曰：“然乎，不已乎？”公输盘曰：“不可。吾既已言之王矣。”子墨子曰：“胡不见我于王？”

公输盘曰："诺。"

子墨子见王曰："今有人于此，舍其文轩，邻有敝舆而欲窃之；舍其文绣，邻有短褐而欲窃之，此为何若人？"王曰："必为窃疾矣。"子墨子曰："荆之地，方五千里；宋之地，方五百里，此犹文轩之与敝舆也。荆有云梦，犀兕（sì）麋鹿满之，江汉之鱼鳖鼋鼍（tuó），为天下富，宋所为无雉兔狐狸者也，此犹粱肉之与糟糠也。荆有长松文梓楩楠豫章，宋无长木，此犹锦绣之与短褐也。臣以三事之攻宋也，为与此类同。"

王曰："善哉。虽然，公输盘为我为云梯，必攻宋。"于是见公输盘。子墨子解带为城，以牒为械。公输盘九设攻城之机变，子墨子九距之。公输盘之攻械尽，子墨子之守圉（yǔ）有余。公输盘诎而曰："吾知所以距子矣，吾不言。"子墨子亦曰："吾知子之所以距我，吾不言。"楚王问其故，子墨子曰："公输子之意，不过欲杀臣。杀臣宋莫能守，可攻也。然臣之弟子禽滑厘等三百人，已持臣守圉之器，在宋城上而待楚寇矣。虽杀臣，不能绝也。"楚王曰："善哉。吾请无攻宋矣。"

（《墨子·公输篇》）

墨子服役者百八十人，皆可使赴汤蹈火，死不还踵，化之所致也。

（《淮南子》）

墨者钜子孟胜，善荆之阳城君。阳城君令守于国，毁璜以为符约，曰："符合听之。"荆王薨（hōng），群臣攻吴起，兵于丧所，阳城君与焉。荆罪之，阳城君走，荆收其国。孟胜曰："受人之国，与之有符。今不见符，而力不能禁。不能死，不可。"其弟子徐弱谏孟胜曰："死而有益阳城君，死之可矣。无益也，而绝墨者于世，不可。"孟胜曰："不然。吾于阳城君也，非师则友也，非友则臣也。不死，自今以来，求严师必不于墨者矣，求贤友必不于墨者矣，求良臣必不于墨者矣。死之，所以行墨者之义而继其业者也。我将属钜子于宋之田襄子。田襄子，贤者也，何患墨者之绝世也？"徐弱曰："若夫子之言，弱请先死以除路。"还殁头前于孟胜。因使二人传钜子于田襄子。孟胜死，弟子死之者百八十三人。以致令于田襄子，欲反死孟胜于荆。田襄子止之曰："孟子已传钜子于我矣。"不听，遂反死之。

（《吕氏春秋·上德篇》）

新史氏曰，墨子，圣人也，其教泽远矣。救世之患，急人之难。无所为而为之。孟子称墨子摩顶至踵以利天下，诚哉其然哉。墨学非攻而尚武，鲁

人有学其子于墨子者，学而成，战而死。其父怼焉，墨子譬之以是犹欲粜，籴售则愠（见《墨子·鲁问篇》）。可见墨子以战死为光荣，而谓求学之目的，即在于是矣。故门弟子百数，皆可赴汤蹈火，其所以为教者使然也。故欲备军国民资格者，不可不学墨。观于孟胜、徐弱，重然诺，重义务，轻死生。呜呼，圣人之徒哉！圣人之徒哉！

聂政、聂荣：温厚善良也能成就侠义

韩傀做韩国相国时，严遂也受到韩哀侯的器重，因此两人相互忌恨。严遂对政务的意见，直言不讳地指责韩傀的过失，韩傀因此在朝廷上怒斥严遂，气得严遂拔剑直刺韩傀，幸而有人劝阻才得以排解。此后，严遂担心韩傀报复，就逃出了韩国，游历国外，四处寻找可以向韩傀报仇的人。

严遂来到齐国，有人对他说轵地深井里的聂政，是个勇敢的侠士，为躲避仇人才混迹在屠户中间。严遂就和聂政暗中交往，以深情厚谊相待。聂政问严遂："您想让我干什么呢？"严遂说："我为您效劳的时间还不长，为您做的事也很少，怎么敢对您有所求呢？"于是，严遂就备办了酒席，向聂政母亲敬酒，又拿出百镒黄金，为聂政母亲祝寿。聂政大为震惊，越发奇怪他何以厚礼相待，就坚决辞谢严遂的赠金，但严遂坚决要送。聂政推辞说："我家有老母，家境贫寒，只得离乡背井，做个杀狗的屠夫，现在我能够早晚买些甜美香酥的食物来奉养母亲，母亲的供养所需已经齐备了，从道义上讲，实在不敢接受您的赏赐。"严遂避开周围的人，这才告诉聂政："我有仇要报，曾游访过很多诸侯国，后来到齐国，听说您

义薄云天，所以特地送上百金，只是想作为老夫人粗茶淡饭的费用罢了，跟您结交朋友，哪里敢有什么要求呢？”聂政说：“我之所以委身市井做屠夫，只是为了奉养老母。只要老母还活着，我的命就不敢轻易托付给别人。”严遂坚持让聂政收下赠金，聂政始终不肯接受。然而，严遂还是尽了宾主之礼才离开。

过了很久，聂政的母亲去世了，聂政守孝期满，脱去丧服，感叹地说：“唉！我不过是市井小民，动刀杀狗的屠夫，而严遂却是诸侯的卿相。他不远千里，屈驾前来与我结交，我对他太薄情了，没有做出什么可以和他待我相称的事情来，而他却拿百金为我母亲祝寿，我虽未接受，但这足以表明他对我的赏识。贤德的人因为心中的激愤而来亲近我这个穷乡僻壤的人，我怎么能够无动于衷呢？再说以前他邀请我，我只是因母亲健在，就拒绝了他。如今母亲已享尽天年，我要去为他效力了！”

于是聂政往西到了濮阳，见到严遂时说：“以前之所以没有答应您，只是因为母亲还在，如今老母不幸谢世，请问您想报仇的人是谁？”严遂将情况一一告诉聂政：“我的仇人是韩国相国韩傀，他又是韩国国君的叔父。宗族势力庞大，居所守卫严密，我曾派人刺杀他，始终没能成功。如今承蒙足下不弃，让我为您多准备些车马和壮士，作为您的帮手。”聂政说：“韩国和卫国相隔不远，如今去刺杀韩国的相国，他又是国君的至亲，这种情况下势必不能多带人去。人多容易出差错，出了差错就难免会泄露机密，泄露了机密就会使韩国上下与您为敌，那岂不是太危险了吗？”

于是聂政谢绝了车马和随从，只身一人带剑到了韩国。恰逢韩国在东孟举行盛会，韩哀侯和相国皆有出席，身边带兵器的守卫众多。聂政直冲上台阶刺杀韩傀，韩傀边逃边抱住韩哀侯。聂政再刺韩傀，同时也刺中韩哀侯，身边的大臣一片混乱。聂政大吼一声冲上去，杀死了数十人，随后自己用剑划破面容，挖出眼珠，又割腹挑肠，就此死去。

韩国把聂政的尸体摆在街市上，以千金悬赏，打探他的姓名。过了很久也没人知道他究竟是谁。聂政的姐姐聂荣听说这事后，说道：“我弟弟非常贤德，我不能因为吝惜自己的性命，而埋没弟弟的名声，埋没声名，这也不是弟弟的本意。”于是她去了韩国，看着尸体说：“英勇啊！浩气壮烈！你的行为胜过孟贲、夏育，盖过了成荆！如今死了却没有留下姓名，父母已不在人世，又没有其他兄弟，你这样做都是为了不牵连我啊。因为吝惜自己的生命而不显扬你的名声，我怎能忍心如此！”于是就抱住尸体痛哭道：“这是我弟弟，轵地深井里的聂政啊！”说完便在聂政的尸体旁自杀而死。晋、楚、齐、卫等国的人听闻此事，都赞叹道：“不单聂政勇敢，就是她姐姐也是个刚烈的女子！”聂政之所以名垂后世，就是因为她姐姐不怕剁成肉酱以显扬他的名声！

新史氏说，聂政的侠义精神，旧史传颂至今。我没有赞美之言，勉强赘述一句：“想要学聂政应该学他性情温厚、知恩图报，他因为母亲在世而不将生命托付朋友，乃普通之义。

他不想连累孤苦伶仃的姐姐，抉眼屠肠以绝后患。唉！多么温厚善良的人啊！天下哪有生性凉薄，却唯独以侠义闻名的人呢。

【少年说】

聂政其人，是战国时期在韩国轵地（今河南济源）的一名侠客，后来为了躲避仇人带着母亲和姐姐躲避到齐国，是当时极有名的一位侠士。聂政刺韩傀是在战国时期作为勇敢侠士为知己者，为反抗强权而死的广为流传的一则故事。聂政也自此被后人列为战国四大刺客之一，与刺杀始皇帝嬴政的大名鼎鼎的荆轲，以及刺杀吴王僚的专诸、谋刺赵襄子未遂的豫让并列。后来在《唐雎不辱使命》的传说中，安陵国的大夫唐雎曾与秦昭王周旋时，以死相逼，用三则“士之怒”的实例威胁秦王，成功地为国家守护了外交主权，而在这三则“士之怒”中，其中之一正是“聂政之刺韩傀也，白虹贯日”。郭沫若先生也曾以聂政的故事为基础编写了舞台剧《棠棣之花》，而在河南禹州市也筑有纪念他的聂政台。

文中严遂和韩傀除本名以外的称呼分别是仲子和季父，需要注意的是，韩傀的季父中的“季”指的是古代兄弟称呼伯、仲、叔、季中小弟的季，也就是说，“傀又韩君之季父也”中的季父指的确实是小叔父。但是严遂的“仲子”之称却并非是家中二哥的意思，而是因为严遂字仲子。

恰好在聂政刺杀韩傀与哀侯的同年，被国内大夫田氏放逐于海上的齐国国君齐康公去世。姜姓吕氏的齐国政权断代，国内的大夫田和受周安王册封为齐侯，顺势登上齐国国君之位，从此姜姓齐国退出了战国时代的历史舞台，田氏齐国取而代之，粉墨登场。这种士大夫当权甚至篡国的现象在战国时代虽然少见，但也并非完全没有。战国历史上极具影响力，甚至可以说改变了国际格局的士大夫篡位就是大名鼎鼎的“三家分晋”。晋国的赵、魏、韩三家士大夫与国内另一家士大夫智家争夺对晋国的控制权。最终三家联合灭智家，瓜分晋国，并分别接受周天子的册封，成为新的三个合法的诸侯国。这也是春秋战国时期礼崩乐坏的一种最为直接并且粗暴的体现。

而此时中华大地万里之外，几乎席卷了整个希腊半岛的伯罗奔尼撒战争告终尚不及十年。希腊舰队在西西里岛的卡塔纳城一带惨败于入侵的迦太基舰队，并任由对方变本加厉地围攻了西西里岛的港口城市锡拉库扎。同年，希腊面对波斯新王亚达薛西二世对于希腊半岛以及小亚细亚地区野心勃勃的谋划，选择向与希腊比邻的爱奥尼亚人求援。而在仅仅不到一个世纪前的希波战争中，希腊诸城邦的联军接连两次将前代波斯王的军队击退。希腊半岛的昌盛文明以原先不可想象的速度衰落着。约两年之后，古希腊最为著名的哲学家之一苏格拉底，

就在雅典城被公民们以“荼毒青年”和“不敬拜雅典诸神”的名义处死。

【梁任公原文】

韩傀相韩，严遂重于君，二人相害也。严遂政议，直指举韩傀之过。韩傀以之叱之于朝。严遂拔剑趋之，以救解。于是严遂惧诛，亡去游，求人可以报韩傀者。

至齐，齐人或言轵深井里聂政，勇敢士也，避仇隐于屠者之间。严遂阴交于聂政，以意厚之。聂政问之曰：“子欲安用我乎？”严遂曰：“吾得为役之日浅，事今薄，奚敢有请。”于是严遂乃具酒自觞聂政母前，仲子奉黄金百镒，前为聂政母寿。聂政惊，愈怪其厚，固谢严仲子，仲子固进。而聂政谢曰：“臣有老母，家贫，客游以为狗屠，可旦夕得甘脆以养亲。亲供养备，义不敢当仲子之赐。”严仲子辟人，因为聂政语曰：“臣有仇，而行游诸侯众矣。然至齐，闻足下义甚高，故直进百金者，特以为夫人粗粝之费，以交足下之欢，岂敢以有求邪？”聂政曰：“臣所以降志辱身居市井屠者，幸以养老母。老母在前，政身未敢以许人也。”严仲子固让，聂政竟不肯受。然仲子卒备宾主之礼而去。

久之，聂政母死。既葬，除服，聂政曰：“嗟乎，政乃市井之人，鼓刀以屠，而严仲子乃诸侯之卿相也，不远千里，枉车骑而交臣。臣之所以待之者至浅矣，未有大功可以称者。而严仲子举百金为亲寿，我义不受，然是深知政也。夫贤者以感忿睚眦之意，而亲信穷僻之人，而政独安可嘿然而止乎？且前日要政，政徒以老母。老母今以天年终，政将为知己者用。”

遂西至濮阳，见严仲子曰：“前日所以不许仲子者，徒以亲在。今亲不幸而死，仲子所欲报仇者，请得从事焉。”严仲子具告曰：“臣之仇，韩相韩傀。傀又韩君之季父也，宗族盛多，居处兵卫甚设，臣使人刺之，终莫能就。今足下幸而不弃，请益其车骑壮士以为羽翼。”政曰：“韩与卫相去中间不远，今杀人之相，相又国君之亲，此其势不可以多人，多人不能无生得失，生得失则语泄，语泄则韩举国而与仲子为仇也，岂不殆哉？”

遂谢车骑人徒，辞独行，仗剑至韩。韩适有东孟之会，韩王及相皆在焉，持兵戟而卫侍者甚众。聂政直入阶，刺杀韩傀，韩傀走而抱哀侯。聂政刺之，兼中哀侯，左右大乱。聂政大呼，所击杀者数十人，因自皮面抉（jué）眼屠肠，遂以死。

韩取聂政尸暴于市，悬购之千金。久之，莫知谁。政姊荣闻之曰：“吾弟至贤，不可爱妾之躯，灭吾弟之名，非弟意也。”乃之韩，视之曰：“勇哉，气矜之隆，是其轶贲育高成荆矣。今死而无名，父母既殁矣，兄弟无有，此为我故也。夫爱身不扬弟

之名，吾不忍也。”乃抱尸而哭之，曰：“此吾弟轵深井里聂政也。”亦自杀于尸下。晋楚齐卫闻之曰：“非独聂政之能。乃其姊者，烈女也。”聂政之所以名施于后世者，其姊不避菹（zū）酢之诛以扬其名也。

（《战国策·韩策》）

新史氏曰，聂政之侠，旧史之所以称道者至矣。吾无赞焉，勉赘一言，则曰：学聂政者当学其性情之厚而已。夫其有母存不许友以死，犹普通之义也。乃茕茕一姊，而犹顾恋之，不欲以相累，乃至抉眼屠肠以绝踪仞。呜呼，何其蔼蔼然孺子耶？天下岂有天性凉薄之人，而能以侠闻者哉！

赵武灵王：史上第一位霸王

赵武灵王平日闲坐，大臣肥义在旁陪着，说道："大王是否在考虑时局的变化，权衡军队的调派，怀念赵简子、襄子的功绩，算计着胡人、狄人的长处和短处呢？" 武灵王回答道："继位不忘先人之功德，是做国君的准则；委身于国君，务求发扬国君的长处，则是为人臣子的义务。因此贤君平时应制订方便民众的政令，战时应宣扬超越先王之功业。而做臣子的，不得志时应保持谦恭有礼的操守，得志时应致力于为民着想，辅助君王的事业。这就是为君为臣的本分。现在，我想继承襄子的事业，开拓胡狄的疆土，但这恐怕终生都无法完成。征服弱者，付出少而功绩大，还不耗费民力，即可享誉先王般的功勋。但凡建功立业的人，必受世俗的责难。而具独到见解的人，必被平庸之辈所怨怼。现在我要在百姓中推行胡服骑射，必会受世人非议。" 肥义说："我听说，做事犹豫不决就不会成功，行事顾虑重重就不会有好结果。现在大王既然已决意要背弃世俗偏见，就不要理会世人非议了。凡是德行最高的人不会附和世俗庸人，而成大业者也不会与普通人一起商议讨论。从前舜跳有苗族的舞，禹也袒胸

露臂进入还不知穿衣的部落，但他们并非是去纵欲享乐，而是去宣扬道德并建立功业。愚者总是不明白已成之事，而智者则在事情萌芽之时就有所察觉，所以大王就按着自己的想法付诸实施吧。” 赵武灵王答道：“我并非对推行胡服之事有所顾虑，只是怕被天下人笑话。狂妄之人的乐趣，是智者的悲哀；愚昧之人嘲笑，贤者也担忧。若世人支持我，则‘胡服骑射’的功效不可估量。虽然举世之人都来笑话我，但我必将征服胡地和中山国。”

于是，赵武灵王穿上了胡服，并派王孙绁去通知公子成：“我已改穿胡服，并且要穿着上朝，希望叔父也穿上胡服。家事听从于父母，国事听命于国君，这是从古至今所遵循的规矩。子女不得违背父母，臣子不得违抗国君，也是先王定下的准则。今日我开始推行胡服，若叔父不从命的话，恐怕天下人会议论纷纷吧。治国要有原则，利民乃国家之本。施政也是有通则的，就是政令必须被真正落实执行。所以要施行德政，必须考虑平民百姓的利益，而政令要从贵族近臣中开始推行。推行胡服的意义并非自己纵欲享乐。事情一旦开始，成功就有了一定的基础。事成之后，政绩才能显现出来。现在我担心叔父不遵循施政通则，助长了贵族的非议。同时我听说，凡事对国家有利就是正当的，而且有贵戚支持，就不会遭人非议。因此希望仰仗叔父的威望，促成胡服之事，在此特派王孙绁请见叔父，并请改穿胡服。”公子成再次叩拜说：“我早已听说大王推行胡服之事，只是我卧病在床，行动不便，因此无法尽快前去拜见。现在大王已经下令了，我理当竭尽愚忠吧。我听说，中原是聪明睿智者居住之地，万物财富汇集之地，圣贤教化之地，仁义施行之地，诗书礼乐盛行之地，奇妙技艺展现之地，远方诸国前往观光之地，蛮夷各族效法学习之地。现在大王竟抛弃这一切去改穿落后部族的服饰，这是在改变古往今来的教导，更换从古时流传下来的准则，违背民心，使有学识的人背离中原文化，我希望大王仔细考虑此事。”

王孙绁将公子成的话报告给赵武灵王，武灵王说道：“我早已听说叔父病了。”赵武灵王随即去了公子成家，亲自解释道：“服饰是为了便于穿着，礼制是为了便于行事。因此圣贤都根据当地文化采取适宜的措施，也根据实际情况制定礼法，而这些都是为了利于民众同时使国家兴盛的举措。比如说那些瓯越人民，他们头发披散，身刺花纹，衣襟左掩；而吴国人则染黑牙齿，雕画额头，头戴鱼皮帽，衣着粗拙。礼制与服饰虽有不同，但却都是利国利民的。所以在不同地方就要采取不同的措施，对于不同情况就要使用不同的礼制。因此圣君如果认为可以利民，方法不必一致；若便于行事，礼制不必相同。儒生虽然都师从同一老师，但遵循的礼法却不尽相同，中原地区的国家虽有相同的文化，但各地的教育方式也各异，更何况是山野偏僻之地呢？文化习俗的取舍变化，即使是智者也无法使其固定为一。而来自各地的服饰，圣贤也无法使其统一相同。身处偏僻地方的人往往有着千奇百怪的风俗，而学识浅薄片面的人往往会作毫无意义的争辩。对于不了解的事物不凭空怀疑，而对于异议者也不随意反对，

这才是公正无私追求善的态度。现在叔父谈论的是传统习俗，而我谈论的是改变旧的传统习俗呀。现在，我国东有黄河、漳水，虽然与齐国和中山国共同拥有，但却没有舟船水师。从常山至代郡、上党郡，东边有燕国和东胡接壤，西边与楼烦、秦国和韩国毗邻，但没有骑兵部队守卫。所以，我准备建立舰队，训练水兵，用来防守黄河和漳水；同时让军队改穿胡服，练习骑马射箭，并将其部署在与燕国、三胡、楼烦、秦国和韩国相邻的边境。过去，简子不把自己局限在晋阳和上党郡两地，襄子则以吞并戎和代郡的方式去抵御诸胡，而无论是对于愚者还是智者来说，这些战略的好处都是显而易见的。以前，中山国依仗着齐国强大的军队，侵略我国领地，俘虏我国人民，引水围困鄗城，若没有社稷神灵保佑，鄗城差点就守不住了。虽然先王十分愤怒，但也无可奈何，这个仇到现在还没报。现今，若赵国军队改穿胡人的骑射之服，近可抵御来自上党郡的威胁，远可反攻中山报仇。可是叔父现在仍坚决维系中原旧俗，反对'胡服骑射'，而这却恰恰违背了简子、襄王的遗愿，也忘却了赵国的奇耻大辱，这并不是我对您的期望！”公子成再叩拜，并说道：“是臣愚昧无知，没有真正领会大王之意，只知陈述传统旧俗的言论。现今大王欲承继并遵循简子和襄子的遗志，我怎敢不服从命令。”说罢，他再三叩拜，于是赵武灵王将胡服赐予公子成。

赵武灵王攻克了原阳城，撤销了原阳军队的旧编制，建立骑兵，并将其作为驻扎骑兵的城邑。牛赞进谏道：“国家有固定的制度，军队有用兵的准则。更换制度易使国家变得不稳定，丢弃用兵准则将削弱军队的战斗力。现在大王攻克原阳，还将其建立为驻扎训练骑兵部队的城邑，而这正是在改变原先制度和准则。而且熟悉军队的人才能轻松迎敌，熟习器用的人才能轻松解决难题。现今大王是在改变传统习惯和器用，而这正是在损害大王您自己和削弱我国国力。所以如果没有百倍的益处，我们不应改变传统；如果没有十倍的功效，我们不应更换器械。现在大王拆散军队原先的编制，奉行‘胡服骑射’，臣担心其带来的损失大于它获得的益处。”赵武灵王回答道：“从古至今，人们所追求的利益往往是不一致的，边远地区使用的器械和我们使用的器械往往也是大不相同的。阴阳变化蕴含着不同的规律，四季有着不同的气候。因此圣贤观察时势但不受时势制约，而在掌控军队的同时也不受军队牵制。您只知官府制度，但没有意识到更换器械的真正益处。您也知道盔甲兵器的用途，但其实并不了解如何在千变万化中采取适宜措施。所以当兵器已经不适用了，有什么兵器是不可更换的呢？当行事制度不再便捷，又有什么传统是不可改变的呢？过去先君襄子时的边界与代郡接壤，在边境建了一座城名曰‘无穷之门’，就是为了昭示后世，期望他们开拓远方。现今沉重的盔甲和修长的兵器，却使兵士失去了翻山越岭的能力。若只谈仁义道德，是不足以使胡人臣服的。我曾听说忠信之人是不会放弃建功的，而智者是不会遗漏时机的。如今您维护官府体制，搅乱我‘胡服骑射’之变革，而这些不在你的知识范围内了。”牛

赞再三叩首并说道：“臣怎敢不听君令？”于是，赵武灵王将胡服赐予牛赞，并让他率骑入胡，从“遗遗之门”出发，历经千辛万苦到达榆中之地后，辟地千里。

赵武灵王二十六年，赵国再次进攻中山国，占领了北至燕国、代郡，西至云中、九原的大片土地。二十七年五月，戊申日，在东宫举行盛会，武灵王传位并立王子赵何为王。到王庙参拜完毕后，出来上朝，大夫都是臣子，肥义为相国，并且是新王的师傅，这就是赵惠文王。惠文王为惠后吴娃之子。赵武灵王自号为主父。主父期望让惠文王独自治国，而自己则身穿胡服，率领将士大夫巡视胡地，想从云中、九原朝南而下奔袭秦国。于是主父乔装成使者进入秦国，而秦昭王浑然不知，事后发觉他十分魁梧高大，不像是一般人的气度，于是派人追赶，然而主父早已飞马驰出秦国关口，仔细调查后，知道是主父，秦人大惊。而主父之所以入秦是为了亲自视察地形并观察秦王的为人。

新史氏说，自黄帝以后，中国第一霸主就是赵武灵王！中山国是春秋时期的鲜虞、赤狄中最大的部落。春秋上半期，狄人灭了邢国、卫国和温国，讨伐了周王室、齐国、晋国和鲁国，使中国百年不得宁息。往上追溯，就是黄帝时期的獯鬻，西周时期的犷、狁、犬、戎，也都是中山国的前身，祸害了中国三千年。曾经晋国人以举国之力，灭其部落，像潞、肥、鼓、廧咎如、甲氏、留吁、铎辰、鄋瞒，但唯独不能拿下鲜虞，直到赵武灵王时才将其击败。而林胡、楼烦，即以后的匈奴，也祸害中国千余年，而赵武灵王也将其摧毁了。孔子说：若没有管仲，我们会像蛮族那样披头散发，大襟左衽。而我认为若无赵武灵王，五胡乱华则很有可能早在战国时期就发生了。所以赵武灵王是我民族之大功臣，举国推行胡服，得地则改为骑邑，这就是振奋尚武精神的人。他死时能大张军国民主义，也收得不世之功。如果要在中国寻找斯巴达，当时的赵国就称得上是中国的斯巴达。微服冒险，入秦庭，来也迅疾，去也迅疾。武灵王犹如神龙！

【少年说】

赵武灵王是战国后期的君主，为了增强赵国及其军队的实力，在公元前 306 年决定推行“胡服骑射”之改革。在同一时代的亚历山大帝国已完成对埃及和波斯帝国的征服，并在亚历山大大帝去世后分裂成塞琉古帝国、托勒密和安提柯王朝，开启古希腊文明主宰地中海世界的时代。回到古代中国，那个时候的赵国不仅要与诸胡长期对峙，还要抵御来自秦韩两国的威胁。先前中原诸国的骑兵都身穿重甲，没有一定的灵活性，而胡人的骑兵则衣着轻便，机动性强，于是赵武灵王认为若改穿胡人的服饰可以大大加强赵国的军事力量。

在推行改革的同时，赵武灵王在国内也遇到许多阻力。许多人认为中原服饰是传统文化，是文明的标志，

不得随意更换，也有人认为对制度与文化做出改变时，削弱国力的概率远远比增强实力的概率要大。但赵武灵王将他们一一说服，继续大力推行改革。最终，赵国如其所愿，灭中山，大败林胡、楼烦，使赵国真正成为战国七雄之一。

【梁任公原文】

武灵王平昼闲居，肥义侍坐，曰："王虑世事之变，权甲兵之用，念简襄之迹，计胡狄之利乎？"王曰："嗣立不忘先德，君之道也。错质务明主之长，臣之论也。是以贤君静而有道民便事之教，动而有明古先世之功。为人臣者，穷有弟长辞让之节，通有补民益主之业。此两者君臣之分也。今吾欲继襄主之业，启胡翟之乡，而卒世不见也。敌弱者用力少而功多，可以无尽百姓之劳，而享往古之勋。夫有高世之功者，必负遗俗之累。有独智之虑者，必被庶人之恐。今吾将胡服骑射以教百姓，而世必议寡人矣。"肥义曰："臣闻之，疑事无功，疑行无名。今王即定负遗俗之虑，殆毋顾天下之议矣。夫论至德者不和于俗，成大功者不谋于众。昔舜舞有苗，而禹袒入裸国，非以养欲而乐志也，欲以论德而要功也。愚者暗于成事，智者见于未萌，王其遂行之。"王曰："寡人非疑胡服也，吾恐天下笑之。狂夫之乐，智者哀焉。愚者之笑，贤者戚焉。世有顺我者，则胡服之功，未可知也。虽殴世以笑我，胡地中山，我必有之。”

王遂胡服，使王孙绁（xiè）告公子成曰：“寡人胡服，且将以朝，亦欲叔之服之也。家听于亲，国听于君，古今之公行也。子不反亲，臣不逆主，先王之通谊也。今寡人作教易服而叔不服，吾恐天下议之也。夫制国有常，而利民为本。从政有经，而令行为上。故明德在于论贱，行政在于信贵。今胡服之意，非以养欲而乐志也。事有所出，功有所止。事成功立，然后德可见也。今寡人恐叔逆从政之经，以辅公叔之议。且寡人闻之，事利国者行无邪，因贵戚者名不累。故寡人愿慕公叔之义，以成胡服之功，使绁谒之叔，请服焉。”公子成再拜曰：“臣固闻王之胡服也，不佞寝疾，不能趋走，是以不先进。王今命之，臣固敢竭其愚忠。臣闻之，中国者，聪明睿智之所居也，万物财货之所聚也，圣贤之所教也，仁义之所施也，诗书礼乐之所用也，异敏技艺之所试也，远方之所观赴也，蛮夷之所义行也。今王释此而袭远方之服，变古之教，易古之道，逆人之心，畔学者，离中国，臣愿大王图之。”

使者报王，王曰：“吾固闻叔之病也。”即之公叔成家自请之曰：“夫服者所以便用也。礼者所以便事也。是以圣人观其乡而顺宜，因其事而制礼。所以利其民而厚其国也。被发文身，错臂左衽，瓯

越之民也。黑齿雕题，鳀（tí）冠秫缝，大吴之国也。礼服不同，其便一也。是以乡异而用变，事异而礼易。是故圣人苟可以利其民，不一其用。果可以便其事，不同其礼。儒者一师而礼异，中国同俗而教离，又况山谷之便乎？故去就之变，智者不能一。远近之服，贤圣不能同。穷乡多异，曲学多辨。不知而不疑，异于己而不非者，公于求善也。今卿之所言者俗也，吾之所言者，所以制俗也。今吾国东有河薄洛之水，与齐中山同之，而无舟楫之用。自常山以至代上党，东有燕东胡之境，西有楼烦秦韩之边，而无骑射之备。故寡人且聚舟楫之用，求水居之民，以守河薄洛之水；变服骑射，以备燕参胡楼烦秦韩之边。且昔者简主不塞晋阳以及上党，而襄主兼戎取代以攘诸胡，此愚智之所明也。先时中山负齐之强兵，侵掠吾地，系累吾民，引水围鄗（hào），非社稷之神灵，即鄗几不守。先王忿之，其怨未能报也。今射骑之服，近可以备上党之形，远可以报中山之怨。而叔也顺中国之俗，以逆简襄之意，恶便服之名，而忘国事之耻，非寡人所望于子。”公子成再拜稽首曰：“臣愚，不达于王之议，敢道世俗之闻。今欲继简襄之意，以顺先王之志，臣敢不听令。”再拜。乃赐胡服。

（《战国策·赵策》）

王破原阳，以为骑邑。牛赞进谏曰：“国有固籍，兵有常经。变籍则乱，失经则弱。今王破原阳，以为骑邑，是变籍，而弃经也。且习其兵者轻其敌，便其用者易其难。今民便其用而王变之，是损君而弱国也。故利不百者不变俗，功不什者不易器。今王破卒散兵以奉骑射，臣恐其攻获之利，不如所失之费也。”王曰：“古今异利，远近易用。阴阳不同道，四时不一宜。故贤人观时而不观于时，制兵而不制于兵。子知官府之籍，不知器械之利。知甲兵之用，不知阴阳之宜。故兵不当于用，何兵之不可易。教不便于事，何俗之不可变。昔者先君襄主与代交地城境，封之名曰无穷之门，所以诏后而期远也。今重甲循兵，不可以逾险。仁义道德，不可以来朝。吾闻信不弃功，智不遗时。今子以官府之籍，乱寡人之事，非子所知。”牛赞再拜稽首曰：“臣敢不听令乎？”王遂胡服，率骑入胡，出于遗遗之门，逾九限之固，绝九径之险，至榆中，辟地千里。

（《战国策·赵策》）

二十六年，复攻中山，攘地北至燕代，西至云中九原。二十七年五月，戊申，大朝于东宫，传国，立王子何以为王。王庙见礼毕，出临朝，大夫悉为臣，肥义为相国，并傅王，是为惠文王。惠文王，惠后吴娃子也。武灵王自号为主父。主父欲令子主治国，而身胡服，将士大夫西北略胡地，而欲从云中九原直南袭秦。于是诈自为使者入秦，秦昭王不知，已而怪其状甚伟，非人臣之度，使人逐之，而主父驰已脱关系。审问之，乃主父也。秦人大惊。主父所以入秦者，欲自略地形，因观秦王之为人也。

（《史记·赵世家》）

新史氏曰，自黄帝以后，数中国第一雄主，其武灵王哉！其武灵王哉！中山者，春秋之鲜虞赤狄最大部落也。春秋上半期，狄灭邢，灭卫，灭温，伐周，伐齐，伐晋，伐鲁，使中国百年无宁息者，此族也。推而上之，则黄帝以来之獯（xūn）鬻，周之猃狁（yǔn）犬戎，亦此族也，为中国病者已三千年。晋人以举国之力，灭其部落，若潞，若肥，若鼓，若廧（qiáng）咎如，若甲氏，若留吁，若铎辰，若鄋（sōu）瞞，而独不能得志于鲜虞。至武灵王乃犁其庭而扫其穴也。林胡楼烦者，此后之匈奴也，为中国患者亦千余岁，而武灵王预摧其虺（huǐ）而伐其孽也。孔子曰：微管仲，吾其被发左衽。吾以为靡赵武灵王，则五胡之祸，竟见于战国之际，未可知也。故武灵王实我族之大功臣也。举朝实行胡服，得地改为骑邑，其所以振厉尚武精神者至矣。卒能大张军国主义，收不世之功。若于中国求斯巴达，则其时之赵当之矣。乃至微服冒险，入秦庭，倏忽而来，倏忽而逝。呜呼！武灵王其犹龙乎！

蔺相如：完璧归赵

廉颇是赵国的一名猛将。公元前 283 年，廉颇作为赵国将军，带兵伐齐，大败齐军，攻取晋阳，被赵惠文王封为上卿。从此，他以勇气扬名于诸侯之间。

蔺相如是赵国人，是赵国宦官首领缪贤的门客。

赵惠文王得到了楚人的和氏璧。秦昭王听闻这件事，就派人给赵王送来一封书信，表示愿意用十五座城池交换和氏璧。赵王与大将廉颇及诸位大臣商议：如若把玉璧给秦国，秦城恐怕不可能得到，空受欺骗；如果不给秦王，又恐秦国前来攻打。没有合适的解决办法，派往秦国回复的使者也未能找到。宦官缪贤说："我的门客蔺相如可以出使。"赵王问他如何知道蔺相如可以出使。缪贤答道："臣曾经有罪，私下计划逃亡燕国。臣的门客相如阻止臣说，君何以知燕王？臣说，臣曾经跟从大王与燕王会聚于国境上，燕王私下握臣手说，愿结友。以此知之，因此欲往。蔺相如对臣说，那时赵强而燕弱，而君得赵王宠幸，故燕王欲与君结交。如今君乃从赵逃往燕国，燕国敬畏赵国，燕王势必不敢留君，反而会束君归赵。君不如脱掉上衣，露出肩背，伏在斧刃之下请

求治罪，这样也许能侥幸逃脱。臣听从其计，大王也赦免了臣。臣私下以为其人勇士，有智有谋，宜可使。”

于是，赵王召见蔺相如，问道：“秦王以十五城请求交换我的和氏璧，能否给他？”蔺相如说：“秦国强而赵国弱，不能不答应。”赵王说：“得了我的宝璧却又不给我城邑，怎么办？”蔺相如说：“秦请求以城换璧而赵不同意，赵国理亏；赵予璧而秦不予赵城，秦国理亏。衡量一下两种对策，宁可答应，而让秦国理亏。”赵王说：“谁可以前往？”蔺相如说：“大王如果无人可派，臣愿护宝璧前往出使。城邑归属赵国了，就把宝璧留给秦国；城邑不能归赵国，我一定把和氏璧完好地带回赵国。”于是，赵王派遣蔺相如护宝璧向西入秦。

秦王坐在章台上接见蔺相如，蔺相如捧着和氏璧禀奏秦王，秦王大喜过望，传宝璧给妻妾侍从观赏，侍从们高呼万岁。蔺相如见秦王无意以城偿赵，就走向前说：“璧有瑕，请指示王。”秦王将璧给了蔺相如，相如持璧而立，倚柱，怒发冲冠，对秦王说：“大王欲得璧，使人发书至赵王。赵王召集群臣商议，大家都说，秦贪得无厌，靠着它的强大，以空口白言求璧，想要得到城恐怕不可能。结果是不欲予秦璧。臣以为百姓相交，尚且不相欺，何况是大国呢？况且以一璧之故，违逆强秦，不可取。于是赵王乃斋戒五日，命令臣捧着璧，在朝廷上恭敬地拜送国书。为什么呢？是尊重大国威严，以表示敬意啊！如今臣到了秦国，大王在普通的高台上接见我，礼节倨傲，得到宝璧后，您径直传给了妻妾侍从，以此来戏弄臣。臣见大王无意以城邑补偿赵国，因此重新拿回玉璧。大王如果硬要逼我，我就带着玉璧一头撞死在柱子上。”蔺相如执玉璧睨视柱子，欲以头、玉璧击柱。秦王害怕撞碎了玉璧，于是向他致歉，请求他的原谅，召集有司拿来地图，指出交换给赵国的十五座城。蔺相如估计秦王不过是以城邑为饵，欺骗赵国，城邑事实上是无法得到的，就对秦王说：“和氏璧乃天下至宝，赵王畏惧贵国，不敢不献，赵王送璧之时，斋戒五日，今大王亦应斋戒五日，于殿堂之上安排九宾大典，臣才敢献上宝璧。”秦王估摸着不可强夺，于是斋戒五日，安排蔺相如居住于广成传舍。蔺相如估计秦王虽已斋戒，但必然负约不予城池，于是令他的使者穿上粗布衣裳带着玉璧，抄小道，把玉璧带回赵国。

秦王斋戒五日后，便于殿堂之上设立九宾大典，宴请赵国使者蔺相如。蔺相如到了以后，对秦王说：“秦自秦缪公以来二十余君，从未有诚实遵守契约的，臣恐被大王欺骗而有负赵王，因此已经令人带着玉璧抄小路回国了。况且秦国强而赵国弱，大王只要派遣一位使臣到赵国，赵国立即就会把玉璧送来。如今以秦国的强大，把十五座城池割让给赵国以后，赵国岂敢留璧而得罪大王？臣知道欺骗大王其罪当诛，臣情愿接受汤镬之刑，只希望大王和各位大臣从长计议此事。”秦王和大臣们面面相觑，只得苦笑。侍从欲拉蔺相如去受刑，秦王趁机说：“今杀相如，终究得不到玉璧，反而破坏秦赵两国之间的交情，不如趁机好好款待他，令他回到赵国，赵王岂会以一璧之故而欺骗秦国？”最终于殿堂上隆重接见相

如，礼毕而送其归。

相如归国后，赵王认为他是一位德才兼备的贤大夫，出使诸侯国而又不辱使命，于是拜相如为上大夫。此后秦国并没有把城邑给赵国，赵国也始终不给秦国宝璧。

在这之后，秦国举兵讨伐赵国，夺石城。第二年，又攻赵，杀两万余人。秦王令使者告诉赵王，欲与赵王交好，会于西河外的渑池。赵王畏秦，不欲前往。廉颇、蔺相如献计，说："大王若不去，就显得赵国胆怯且兵力弱小。"赵王于是赴约前去，蔺相如跟从。廉颇送他们直到边境，与赵王诀别："大王此行，估计会谈结束，返回赵国，不过三十日，若三十日未归，就请您允许我们立太子为王，以断绝秦国要挟的期望。"赵王许可，于是与秦王在渑池相会。

秦王饮酒至酒兴正浓，说："寡人听说赵王擅长音律，请奏瑟一曲。"赵王鼓瑟后，秦国史官上前写道："某年月日，王与赵王会饮，令赵王鼓瑟。"蔺相如上前，说："赵王听说秦王擅长秦声，请献上盆缻给秦王，以相娱乐。"秦王怒，不肯，于是相如上前进献缻，下跪恳请秦王演奏。秦王不肯击缻，相如说："五步之内，相如请得以颈血溅大王矣。"秦王的侍从欲拔剑杀了蔺相如，相如瞪圆双目，大声呵斥，侍从们都被吓退。于是秦王不得已，击了一声缻。相如召赵国的史官写道："某年月日，秦王为赵王击缻。"秦国群臣说："请以赵国十五城为秦王祝寿。"蔺相如也说："请以秦国的咸阳为赵王祝寿。"直至酒宴结束，秦终不能胜赵。赵国也设兵严阵以待，秦国不敢轻举妄动。

酒宴既罢，赵王归国后，因蔺相如功大，拜其为上卿，官位高于廉颇。廉颇说："我为赵将，有攻城野战之功，而蔺相如只以口舌之功，官位就在我之上，况且蔺相如本出身卑贱，我感到羞耻，无法容忍官位在其之下。"宣布道："我见到蔺相如必羞辱他一番。"蔺相如听闻此事，便不与廉颇相遇，每次朝会，也称病不上朝，不欲与廉颇一争高低。没过多久，蔺相如外出，望见廉颇，就掉转车子回避。

于是蔺相如的门客就向蔺相如进谏说："臣之所以去亲戚而侍奉君，是因慕君之高尚。如今您与廉颇官位相同，廉颇传出坏话，而君畏匿他，胆怯太过，一般人尚且感到羞耻，何况是身为将相者！臣等没有出息，请让我们离开吧！"蔺相如坚决地挽留他们，说："诸位认为廉将军和秦王相比，谁更厉害？"他们说："廉将军不如秦王。"蔺相如说："以秦王的威势，而我尚敢于朝廷之上斥责他，羞辱他的群臣，我虽然无能，怎么会怕廉将军！但是我想，强秦之所以不敢对赵国用兵，就是因为有我们两人。今我俩相斗，就如两猛虎争斗，势必不能同时生存。我之所以忍让，就是先考虑国家的安危，后考虑个人的私怨罢了！"

廉颇听闻此事，脱去上衣，露出上身，背着荆鞭，由宾客引领，来到蔺相如门前请罪，说："我是粗野卑贱的人，不料将军的胸怀如此宽大！"二人和好，结为生死之交。

太史公说：知死而不畏惧，必有勇气；死并非难事，怎样对待死才难。当蔺相如手举宝璧睨视庭柱，呵斥秦王侍从时，最坏不过一死，然而普通人往往因为胆小懦弱而不敢如此，相如一旦鼓起勇气，其威力就压倒敌国。后来又对廉颇谦逊退让，其声誉重于泰山，他处事中表现的智慧和勇气，可谓兼而有之啊！

新史氏说，欲知权利思想是何物者，请看蔺相如。欲知权利思想与国家的关系者，请看蔺相如时期的赵国。太史公讲述的蔺相如的事迹，字字跃然纸上，我重复赞扬，不过是画蛇添足罢了。我拜读之后内心澎湃，有一句话刻骨铭心，是蔺相如所说的“先国家之急而后私仇也”。这才是英雄豪杰啊！这才是圣贤之人啊！亡国之时，为何没有人才？是因他们皆先顾私人恩怨，再想国家大事。过往的豪杰虽已不再，今人仍在路上，悲夫！

【少年说】

时间已到了战国晚期，各国之间的竞争愈加激烈，相互攻伐、吞并土地人民。本文所述的故事发生六十年之后，赵国等东方六国就全部被秦国武力征服了。而在本文的故事发生之时，天下走势还未可知，可能延续多国体系，也可能被某个强国所统一，这个强国未必就是秦国，当时，也可能是楚国或齐国。

“完璧归赵”“负荆请罪”“刎颈之交”的典故皆出自这个故事，蔺相如凭借自己的聪明才智与秦王周旋，保全本国利益；廉颇敢于承认自己的错误，与蔺相如化干戈为玉帛，加强了国内的安定团结，成就一段千古佳话，此二人身上都有值得后人敬佩和学习的地方。这也说明，春秋时期遗留下来的贵族风范此时依然存在。

【梁任公原文】

廉颇者，赵之良将也。赵惠文王十六年，廉颇为赵将，伐齐，大破之，取晋阳，拜为上卿，以勇气闻于诸侯。

蔺相如者，赵人也。为赵宦者令缪贤舍人。

赵惠文王时，得楚和氏璧。秦昭王闻之，使人遗赵王书，愿以十五城请易璧。赵王与大将军廉颇诸大臣谋：欲予秦，秦城恐不可得，徒见欺；欲勿予，即患秦兵之来。计未定，求人可使报秦者，未得。宦者令缪贤曰："臣舍人蔺相如可使。"王问何以知之，对曰："臣尝有罪，窃计欲亡走燕。臣舍人相如止臣曰：君何以知燕王？臣语曰：臣尝从大王与燕王会境上，燕王私握臣手曰：愿结友。以此知之，故欲往。相如谓臣曰：夫赵强而燕弱，而君幸于赵王，故燕王欲结于君。今君乃亡赵走燕，燕畏赵，其势必不敢留君，而束君归赵矣。君不如肉袒伏斧质请罪，则幸得脱矣。臣从其计，大王亦幸赦臣。臣窃以为

其人勇士，有智谋，宜可使。”

于是王召见，问蔺相如曰：“秦王以十五城请易寡人之璧，可予不？”相如曰：“秦强而赵弱，不可不许。”王曰：“取吾璧不予我城，奈何？”相如曰：“秦以城求璧而赵不许，曲在赵。赵予璧而秦不予赵城，曲在秦。均之二策，宁许以负秦曲。”王曰：“谁可使者？”相如曰：“王必无人，臣愿奉璧往使。城入赵而璧留秦，城不入，臣请完璧归赵。”赵王于是遂遣相如奉璧西入秦。

秦王坐章台见相如，相如奉璧奏秦王，秦王大喜，传以示美人及左右。左右皆呼万岁。相如视秦王无意偿赵城，乃前曰：“璧有瑕，请指示王。”王授璧，相如因持璧却立，倚柱，怒发上冲冠，谓秦王曰：“大王欲得璧，使人发书至赵王。赵王悉召群臣议，皆曰：秦贪，负其强，以空言求璧，偿城恐不可得。议不欲予秦璧。臣以为布衣之交，尚不相欺，况大国乎？且以一璧之故，逆强秦之欢，不可。于是赵王乃斋戒五日，使臣奉璧，拜送书于庭。何者？严大国之威，以修敬也。今臣至，大王见臣列观，礼节甚倨，得璧，传之美人，以戏弄臣。臣观大王无意偿赵王城邑，故臣复取璧。大王必欲急臣，臣头今与璧俱碎于柱矣。”相如持其璧睨柱，欲以击柱。秦王恐其破璧，乃辞谢固请，召有司案图，指从此以往十五都予赵。相如度秦王特以诈佯为予赵，城实不可得，乃谓秦王曰：“和氏璧，天下所共传宝也，赵王恐，不敢不献。赵王送璧时，斋戒五日，今大王亦宜斋戒五日，设九宾于庭，臣乃敢上璧。”秦王度之终不可强夺，遂许斋五日，舍相如广成传舍。相如度秦王虽斋，决负约不偿城，乃使其从者衣褐怀其璧，从径道亡，归璧于赵。

秦王斋五日后，乃设九宾礼于庭，引赵使者蔺相如。相如至，谓秦王曰：“秦自缪公以来二十余君，未尝有坚明约束者也。臣诚恐见欺于王而负赵，故令人持璧归间至赵矣。且秦强而赵弱，大王遣一介之使至赵，赵立奉璧来。今以秦之强，而先割十五都予赵，赵岂敢留璧而得罪于大王乎？臣知欺大王之罪当诛，臣请就汤镬。唯大王与群臣熟计议之。”秦王与群臣相视而嘻，左右或欲引相如去，秦王因曰：“今杀相如，终不能得璧也，而绝秦赵之欢。不如因而厚遇之，使归赵，赵王岂以一璧之故欺秦邪？”卒廷见相如，毕礼而归之。

相如既归，赵王以为贤大夫，使不辱于诸侯，拜相如为上大夫。秦亦不以城予赵，赵亦终不予秦璧。

其后秦伐赵，拔石城。明年，复攻赵，杀二万人。秦王使使者告赵王，欲与王为好，会于西河外渑池。赵王畏秦，欲毋行。廉颇、蔺相如计曰：“王不行，示赵弱且怯也。”赵王遂行，相如从。廉颇送至境，与王诀曰：“王行，度道里会遇之礼毕，还，不过三十日。三十日不还，则请立太子为王，以绝秦望。”王许之，遂与秦王会渑池。

秦王饮酒酣，曰：“寡人窃闻赵王好音，请奏瑟。”赵王鼓瑟，秦御史前书曰：“某年月日，秦王与赵王会饮，令赵王鼓瑟。”蔺相如前曰：“赵王窃闻秦王善为秦声，请奉盆缻（fǒu）秦王，以相娱乐。”秦王怒，不许，于是相如前进缻，因跪请秦王。秦王不肯击缻，相如曰：“五步之内，相如请得以颈血溅大王矣。”左右欲刃相如，相如张目叱之，左右皆靡。于是秦王不怿（yì），为一击缻。相如顾召赵御史书曰：“某年月日，秦王为赵王击缻。”秦之群臣曰：“请以赵十五城为秦王寿。”蔺相如亦曰：“请以秦之咸阳为赵王寿。”秦王竟酒，终不能加胜于赵。赵亦盛设兵以待秦，秦不敢动。

既罢，归国。以相如功大，拜为上卿，位在廉颇之右。廉颇曰：“我为赵将，有攻城野战之大功，而蔺相如徒以口舌为劳，而位居我上。且相如素贱人，吾羞，不忍为之下。”宣言曰：“我见相如，必辱之。”相如闻，不肯与会。相如每朝时，常称病，不欲与廉颇争列。已而相如出，望见廉颇，相如引车避匿。

于是舍人相与谏曰：“臣所以去亲戚而事君者，徒慕君之高义也。今君与廉颇同列，廉君宣恶言，而君畏匿之，恐惧殊甚。且庸人尚羞之，况于将相乎？臣等不肖，请辞去。”蔺相如固止之曰：“公之视廉将军，孰与秦王？”曰：“不若也。”相如曰：“夫以秦王之威，而相如廷叱之，辱其群臣。相如虽驽，独畏廉将军哉？顾吾念之，强秦之所以不敢加兵于赵者，徒以吾两人在也。今两虎共斗，其势不俱生。吾所以为此者，以先国家之急而后私仇也。”

廉颇闻之，肉袒负荆，因宾客至蔺相如门，谢罪曰：“鄙贱之人，不知将军宽之至此也。”卒相与欢，为刎颈之交。

太史公曰：知死必勇，非死者难也，处死者难。方蔺相如引璧睨柱及叱秦王左右，势不过诛。然士或怯懦而不敢发，相如一奋其气，威信敌国。退而让颇，名重太山。其处智勇，可谓兼之矣。

（《史记·廉颇蔺相如列传》）

新史氏曰，欲识权利思想之为物者，请视蔺相如矣。欲识权利思想与国家之关系者，请视蔺相如时代之赵国矣。太史公述相如事，字字飞跃纸上，吾重赞之，其蛇足也。顾吾读之而怦怦然，刻入于余心者，一言焉，则相如所谓先国家之急而后私仇也。呜呼！此其所以豪杰欤！此其所以圣贤欤！彼亡国之时代，曷尝无人才，其奈皆先私仇而后国家之急也。往车屡折，来轸方道，悲夫。

侯嬴、信陵君、朱亥：招贤救赵

魏国有一位名叫侯嬴的隐士，已经七十岁了，家境贫寒，是都城大梁东门的守门人。信陵君听说了这个人，去请他做自己的门客，想要赠予他贵重的礼物，侯嬴不肯接受，说道："我修身养性，洁身自好几十年了，终归不能因为以担守门之职家中贫苦作为理由，就接受公子的钱财。"信陵君于是就摆下酒席，大宴宾客。宾客坐下后，信陵君坐着马车，空出左边的位置，亲自迎接东门的侯嬴。侯生穿着破旧的衣服，径直走上马车坐在信陵君的上座，丝毫不礼让，想以此来观察信陵君的态度，信陵君驾车愈发恭敬。侯生又对信陵君说："我有一个客人是市井里的屠夫，希望能让马车绕道去看望他。"信陵君驾车进入集市，侯生下车看望他的朋友朱亥。侯生斜眼看着信陵君，故意站了很久，和他的客人说话，偷偷地观察信陵君，信陵君的神色愈发谦和。在这个时候，魏国的将相、宗室、宾客济济一堂，等待信陵君回来举起酒杯开始宴会。集市里的人都看到信陵君驾着马车，随从也都私下骂侯生。侯生看到信陵君的神色始终不变，于是辞别客人上车。到了家中，信陵君带着侯生坐在上座，向所有宾客称赞侯生，宾客们都感到惊讶。喝酒喝到尽兴的时候，信陵君起身向侯生敬酒致礼，侯生趁机对信陵君说道："我今天把公子折腾够了。我就是一个守门人，但是公子屈尊驾车，亲自在大庭广众之下迎接我，公子本不应该经过这里，现在公子竟特意经过。我也想要成就公子的名声，所以故意让公子的车马停在集市里很久，让来往的人可以看到公子。公子愈加谦恭，市井中的老百姓都认为我侯嬴是小人，而认为公子是长者，能礼贤下士。"宴会结束后，侯生被奉为上宾。

侯生对信陵君说道："我所拜访的屠夫朱亥，这个人是贤士，世人不明白其过人之处，所以隐居在屠户之中。"信陵君去请了好几次，朱亥故意不予回复，信陵君感到这个人很奇怪。

魏安釐王二十年，秦昭王已经击破了赵国长平的军队，又进兵围困邯郸城。信陵君的姐姐是赵惠文王的弟弟平原君的夫人，几次写信给魏王和信陵君，请求从魏国获得救助。魏王派遣将军晋鄙率领十万兵马救援赵国。秦王派遣使者告诉魏王说："我攻打赵国，就快要攻下了，诸侯国中有敢救赵国的，攻下赵国后，我一定调兵先去攻打它。"魏王感到害怕，派人阻止晋鄙进军。晋鄙将军队留在邺城扎营，名为救援赵国，实则是保持两边观望的态度。平原君派遣的使者接连到达魏国，指责信陵君说："我赵胜之所以与你联姻，是仰慕公子重义，能够解救告急的人的困境。现在邯郸降秦就在朝夕之间，但是魏国发了救兵又不到，公子哪里能解救人的困境呢？公子即使不在乎我赵胜，抛弃我让邯郸降秦，

难道不可怜公子自己的姐姐吗？”信陵君为此很焦虑，屡次向魏王请求救援赵国，又让门客辩士多方游说魏王，魏王害怕秦国，始终不听信陵君的劝说。信陵君自己思忖始终不能从魏王这里获得救援，想着不能独自偷生，而使赵国灭亡，于是请门客准备车骑百余乘。想要和门客一起去和秦军交战，与赵国共存亡。

信陵君走过东门，拜见侯生，详细地告诉他想要与秦军死战的缘由，告辞诀别而行。侯生说：“公子好自为之吧，老臣不能跟随了。”信陵君走了几里，心中不快，说道：“我待侯生可以说是很周到了，天下没有不知道的。现在我就要死了，而侯生没有一言半辞要送我的，我难道做错什么了吗？”于是，又驾车回去询问侯生，侯生笑道：“我就知道公子要回来。”侯生接着说道：“公子礼贤下士，名闻天下，现在有了难处，没有其他的办法，只想去找秦军赴死，这就好像用肉投喂给饥饿的老虎，有什么用处呢？那些门客又有什么用呢？但是公子对我情深义重，公子走了但是我不送行，是因为知道公子会懊恼地返回。”信陵君再拜行礼，借机问侯生，于是，侯生屏退旁人悄悄说道：“我听说晋鄙的兵符，平常放在魏王的卧室里，而如姬最得魏王宠幸，出入魏王的卧室里，有能力窃取兵符。我听说如姬的父亲被别人所杀，如姬悬赏三年，自魏王以下，都想要报她父亲的仇，没有人能够做到。如姬向公子哭诉，公子请了刺客斩下了她仇人的头，敬献给了如姬，如姬想要报答公子，死而无怨，只担心没有机会罢了。公子真的开口请求如姬，如姬肯定会答应，公子就能得到虎符，夺取晋鄙的军权，向北救助赵国向西抵御秦国，这是五霸的功业。”信陵君听从了侯生的计策，请求如姬，如姬果然盗了晋鄙的兵符给信陵君。

信陵君出发了，侯生说道：“将在外，主令有所不受，以利于国家。公子如果合并兵符，然而晋鄙不给公子军队，再次向国君核实，事态就危急了。我的客人屠夫朱亥，可以一同前往。这个人是大力士，晋鄙听从公子，那再好不过；否则，可以让朱亥击杀他。”信陵君听了这些话哭了起来，侯生问道：“公子怕死吗？为什么哭呢？”信陵君说道：“晋鄙是魏国勇悍的老将，我是担心去了他不听，一定要杀了他，因此难过地哭泣，怎么会怕死呢？”于是，信陵君去请朱亥，朱亥笑着说：“我只是市井里拿刀的屠夫，但是公子数次亲自慰问，我不答谢的原因是认为小的礼节没有用处。现在公子有了急事，这正是我效命的时候了。”于是和信陵君一同前去。信陵君谢过侯生，侯生说：“我本应当跟从，可是老了不能够了，我会数着公子出行的日子，您到了晋鄙的军队的日子，我会向北刎颈而死来为公子送行。”信陵君于是出发。

到了邺城，信陵君假托魏王的命令，取代晋鄙。晋鄙合起虎符，但对此感到怀疑，举起手看着信陵君说：“现在我拥有十万大军之众，屯扎在边境上，这关系到整个国家的重任，现在一骑单车就来取代我，这是怎么回事啊？”想要不听信陵君的话，朱亥袖中带着四十斤重的铁锥，飞锥击杀了晋鄙。于是信陵君率领晋鄙的军队，整肃兵士，在军中下令道：“父子都在军中的，父亲回去；兄弟都在军中的，兄长回去；家

中独子没有兄弟的，回去赡养父母。”最终得到挑选过的精兵八万人，进军攻击秦军。秦军撤围离去，于是救下了邯郸，使赵国得以存活。赵王和平原君亲自在国境迎接信陵君，平原君背着箭筒和箭矢为信陵君在前引导。赵王再次行礼说道："自古以来的贤人，没有能和公子相比的。”在这时候，平原君不敢拿自己和别人比了。

信陵君和侯生诀别后，到了军中，侯生果然面向北方自刎而死。

新史氏说，以一人之生死拯救万乘国家于危难之际，古今中外能有几人？读过西方历史的人，都会称赞法国的圣女贞德，跟侯生相比，她又算得了什么？侯生真乃绝世奇人啊！然而如果不是信陵君仁义，又怎能得此人才？信陵君完全拥有武德精神，礼贤下士，舍弃千乘之位，深入虎穴解救朋友于危急之中，谁能比得上？后世将他同平原君、孟尝君、春申君并列，就足以证明他的贤能。

【少年说】

在战国后期，各诸侯国面临着日渐强大的秦国所带来的威胁和压迫，掀起了一股后世人称的“养士之风”。各国诸侯面对亡国的压力，开始广罗人才，招揽贤士以扩张自己的势力，意图挽救国家于危亡之中。这样的一批人才，就是“士”，也就是人们常说的食客或者门客。他们一般没有自己的本职工作，由诸侯供养，吃穿住行都由诸侯出资解决，这也导致“食客”在当时成为一个热门的“职业”。很多有才能的人都想尽办法引起诸侯的注意，为他们出谋划策，换取安逸的生活。在这群供养食客的人中，其中有四人——魏信陵君魏无忌、楚春申君黄歇、齐孟尝君田文、赵平原君赵胜——被称为“战国四公子”。他们因求贤若渴，礼贤下士，几乎来者不拒的风格和识人善用的智慧，将数量庞大的食客招揽至门下，并借此使自己的名号广为人知，成为当时叱咤风云的煊赫人物。其中的魏信陵君无忌正是本文里的信陵君。

文中的信陵君在击破了秦国围困赵都邯郸的大军后，因为害怕回国后因击杀本国将军而被当时魏国的国君魏安釐王治罪，率自己的门客在赵国滞留了十年。后秦将蒙骜率军攻打魏国，数败魏师。信陵君在他人劝谏下回到魏国，联合其余各诸侯国，击退秦军，从此声名大振，并撰写了著名的《魏公子兵法》。但魏安釐王却受了秦王的离间，忌惮起信陵君。于是，信陵君从此称病不再上朝，日日在家中饮酒笙歌，在公元前 243 年因酗酒过度而亡。

信陵君救赵发生于公元前 257 年。同年，曾于长平之战坑杀四十万赵国降卒的秦国名将白起被秦王赐剑自杀。他与战国时代的另外三位著名将领王翦、廉颇、李牧并称为“战国四大名将”，《千字文》中也赞颂“起翦颇牧，用军最精”。

同时，这是一个古代历史上大国崛起的时代。此时的海外世界，罗马共和国和古迦太基的互相倾轧，而希腊文明已经彻底衰落下去，成为西方世界当时新旧两代霸主的角逐舞台，罗马和迦太基都试图在爱琴海及希腊半岛一带的海面击败对方，或稳固自己的霸主地位，或夺取海上霸权，成为新一代的霸主。此时的罗马与迦太基正处于第一次布匿战争期间。罗马一方面向撒丁岛进攻，试图将统治权由迦太基手中夺下；另一方面与迦太基人在西西里岛上展开了廷达里斯战役。最终，盖乌斯·阿蒂里乌斯·雷古鲁斯率领的罗马舰队在海上击败了迦太基，并将迦太基人作为基地的廷达里斯纳入囊中。

【梁任公原文】

魏有隐士曰侯嬴，年七十，家贫，为大梁夷门监者。信陵君闻之，往请。欲厚遗之，不肯受。曰："臣修身洁行数十年，终不以监门困故，而受公子财。"公子于是乃置酒大会宾客，坐定，公子从车骑，虚左，自迎夷门侯生。侯生摄弊衣冠，直上载公子上坐，不让，欲以观公子。公子执辔愈恭。侯生又谓公子曰："臣有客在市屠中，愿枉车骑过之。"公子引车入市，侯生下见其客朱亥。俾倪故久立，与其客语，微察公子，公子颜色愈和。当是时，魏将相宗室宾客满堂，待公子举酒。市人皆观公子执辔，从骑皆窃骂侯生。侯生视公子色终不变，乃谢客就车。至家，公子引侯生坐上座，遍赞宾客，宾客皆惊。酒酣，公子起为寿侯生前。侯生因谓公子曰："嬴之为公子亦足矣。嬴乃夷门抱关者也，而公子亲枉车骑，自迎嬴于众人广座之中，不宜有所过，今公子故过之，然嬴欲就公子之名，故久立公子车骑市中，过客以观公子。公子愈恭，市人皆以嬴为小人，而以公子为长者，能下士也。"于是罢酒，侯生遂为上客。

侯生谓公子曰："臣所过屠者朱亥，此子贤者，世莫能知，故隐屠间耳。"公子往数请之，朱亥故不复谢。公子怪之。

魏安釐王二十年，秦昭王已破赵长平军，又进兵围邯郸。公子姊为赵惠文王弟平原君夫人，数遗魏王及公子书，请救于魏。魏王使将军晋鄙将十万众救赵。秦王使使者告魏王曰："吾攻赵，旦暮且下，而诸侯敢救者，已拔赵，必移兵先击之。"魏王恐，使人止晋鄙，留军壁邺，名为救赵，实持两端以观望。平原君使者冠盖相属于魏，让魏公子曰："胜所以自附为婚姻者，以公子之高义，为能急人之困。今邯郸旦暮降秦，而魏救不至，安在公子能急人之困也？且公子纵轻胜，弃之降秦，独不怜公子姊邪？"公子患之，数请魏王，及宾客辨士说王万端，魏王畏秦，

终不听公子。公子自度终不能得之于王，计不独生，而令赵亡，乃请宾客约车骑百余乘，欲以客往赴秦军，与赵俱死。

行过夷门，见侯生，具告所以欲死秦军状，辞决而行。侯生曰："公子勉之矣，老臣不能从。"公子行数里，心不快，曰："吾所以待侯生者备矣，天下莫不闻。今吾且死，而侯生曾无一言半辞送我，我岂有所失哉？"复引车还问侯生，侯生笑曰："臣固知公子之还也。"曰："公子喜士，名闻天下，今有难，无他端，有欲赴秦军，譬若以肉投馁虎，何功之有哉？尚安事客？然公子遇臣厚，公子往而臣不送，以是知公子恨之复返也。"公子再拜，因问侯生，乃屏人间语曰："嬴闻晋鄙之兵符，常在王卧内。而如姬最幸，出入王卧内，力能窃之。嬴闻如姬父为人所杀，如姬资之三年，自王以下，欲求报其父仇，莫能得。如姬为公子泣，公子使客斩其仇头，敬进如姬，如姬之欲为公子死无所辞，顾未有路耳。公子诚一开口请如姬，如姬必许诺，则得虎符，夺晋鄙军，北救赵而西却秦，此五霸之伐也。"公子从其计，请如姬，如姬果盗晋鄙兵符与公子。

公子行，侯生曰："将在外，主令有所不受，以便国家。公子即合符，而晋鄙不授公子兵。而复请之，事必危矣。臣客屠者朱亥，可与俱。此人力士，晋鄙听，大善。不听，可使击之。"于是公子泣，侯生曰：

"公子畏死邪？何泣也？"公子曰："晋鄙嚄唶宿将，往恐不听，必当杀之，是以泣耳，岂畏死哉？"于是公子请朱亥，朱亥笑曰："臣乃市井鼓刀屠者，而公子亲数存之，所以不报谢者，以为小礼无所用。今公子有急，此乃臣效命之秋也。"遂与公子俱。公子过谢侯生，侯生曰："臣宜从，老不能，请数公子行日。以至晋鄙军之日，北乡自刭以送公子。"公子遂行。

至邺，矫魏王令，代晋鄙。晋鄙合符，疑之，举手视公子曰："今吾拥十万之众，屯于境上，国之重任，今单车来代之，何如哉？"欲无听，朱亥袖四十斤铁椎，椎杀晋鄙。公子遂将晋鄙军，勒兵，下令军中曰："父子俱在军中，父归。兄弟俱在军中，兄归。独子无兄弟，归养。"得选兵八万人，进兵击秦军。秦军解去，遂救邯郸，存赵。赵王及平原君自迎公子于界，平原君负韊（lán）矢为公子先引。赵王再拜曰："自古贤人，未有及公子者也。"当此之时，平原君不敢自比于人。

公子与侯生决，至军，侯生果北乡自刭。

（《史记·信陵君列传》）

新史氏曰，屈指古今中外历史，其以一人之生死，拯万乘之国于濒亡之际者，有几乎？诵西史者，莫不艳称法之奇女子贞德氏，若以比诸侯生，何足算也？侯生真绝代佳人哉！然非信陵公子之义侠，

亦何以得之？公子固完全一武士之人格，好客又其余事耳。去千乘之位，而入虎穴，以急朋友之难，吁，何可及也？论者以厕诸平原、孟尝、春申之列，乌足以知公子？

毛遂自荐

秦军包围了邯郸，赵王派平原君寻求救援，向楚国寻求合纵结盟，约定带二十位文武兼备、智勇双全的门客一道去。平原君说道：“能以谈判的方式取得成功最好不过了，如果谈判不能成功，那么至少须在华屋高堂之下歃血为盟，订立合纵盟约，然后再回来。同去的人不用外召，从我的门客当中抽选便足够了。”于是，平原君从自己的门客当中抽选随从，结果选得十九人，其余无可取者，竟无法凑够二十人。

门下有位叫作毛遂的人走上前去，在平原君面前自夸说：“我听说您将到楚国寻求合纵，约定与门下的二十位食客一道前去，不找外面的人。眼下还少一人，望您让我成为其中一员出行。”平原君问道：“先生居于我的门下，有几年了？”毛遂回答道：“整整三年。”平原君又说：“贤良的人立在世上，恰如锥在囊中，锥尖立刻会显露出来。现在，先生居于我的门下三年，我却没听说有什么人称颂过您，甚至连我也没有听说过您，这证明先生您没有什么特长。既然您没有什么特长，那么您恐怕不能胜任，还是留下吧。”毛遂道：“我现在就请求您把我放在囊中。假使我早早地就能够被放在囊中，早

就可以脱颖而出，而不仅仅是显露出一个小小锥尖而已了。”听完毛遂这一番话，平原君终于同意带上了毛遂一道出行。其余的十九个人互相使了使眼色，觉得有些好笑，只是没有笑出声来。

等到了楚国，毛遂与其余的十九人议论，十九人都佩服他。平原君和楚王探讨合纵，陈说利害，日出时就开始谈起，到了日中正午，还没有形成决议。十九人便撺掇毛遂说：“先生上去试试。”于是毛遂手按宝剑拾级而上，对平原君说：“合纵的利害，其实三两句话就可以决断。而现在你们从日出便开始谈论，一直到中午了还没有结果，怎么会这样子呢？”楚王看看毛遂，问平原君：“这个人是干什么的？”平原君说：“这是我的门客。”楚王不喜，便呵斥道：“还不退下！我和你的主人在谈论事情，你到这里干什么？”毛遂手按宝剑上前说道：“大王，您之所以现在会斥责我，是因为这里是您的地盘，您人多势众。但现在眼下十步以内，大王您能倚仗的人可不多。只要我拔剑，大王您的命就悬在我的手上，我的主人在前边，您凭什么呵斥我？况且，我听说商汤仅仅靠着七十里的地盘而称王天下，文王只以百里的土地就能让诸侯臣服，难道他们也像大王您现在一样人多势众吗？他们能够称王称霸，是因为他们能够据其情势来扬其威力。现在楚国有五千里的土地，能战之力有整整百万，这是大王您称霸的资本。凭借着楚国的强大，举天下之力都无法抵挡。白起不过是个低能小子罢了，率领几万军队，兴师与楚国作战，一战就攻下了鄢郢，再战火烧夷陵，三战简直是在侮辱您的先人，这是百世不解的仇怨啊，连赵国都感到羞耻呀！容我说难听点，而大王您对此却不知廉耻！合纵是为了楚国，不是为了赵国！我的主人在前面，您呵斥什么呢？”楚王听了，立刻说：“好，好，的确是像先生所说的那样，我愿倾举国之力，用来合纵。”毛遂说：“您真的决定合纵了吗？”楚王说：“决定了。”毛遂转头对楚王的侍从说：“取鸡狗马的血来。”毛遂捧着铜盘，跪着献给楚王，说道：“大王您应当歃血以约定合纵，其次是我的主人，再次才是我。”于是三人在大殿约定合纵。毛遂左手拿着血，右手招呼那十九人说：“诸位一道在堂下饮血吧。你们碌碌无为，是人们所说的靠别人的力量办成事情的人啊。”

平原君约定合纵后归来，回到赵国说：“我白胜今后再不敢称慧眼识人。我鉴选人才，往多的说有千人，少说也有上百，自认为能不遗漏天下的人才，竟然今天对毛先生误识，毛先生一到楚国，使赵国的影响重于九鼎大吕。毛先生靠他的三寸之舌，胜过百万雄师。我不敢再说自己识人才了。”于是，赵胜从此以毛遂为上客。

新史氏说，毛遂着实可称为小蔺相如啊。当然，他的智谋勇气已经接近蔺相如，但他的德行还赶不上蔺相如，他也算是一位人杰。

【少年说】

这个故事发生在战国末期，赵国赵孝成王八年（公元前 258 年）。同年十一月，秦国大将白起自杀。自公元前 376 年三家分晋、战国时代开始，到这个故事发生，已有一百一十八年。这个故事发生后三十七年，秦灭六国，统一全中国。

与此同时，在爱琴海，正是马其顿国王二世大败埃及舰队的时期；同时代的迦太基正遭到罗马舰队的猛攻，狼狈不济的主帅汉尼拔在这场战争中死于部下之手。

【梁任公原文】

秦之围邯郸，赵使平原君求救，合从于楚，约与食客门下有勇力文武备具者二十人偕。平原君曰："使文能取胜则善矣，文不能取胜，则歃血于华屋之下，必得定从而还。士不外索，取于食客门下足矣。"得十九人，余无可取者，无以满二十人。

门下有毛遂者，前自赞于平原君曰："遂闻君将合从于楚。约与食客门下二十人偕，不外索，今少一人，愿君即以遂备员而行矣。"平原君曰："先生处胜之门下，几年于此矣？"毛遂曰："三年于此矣。"平原君曰："夫贤士之处世也，譬若锥之处囊中，其末立见。今先生处胜之门下，三年于此矣，左右未有所称诵，胜未有所闻，是先生无所有也。先生不能，先生留。”毛遂曰：“臣乃今日，请处囊中耳。使遂蚤得处囊中，乃颖脱而出，非特其末见而已。”平原君竟与毛遂偕，十九人相与目笑之，而未发也。

毛遂比至楚，与十九人论议，十九人皆服。平原君与楚合从，言其利害，日出而言之，日中不决。十九人谓毛遂曰：“先生上。”毛遂按剑历阶而上，谓平原君曰：“从之利害，两言而决耳。今日出而言从，日中不决，何也？”楚王谓平原君曰：“客何为者也？”平原君曰：“是胜之舍人也。”楚王叱曰：“胡不下？吾乃与而君言，汝何为者也？”毛遂按剑而前曰：“王之所以叱遂者，以楚国之众也。今十步之内，王不得恃楚国之众也，王之命悬于遂手，吾君在前，叱者何也？且遂闻汤以七十里之地王天下，文王以百里之壤而臣诸侯，岂其士卒众多哉？诚能据其势而奋其威。今楚地方五千里，持戟百万，此霸王之资也。以楚之强，天下弗能当。白起小竖子耳，率数万之众，兴师以与楚战，一战而举鄢郢，再战而烧夷陵，三战而辱王之先人，此百世之怨，而赵之所羞，而王弗知恶焉。合从者为楚，非为赵也。吾君在前，叱者何也？”楚王曰：“唯唯，诚若先生之言，谨奉社稷而以从。”毛遂曰：“从定乎？”楚王曰：“定矣。”毛遂谓楚王之左右曰：“取鸡狗马之血来。”毛遂奉铜盘而跪进之楚王曰：“王当歃血而定从，

次者吾君，次者遂。”遂定从于殿上。毛遂左手持盘血，而右手招十九人曰：“公等相与歃此血于堂下。公等碌碌，所谓因人成事者也。”

平原君已定从而归，归至于赵曰：“胜不敢复相士。胜相士多者千人，寡者百数，自以为不失天下之士，乃今于毛先生而失之也。毛先生一至楚，而使赵重于九鼎大吕。毛先生以三寸之舌，强于百万之师。胜不敢复相士。”遂以为上客。

（《史记 · 平原君列传》）

新史氏曰，毛遂一小蔺相如也。其智勇略似之，其德量不逮，要亦人杰也已。

鲁仲连：史上最强的反秦政宣言

鲁仲连是齐国人，喜欢奇特宏伟、卓异不凡的谋略，却不肯任职做官，愿意保持高风亮节，他曾客游赵国。

赵孝成王时，秦王派白起率军在长平先后击溃赵国四十万军队，于是，秦国的军队向东挺进，围困了邯郸。赵王很害怕，各国的救兵也没有谁敢攻击秦军。魏安鳌王派出将军晋鄙营救赵国，因为畏惧秦军，驻扎在汤阴不敢前进。魏王派客籍将军新垣衍，从隐蔽的小路进入邯郸，通过平原君的关系见赵王说："秦军所以急于围攻赵国，是因为以前和齐湣王争强称帝，不久又取消了帝号；如今齐国已是更加削弱，当今只有秦国称雄天下，这次围城并不是贪图邯郸，其意图是要重新称帝。赵国果真能派遣使臣尊奉秦昭王为帝，秦王一定很高兴，就会撤兵离去。"平原君犹豫不能决断。

这时，鲁仲连客游赵国，正赶上秦军围攻邯郸，听说魏国想要让赵国尊奉秦昭王称帝，就去晋见平原君问道："这件事您打算怎么办？"平原君说："我哪里还敢谈论这样的大事！前不久，在外损失了四十万大军，而今，秦军围困邯郸，又不能使之退兵。魏王派客籍将军新垣衍让赵国尊奉秦昭王

称帝，眼下那个人还在这儿，我哪里还敢谈论这样的大事！”鲁仲连说：“以前我认为您是天下贤明的公子，今天我才知道您并不是。魏国的客人新垣衍在哪儿？我替您去责问他并让他回去。”平原君说：“我愿为先生介绍，让他跟您相见。”于是平原君见新垣衍说：“齐国有位鲁仲连先生，如今他就在这儿，我愿替您介绍，跟将军认识认识。”新垣衍说：“我听说鲁仲连先生是齐国的高士。我是魏王的臣子，奉命出使，身负职责，我不愿见鲁仲连先生。”平原君说：“我已经把您在这儿的消息透露了。”新垣衍只好应允了。

鲁仲连见到新垣衍却一言不发。新垣衍说：“我看留在这座围城中的，都是有求于平原君的人。而今，我看先生的样子，不像是有求于平原君的人，为什么还长久地留在这围城之中而不离去呢？”鲁仲连说：“世人认为鲍焦是因为心胸狭隘而死去，这种看法都错了。一般人不了解他，认为他是为个人打算。那秦国，是个抛弃礼仪而只崇尚战功的国家，用权诈之术对待士卒，像对待奴隶一样役使百姓。如果让它无所忌惮地恣意称帝，进而统治天下，那么，我只有跳进东海去死，我不甘心做它的顺民。我所以来见将军，是打算帮助赵国的。”

新垣衍问：“先生要怎么帮助赵国呢？”鲁仲连说：“我要请魏国和燕国帮助它，齐、楚两国本来就帮助赵国了。”新垣衍说：“燕国嘛，我相信会听从您的；至于魏国，我就是魏国人，先生怎么能让魏国帮助赵国呢？”鲁仲连说：“魏国是因为没看清秦国称帝的祸患，才没帮助赵国。假如魏国看清秦国称帝的祸患，就一定会帮助赵国。”

新垣衍说：“秦国称帝后会有什么祸患呢？”鲁仲连说：“从前，齐威王曾经奉行仁义，率领天下诸侯朝拜周天子。当时，周天子贫困又弱小，诸侯们没有谁去朝拜，唯有齐国去朝拜。过了一年多，周烈王逝世，齐王奔丧去迟了，新继位的周显王很生气，派人到齐国报丧说：‘天子逝世，如同天崩地裂般的大事，新继位的天子也得离开宫殿，睡在草席上居丧守孝，东方属国之臣齐国居然敢迟到，当斩。’齐威王听了勃然大怒，骂道：‘呸！您母亲原先还是个婢女呢！’最终被天下传为笑柄。齐威王之所以在周天子活着的时候去朝见，死了就破口大骂，是因为实在是忍受不了新天子的苛求啊。那些做天子的本来就是这个样子，也没什么值得奇怪的。”

新垣衍说：“先生难道没见过奴仆吗？十个奴仆侍奉一个主人，难道是力气赶不上、才智比不上他吗？是害怕他啊。”鲁仲连说：“唉！魏王和秦王相比，魏王像仆人吗？”新垣衍说：“是。”鲁仲连说：“那我就让秦王烹煮魏王剁成肉酱？”新垣衍很不高兴地说：“哼！先生的话，也太过分了！先生又怎么能让秦王烹煮了魏王，剁成肉酱呢？”鲁仲连说：“当然能够，我说给您听。从前，九侯、鄂侯、文王是殷纣的三个诸侯。九侯有个女儿长得姣美，把她献给殷纣，殷纣认为她长得丑，把九侯剁成肉酱。鄂侯刚直谏诤，激烈辩白，殷纣又把鄂侯杀了做成肉干。文王听到这件事，只是长长地叹息，殷纣又把他囚禁在羑里监牢内一百天，想要他死。为什么和

人家同样称王，最终落到被剁成肉酱、做成肉干的地步呢？齐湣王前往鲁国，夷维子替他赶车做随员。他问鲁国官员们说：‘你们准备怎样接待我们的国君？’鲁国官员们说：‘我们打算用十副太牢的礼仪接待您的国君。’夷维子说：‘你们怎么按照这样的礼仪接待我们国君？我们的国君，是天子啊。天子到各国巡察，诸侯照例应迁出正宫，移居别处，交出钥匙，撩起衣襟，站在堂下伺候天子用膳，天子吃完后，才可以退回朝堂听政理事。’鲁国官员听了，就关门上锁，不让齐湣王入境。齐湣王不能进入鲁国，打算借道邹国前往薛地。正当这时，邹国国君逝世，齐湣王想入境吊丧，夷维子对邹国的嗣君说：‘天子吊丧，丧主一定要把灵柩转换方向，在南面安放朝北的灵位，然后天子面向南吊丧。’邹国的大臣们说：‘如果这样的话，我们宁愿自杀。’所以齐湣王不敢进入楚国。邹、鲁两国的臣子，国君生前不能够好好地侍奉，国君死后又不能周全地助成丧仪，然而想要在邹、鲁行天子之礼，邹、鲁的臣子们终于拒绝齐湣王入境。如今，秦国是万乘之国，魏国也是万乘之国。都是万乘大国，又各有称王的名分，只看秦王打了一次胜仗，就要顺从地拥护他称帝，三晋的大臣还比不上邹、鲁的奴仆婢妾。如果秦国贪心不足，终于称帝，那么就会更换诸侯的大臣。他将要罢免他认为没有才能的人，换上他认为贤能的人；罢免他憎恶的人，换上他喜爱的人。还要让他的女儿和搬弄是非的姬妾们，嫁给诸侯做妃姬，住在魏国的宫廷里，魏王怎么能够安然地生活呢？而将军您又怎么能够得到原先的宠信呢？”

于是，新垣衍站起来，向鲁仲连连拜两次谢罪说：“我起初认为先生是个平庸的人，今天才知道先生是天下杰出的高士。我愿离开赵国，再不敢谈尊秦王为帝的事了。”秦军主将听到这个消息，把军队后撤了五十里。恰好魏公子无忌夺得了晋鄙的军权，率领军队来援救赵国，攻击秦军，秦军也就撤离邯郸回去了。

后来，平原君要封赏鲁仲连，鲁仲连再三辞让，最终也不肯接受。平原君就设宴招待他，喝到酒酣耳热时，平原君起身向前，献上千金酬谢鲁仲连。鲁仲连笑着说：“士人所以被天下人遵崇，是因为他们能替人排除祸患，消灾解难，解决纠纷，而不取报酬。如果收取酬劳，那就成了生意人的行为，我鲁仲连是不愿意那样做的。”于是，鲁仲连辞别平原君，终生不再和他相见。

燕国的一位将领率军攻克了齐国的聊城。但是有人却在燕王面前说这个将领的坏话。这位将领因此据守聊城，不敢返回燕国。齐国大将田单率军反攻聊城，为时一年多仍然攻克不下。齐人鲁仲连便写了一封信，捆在箭上射入城中给那位燕将，向他陈述利害关系说：“替您打算，您不是回燕国就是归附齐国。您现在独守孤城，齐国的军队一天天增多，燕国的援兵却迟迟不到，您将怎么办呢？”燕将见信后低声哭泣了好几天，但仍然犹豫不决。他想还归燕国，可是已与燕国有了嫌隙；想投降齐国，又因杀戮、俘获的齐国人太多，害怕降齐后会遭受羞辱。于是叹息感慨说：“与其让人来杀

我，宁可自杀！”于是自刎身亡。聊城城内大乱，田单趁机攻下了聊城。田单凯旋后向齐王述说鲁仲连的功绩，齐王要授给他爵位。鲁仲连为此逃到海边，说：“我与其因获得富贵而屈从于他人，宁可忍受贫贱而能放荡不羁、随心所欲！”魏安釐王向子顺问起谁是天下高士，子顺说：“世上根本没有完美无瑕的君子，如果退而求其次的话，那么鲁仲连勉强算一个。”安釐王摇头道：“鲁仲连恐怕也算不上，此人表里不一，他的行为举止都是强迫自己做出来的，并非本性的自然流露。”子顺说：“人都是强迫自己去做一些事情的，管他真心还是假意，假如能不停地这么做下去，到最后习惯成自然，就成了君子。”

新史氏说，鲁仲连作为一位卓越的书生，未曾介入诸侯间的政事，不曾干预军事。然而看他劝退魏国使者，挽救赵国，其言辞之间凛然不可侵犯之感浓烈！他的谋划思想，如此的高尚圆满！秦将听闻为之后退，这样的浩然之气，如果不是大勇之人，谁能做到？帮人排忧解难不求回报，这就好比墨子存宋，不是因为宋国的恩德，其哲学思想使然也。鲁先生是真正的墨家思想的传承人！《孔丛》提到坚持去做一件事情，到最后就会习惯成自然。然而为什么鲁仲连没有学就可以做到呢？不单是鲁仲连，自古以来的豪杰义士，都是我学习的榜样。而学习的人却说“我做不到，我做不到”。真让人无可奈何。

【少年说】

鲁仲连生活在战国时期（前 475 年—前 221 年）。在公元前 221 年时，秦国统一天下，战国时期正式结束。本故事是“信陵君窃符救赵”这一重大历史事件的一个细节，在信陵君忙着设计救赵的计谋时，赵国内部对于是战是和，也正在进行艰难抉择。此时，齐国游士鲁仲连一言兴邦。

在充斥着战乱与变革的战国时期，鲁仲连虽然为一介平民，但是却因持守正义、不为世俗名利所惑而为人赞叹。鲁仲连的侠隐之风更是为人们所敬佩。

在同一时期，欧洲出现了马其顿王国，同属古文明的古埃及正在被马其顿帝国与罗马帝国分割，而日本正处于弥生时代。

【梁任公原文】

鲁仲连者，齐人也，好奇伟俶傥之画策，而不肯仕宦任职，好持高节，游于赵。

赵孝成王时，而秦王使白起破赵长平之军前后四十余万，秦兵遂东围邯郸。赵王恐。诸侯之救兵，莫敢击秦军。魏安釐王使将军晋鄙救赵，畏秦，止于荡阴，不进。魏王使客将军新垣衍间入邯郸，因平原君谓赵王曰：“秦所为急围赵者，前与齐湣王

争强为帝，已而复归帝。今齐湣王已益弱，方今唯秦雄天下，此非必贪邯郸，其意欲复求为帝。赵诚发使尊秦昭王为帝，秦必喜，罢兵去。”平原君犹豫未有所决。

此时鲁仲连适游赵，会秦围赵，闻魏将欲令赵尊秦为帝。乃见平原君曰：“事将奈何？”平原君曰：“胜也何敢言事！前亡四十万之众于外，今又内围邯郸而不能去。魏王使客将军新垣衍令赵帝秦，今其人在是，胜也何敢言事！”鲁仲连曰：“吾始以君为天下之贤公子也，吾乃今然后知君非天下之贤公子也。梁客新垣衍安在？吾请为君责而归之。”平原君曰：“胜请为绍介，而见之于先生。”平原君遂见新垣衍曰：“东国有鲁仲连先生者，今其人在此，胜请为绍介，交之于将军。”新垣衍曰：“吾闻鲁仲连先生，齐国之高士也。衍人臣也，使事有职，吾不愿见鲁仲连先生。”平原君曰：“胜既已泄之矣。”新垣衍许诺。

鲁仲连见新垣衍而无言。新垣衍曰：“吾视居此围城之中者，皆有求于平原君者也。今吾观先生之玉貌，非有求于平原君者也，曷为久居此围城之中而不去？”鲁仲连曰：“世以鲍焦为无从颂而死者，皆非也。众人不知，则为一身。彼秦者，弃礼义而上首功之国也。权使其士，虏使其民。彼即肆然而为帝，过而为政于天下，则连有蹈东海而死耳，吾不忍为之民也。所为见将军者，欲以助赵也。”

新垣衍曰：“先生助之将奈何？”鲁仲连曰：“吾将使梁及燕助之，齐、楚则固助之矣。”新垣衍曰：“燕则吾请以从矣。若乃梁者，则吾乃梁人也，先生恶能使梁助之？”鲁仲连曰：“梁未睹秦称帝之害故耳。使梁睹秦称帝之害，则必助赵矣。”

新垣衍曰：“秦称帝之害何如？”鲁仲连曰：“昔者齐威王尝为仁义矣，率天下诸侯而朝周，周贫且微，诸侯莫朝，而齐独朝之。居岁余，周烈王崩，齐后往，周怒，赴于齐曰：天崩地坼（chè），天子下席。东藩之臣因齐后至，则斫（zhuó）。齐威王勃然怒曰：叱嗟，而母婢也。卒为天下笑。故生则朝周，死则叱之，诚不忍其求也。彼天子固然，其无足怪。”

新垣衍曰：“先生独不见夫仆乎？十人而从一人者，宁力不胜而智不若邪？畏之也。”鲁仲连曰：“呜呼，梁之比于秦，若仆邪？”新垣衍曰：“然。”鲁仲连曰：“吾将使秦王烹醢（hǎi）梁王。”新垣衍怏然不悦，曰：“噫嘻，亦太甚矣，先生之言也。先生又恶能使秦王烹醢梁王？”鲁仲连曰：“固也。吾将言之。昔者九侯、鄂侯、文王，纣之三公也，九侯有子而好，献之于纣。纣以为恶，醢九侯。鄂侯争之强，辩之疾，故脯鄂侯。文王闻之，喟然而叹，故拘之羑里之库百日，欲令之死。曷为与人俱称王，卒就脯醢之地？齐湣王将之鲁，夷维子为执策而从，

谓鲁人曰：‘子将何以待吾君？’鲁人曰：‘吾将以十太牢待子之君。’夷维子曰：‘子安取礼而来吾君？彼吾君者天子也。天子巡狩，诸侯辟舍，纳管籥（yuè），摄衽抱机，视膳于堂下。天子已食，乃退而听朝也。’鲁人投其籥不果纳，不得入于鲁。将之薛，假途于邹。当是时，邹君死，湣王欲入吊，夷维子谓邹之孤曰：‘天子吊，主人必将倍殡棺，设北面于南方，然后天子南面吊也。’邹之群臣曰：‘必若此，吾将伏剑而死。’固不敢入于邹。邹鲁之臣，生则不得事养，死则不得赙襚，然且欲行天子之礼于邹鲁，邹鲁之臣不果纳。今秦万乘之国也，梁亦万乘之国也。俱据万乘之国，各有称王之名，睹其一战而胜，欲从而帝之，是使三晋之大臣，不如邹鲁之仆妾也。且秦无已而帝，则且变易诸侯之大臣。彼将夺其所不肖而与其所贤，夺其所憎而与其所爱。彼又将使其子女谗妾为诸侯妃姬，处梁之宫。梁王安得晏然而已乎？而将军又何以得故宠乎？”

于是新垣衍起再拜谢曰：“始以先生为庸人，吾乃今日知先生为天下之士也。吾请出，不敢复言帝秦。”秦将闻之，为却军五十里。适会魏公子无忌夺晋鄙军以救赵，击秦军，秦军遂引而去。

于是平原君欲封鲁仲连。鲁仲连辞让使者三，终不肯受。平原君乃置酒，酒酣起前，以千金为鲁仲连寿。鲁仲连笑曰：“所贵于天下之士者，为人排患释难解纷乱而无取也。即有取者，是商贾之事也，而仲连不忍为也。”遂辞平原君而去，终身不复见。

（《史记·鲁仲连邹阳列传》）

燕将攻齐聊城，拔之。或谮（zèn）之燕王，燕将保聊城不敢归。齐田单攻之岁余不下，鲁仲连乃为书，约之矢以射城中，遗燕将，为陈利害，曰：“为公计者，不归燕则归齐。今独守孤城，齐兵日益，而燕救不至，将何为乎？”燕将见书，泣三日，犹豫不能自决，欲归燕，已有隙；欲降齐，所杀虏于齐甚众，恐已降而后见辱，喟然叹曰：“与人刃我，宁我自刃。”遂自杀。聊城乱，田单克聊城。归言鲁仲连于齐，欲爵之。仲连逃之海上，曰：“吾与富贵而诎于人，宁贫贱而轻世肆志焉。”魏安釐王问天下之高士于子顺，子顺曰：“世无其人也，抑可以为次，其鲁仲连乎！”王曰：“仲连强作之者，非体自然也。”子顺曰：“人皆作之，作之不止，乃成君子。作之不变，习与体成，则自然也。”

（《资治通鉴·卷六》）

新史氏曰，鲁仲连踔踸一书生，未尝与闻诸侯之政，未尝预军事。然观其折梁使，存赵国，其词气之间，一何凛然其不可犯也！其权利思想，一何高尚而圆满也！秦将闻之而为退却，盖浩然之气，

有以胜之矣。非天下大勇，其孰能与于斯？为人排难解纷而无取，此墨子所以存宋而宋莫之德也。鲁仲连先生，于齐于赵，两见之矣。先生真墨者之徒哉！《孔丛》谓作之不变，习与体成，则自然也。然则鲁仲连何为不可学而致也？岂惟鲁仲连，凡古来之豪杰，皆予我以可学之模范矣。而学者曰：我不能我不能。独奈之何哉？

附左太冲诗

吾希段干木，偃息藩魏君。
吾慕鲁仲连，谈笑却秦军。
当世贵不羁，遭难能解纷。
功成不受赏，高节卓不群。

附李太白诗

齐有倜傥生，鲁连特高妙。
明月出海底，一朝开光曜。
却秦振英声，后世仰末照。
意轻千金赠，顾向平原笑。
吾亦澹荡人，拂衣可同调。

王歜：不向威胁屈服

燕昭王派乐毅去讨伐齐国，齐闵王逃跑了。燕国军队刚进入齐国境内，听说有一个盖邑人，叫作王歜，非常贤良。乐毅由于王歜的缘故，命令军队："环绕盖邑三十里以内，不得进入。"他又派人到王歜那里，跟他说："齐国人多称赞您的仁义，我封您为将，封给您万户的领地。"王歜坚决拒绝。使者说："您不顺从，我们就派军队到这里来屠杀盖邑的所有人。"王歜回答："忠臣不事二君，贞女不更二夫。齐王不听我的忠告，所以我归隐耕田。国家既然灭亡了，我也不能活了。现在你又用武力来胁迫我当将领，这是帮助桀来施暴啊！与其没有气节地活着，还不如被烹杀算了！"然后他就把自己吊在树枝上，挣断脖子而死。齐国出逃的大夫听闻后说道："王歜一介平民，还保持气节，不肯背叛齐国去投降燕国，何况我们这些食君之禄的人呢？"于是他们相聚在莒城，找到齐国公子，立他为齐襄王。

新史氏说，天下的事常常是无心插柳。弘演保卫国、王歜复齐国的事件就是例子。他们当时选择死时，是因为要履

行道德的责任，只是做让自己心安的事情而已，后来的极大影响，不是他们所能想像的。由他们的精神所感动，才引发了这些事情。但是那些精明计算得失，之后才考虑义的人，就不算忠诚了吧。没了忠诚又算什么呢？

【少年说】

故事发生在战国末年，距离秦国一统天下其实已经不远。东方各国却还在内斗。乐毅是战国时期燕国的一个名将，被派去攻打齐国，一举拿下七十个城，只剩下两个：莒和即墨。

王歜是一位很贤能的人，住在齐国的盖邑，今天山东省沂源县东里店以西的盖冶村。燕王和乐毅都听说过他的贤能，于是引出了这段故事。

在西周或东周早期，各诸侯国国民并没有强烈的“国家”认同，到战国末期，随着战争加剧，诸侯国内部的国家认同也日趋强烈，本文主人公更像现代人那样的方式爱国，对比早期的伍子胥、公孙鞅等人，已经大不一样。

【梁任公原文】

燕昭王使乐毅伐齐，闵王亡。燕之初入齐也，闻盖邑人王歜（chù）贤，令于军曰：“环盖三十里，毋入。”以歜之故。已而使人谓歜曰：“齐人多高子之义，吾以子为将，封子万家。”歜固谢燕人。燕人曰：“子不听，吾引三军而屠盖邑。”王歜曰：“忠臣不事二君，贞女不更二夫。齐王不听吾谏，故退而耕于野。国既破亡，吾不能存。今又劫之以兵为君将，是助桀为暴也。与其生而无义，固不如烹。”遂悬其躯于树枝，自奋绝脰（dòu）而死。齐亡大夫闻之曰：“王歜布衣，义犹不背齐向燕，况在位食禄者乎？”乃相聚如莒，求诸公子，立为襄王。

（《说苑·立节篇》）

新史氏曰，天下事有目的在此，而结果在彼者。如弘演之存卫、王歜之复齐是矣。彼当其就死也，以是为践道德之责任，行吾心之所安而已。至其更生出绝大之影响，非彼所敢望也。而精神所感，遂以至是。然则沾沾焉计功而后为义者，其亦不诚也已耳。不诚故无物。

虞卿、平原君：友谊也是大义

秦国宰相范雎责令魏国使臣须贾说："替我转告魏王，赶快把魏齐的脑袋送来！不然的话，我就要踏平大梁城。"须贾回到魏国，把情况告诉了魏齐，魏齐大为惊恐，便逃到了赵国，躲藏在平原君家里。

秦昭王听说魏齐藏在平原君的家里，想替范雎报仇，便假装写了一封友好的书信给平原君，说："我久闻您情操高尚，希望跟您像平民百姓一样成为知心朋友，如果您可以造访我的府邸，我愿同您开怀畅饮十日。"平原君本就畏惧秦国，看了信又认为秦昭王真的有意交好，便到秦国见了秦昭王。秦昭王陪着平原君宴饮了几天，便对平原君说："从前周文王得到吕尚，尊他为太公；齐桓公得到管夷吾，尊他为仲父。如今范先生也是我的叔父。范先生的仇人住在您家里，希望您派人把他的脑袋送来。不然的话，我就不让您出函谷关。"平原君说："显贵了还与旧时低贱的朋友交往，是为了不忘低贱时的情谊；富有了还与旧时贫困的朋友交往，是为了不忘贫困时的友情。魏齐是我的朋友，即使他在我家，我也绝不会把他交出来，何况他现在不在我家。"于是秦昭王给赵王写了一封信，说："大王的弟弟平原君在秦国，而范睢先生的仇人魏齐就在平原君家里。大王请速派人将他的脑袋拿来。不然，我便出兵攻打赵国，平原君也出不得函谷关。"赵孝成王看了信就派兵包围了平原君的家，危急中，魏齐连夜逃出了平原君家，见到了赵国宰相虞卿。虞卿觉得说服不了赵王，就解下自己的相印，跟魏齐一起逃出了赵国，两人抄小路奔逃。考虑到各国都没有可投靠的人，便又逃回了大梁，打算通过信陵君投奔到楚国。信陵君听到了这个消息，由于惧怕秦国，犹豫不决不肯接见他们，问周围的人说："虞卿这个人怎么样？"当时侯嬴也在旁边，回答说："一个人本来很难被别人了解，但要了解别人也不是件容易的事。虞卿脚踏草鞋，肩扛斗笠，远行而到赵国，第一次见赵王，赵王赐给他白璧一对，黄金百两；第二次见赵王，赵王任命他为上卿；第三次见赵王，终于得到相印，被封为万户侯。当时，天下人都争着了解虞卿的为人。魏齐走投无路时投奔了虞卿，虞卿不看重自己的高官厚禄，解下相印，抛弃万户侯的爵位与魏齐逃走。虞卿能把别人的困难当作自己的困难，而前来投奔您，您还问'这个人怎么样'。人固然很难被别人了解，了解别人也实在不容易啊！"信陵君听了这番话深感惭愧，赶紧驱车到郊外迎接他们。可是魏齐听到信陵君当初不肯接见他的消息，便一怒之下刎颈自杀了。赵王得知魏齐自杀身亡，就取了他的脑袋送到秦国。秦昭王这才放平原君回赵国。

新史氏说，虞卿可以称得上贤吧？不惜放弃相印来帮助

朋友脱离危难，很像郭揖弃印绶，欲与范滂俱亡，这是多么难能可贵呀！虞卿辞官后，专心著书来启发后世的人，撰写了《史记·十二诸侯年表》中的《虞氏春秋》，《汉书·艺文志·诸子略》收录了《虞氏春秋》十五篇，《六艺略》《虞氏微》是其中的两篇。太史公救李陵，也与虞卿的行为类似，所以《史记》也多次称赞他。平原君身在虎口，危难之时也不肯出卖朋友，正是此乱世的佳公子！魏齐因为不受信陵君的重视，自弃而亡，这也是古代武士之遗风呀！

【少年说】

虞卿因魏齐之故，解印辞官，以一匹夫与大国强秦对抗，后因救魏齐不果，精神受到打击，穷困于魏。足见士的精神的真谛！

春秋战国士阶层兴起，士作为道的承担者，“以道自任，从道不从君”，以自己崇高的人格尊严和过人的才能，抵抗来自王侯将相的政治压力，在一段时间内形成了“道尊于势”的政治形势，赢得了各国君主的充分信任，与一些明主保持了“师友”的关系。秦昭襄王欲为范睢报仇，并说：“昔周文王得吕尚以为太公，齐桓公得管夷吾以为仲父，今范君亦寡人之叔父也。”可见一斑。

【梁任公原文】

秦范雎数魏使须贾曰："为我告魏王，急持魏齐头来。不然者，我且屠大梁。"须贾归，以告魏齐。魏齐恐，亡走赵，匿平原君所。

秦昭王闻魏齐在平原君所，欲为范雎必报其仇，乃佯为好书遗平原君曰："寡人闻君之高义，愿与君为布衣之友。君幸过寡人，寡人愿与君为十日之饮。"平原君畏秦，且以为然，而入秦。见昭王，昭王与平原君饮数日。昭王谓平原君曰："昔周文王得吕尚，以为太公。齐桓公得管夷吾，以为仲父。今范君亦寡人之叔父也。范君之仇，在君之家，愿使人归取其头来。不然，吾不出君于关。"平原君曰："贵而为友者，为贱也。富而为交者，为贫也。夫魏齐者，胜之友也。在，固不出也，今又不在臣所。"昭王乃遗赵王书曰："王之弟在秦，范君之仇魏齐在平原君之家，王使人疾持其头来。不然，吾举兵而伐赵，又不出王之弟于关。"赵孝成王乃发卒围平原君家。急，魏齐夜亡出，见赵相虞卿。虞卿度赵王终不可说，乃解其相印，与魏齐亡，间行。念诸侯莫可以急抵者，乃复走大梁，欲因信陵君以走楚。信陵君闻之，畏秦，犹豫未肯见，曰："虞卿何如人也？"时侯嬴在旁，曰："人固未易知，知人亦未易也。夫虞卿蹑屩（juē）担簦（dēng），一见赵王，赐白璧一双，黄金百镒。

再见，拜为上卿。三见，卒授相印，封万户侯。当此之时，天下争知之。夫魏齐穷困过虞卿，虞卿不敢重爵禄之尊，解相印，捐万户侯，而间行急士之穷，而归公子，公子曰：‘何如人？’人固不易知，知人亦未易也。”信陵君大惭，驾如野迎之。魏齐闻信陵君之初难见之，怒而自刭。赵王闻之，卒取其头予秦。秦昭王乃出平原君归赵。

（《史记·范雎蔡泽列传》）

新史氏曰，虞卿可不谓贤耶？不惜掷相印以急其友之难，以视郭揖之于范滂（见《后汉书·党锢传》），愈难能而可贵矣！去官后乃著书以觉后世，《史记·十二诸侯年表》所谓《虞氏春秋》，《汉书·艺文志·诸子略》《虞氏春秋》十五篇、《六艺略》《虞氏微》二篇是也。太史公救李陵，亦颇类虞卿，故《史记》亟称道之。抑平原君身在虎口，而不肯卖友以求免，所谓浊世佳公子非耶！魏齐以不见重于信陵，遂自捐弃，亦古武士之遗哉！

缩高：义拒信陵君

魏国攻打管城，但是没有成功。有一个安陵人叫缩高，他的儿子是管城的城守。信陵君派人去找安陵君，对他说："您还是把缩高送来吧，我让他做五大夫的官位，成为持节尉。"安陵君则回答："安陵是一个小国，不能强迫人民，请您自己去缩高家问他。"于是使者到了缩高的家，重复了信陵君的命令。缩高说："信陵君之所以想给我那么大的官位，一定是想叫我去攻打管城。父亲攻打而儿子防守，天下人会笑话的。如果我的儿子因为我而献出城池，这是背叛君主。父亲教儿子背叛君主，也不是信陵君所欣赏的，我谢绝这个官位。"

使者回到魏国，将缩高说的话报告给了信陵君。信陵君十分恼怒，派大使再次到安陵，并传达给安陵君："安陵这个地方，几乎是魏国的土地一样。现在魏国攻打管城而未成功，则秦军攻打我肯定会使我们的国家陷入危机。希望您能将缩高活捉，并送到魏国。如果您不答应，我们将会派十万大军'拜访'安陵。"安陵君回答说："我的先君成侯受了襄王之诏要守护这块土地，并接了大府的法规。法规的上面写道：'儿

子杀了父亲，臣下杀了国君，有固定的刑罚，不可赦免。国家虽然有大赦，城邦投降而逃亡的人，不能赦免其罪。’现在，缩高是因为要保全父子间的大义，但您却要让我将他活捉，是要让我违背襄王之诏而且废除大府所定的法规啊！这件事，我死都不敢做。”

缩高听说了这件事以后，说道：“信陵君是一个凶悍而刚愎自用的人，用这番话来回复他，一定会为国家招来大祸。我已经成全了我和儿子之间的义，也不能违背作为大臣的大义，怎么能让我的君主来承受魏国的威胁呢？”于是他就到了魏国使者住的地方，自刎而死。信陵君听到缩高死去的消息，穿上孝服，离开正舍，派使者向安陵君道歉说：“无忌是一个小人，考虑不周，失言于您，这里向您谢罪，请宽恕我的罪过。”

新史氏说，为了避免国家危难而牺牲者，除郑叔詹以外，就是缩高了。缩高不让他的儿子陷于不义的境地，可见他是爱子的；他不以父子之义使安陵陷入国难，可见他也是爱国的。信陵君也非常重义，如果没有信陵君，如何成就缩高之名！

【少年说】

信陵君（魏无忌）是一个伟大的政治家，甚至在他死后有些人奉之为神，不过这一次，他的度量就显得十分褊狭。直到最后他发现了自己的过失，决定改过自新。

公元前260年是长平之战，信陵君在公元前257年窃符救赵，然后又在赵国待了十年。公元前247年，秦国开始攻打魏国，于是信陵君回到魏国，带领五国合纵攻打秦军，将他们追杀到了函谷关。信陵君于是试着攻打管城（大约在今天河南郑州的位置），但是一直没有成功。这个故事就是在这一年，信陵君攻打管城时发生的。

本故事的主人公缩高是一个住在安陵（位于今天河南鄢陵，是魏国的一个附属小国）的平民，他的儿子就是当时管城的城守，于是就引起了这个故事。

【梁任公原文】

魏攻管而不下。安陵人缩高，其子为管守。信陵君使人谓安陵君曰："君其遣缩高，吾将仕之以五大夫，使为持节尉。"安陵君曰："安陵小国也，不能必使其民，使者自往请。"使道使者至缩高之所，复信陵君之命。缩高曰："君之幸高也，将使高攻管也。夫以父攻子守，人大笑也。是臣而下，是背主也。父教子背，亦非君之所喜也，敢再拜辞。"

使者以报信陵君。信陵君大怒，遣大使之安陵曰："安陵之地，亦犹魏也。今吾攻管而不下，则秦兵及我，社稷必危也。愿君之生束缩高而致之。若君弗致，无忌将发十万之师以造安陵之城。"安陵君曰："吾先君成侯受诏襄王以守此地也，手受大府之宪，宪之

上篇曰：子弑父，臣弑君，有常刑，不赦。国虽大赦，降城亡子，不得与焉。今缩高谨辞大位以全父子之义。而君曰：必生致之。是使我负襄王诏而废大府之宪也，虽死终不敢行。”

缩高闻之曰：“信陵君为人悍而自用也，此辞反，必为国祸。吾已全己，无违人臣之义矣，岂可使吾有魏患也？”乃之使者之舍，刎颈而死。信陵君闻缩高死，服缟素避舍，使使谢安陵曰：“无忌小人也，困于思虑，失言于君，敢再拜释罪。”

（《战国策·魏策》）

新史氏曰，牺牲其身以免国难者，吾于郑叔詹之后，得缩高焉。抑缩高不陷其子于非义，可谓能爱子矣。不以爱子之故而陷其国于难，可谓能爱国矣。抑信陵君之爱义若渴，亦有足多者焉。微信陵，曷能成缩高之名哉！

刺客的朋友圈

荆轲是卫国人，他的祖先是齐国人，迁徙到卫国。卫国人叫他庆卿，到了燕国，燕国人叫他荆卿。

荆轲喜欢读书、练剑，凭借剑术游说卫元君，卫元君没有用他。荆轲漫游到了邯郸，鲁句践跟荆轲切磋剑术，起了争执，鲁句践发怒呵斥他，荆轲却默无声息地逃走了，于是两人不再见面。

荆轲到了燕国后，与一位宰狗的屠夫和擅长击筑的高渐离交好。荆轲极好饮酒，天天和那个宰狗的屠夫及高渐离在燕市上喝酒。喝得似醉非醉的时候，高渐离击筑，荆轲就和着节拍在街市上唱歌，相互娱乐，不一会儿又相互哭泣，旁若无人。荆轲尽管混迹在酒徒中，可他却为人深沉稳重，喜欢读书。他游历过的各诸侯国，都是与当地贤士豪杰结交。他到燕国后，燕国隐士田光先生也善待他，知道他不是平庸的人。

过了不久，适逢在秦国为质的燕太子丹逃回燕国。燕太子丹，过去曾在赵国作人质，而秦王嬴政出生在赵国，他少年时和太子丹交好。等到嬴政被立为秦王，太子丹又到秦国

作人质。秦王待太子丹并不友好，所以太子丹因怨恨而逃回国。回来后就寻求报复秦王的办法，燕国弱小，力不能及。此后，秦国出兵山东，攻打齐、楚和三晋，逐渐蚕食侵吞各国，战火即将波及燕国，燕国君臣唯恐大祸临头。太子丹为此忧虑，请教他的老师鞠武。鞠武回答说："秦国的土地遍天下，威胁到韩国、魏国、赵国。它的北面有甘泉、谷口这样坚固险要的地势，南面有泾河、渭水流域肥沃的土地，据有富饶的巴郡、汉中地区，右边有陇、蜀崇山峻岭为屏障，左边有崤山、函谷关作要塞，人口众多而士兵训练有素，武器装备绰绰有余。如果它有意图向外扩张，那么长城以南、易水以北就没有安稳的地方了。为什么您还因为被欺侮的怨恨，要去触动秦王的逆鳞呢！"太子丹说："既然如此，那么我们怎么办呢？"鞠武回答说："让我再考虑考虑。"

不久之后，秦将樊於期得罪了秦王，逃到燕国，太子丹接纳了他，并让他住下来。鞠武规劝说："不行。秦王本来就很凶暴，积怒到燕国，这就足以叫人担惊害怕了，又何况他听到樊将军住在这里呢？这好比把肉放在饿虎经过的小路上啊，祸患必定不可挽回！即使有管仲、晏婴，也不能为您想出办法了。希望您赶快送樊将军到匈奴去，来打消秦国攻打我们的念头。请您向西与三晋结盟，向南联合齐、楚，向北与单于和好，然后就可以想办法对付秦国了。"太子丹说："老师的计划，需要的时间太长了，我的心里忧闷烦乱，恐怕连片刻也等不及了。况且并非仅仅因为这个缘故，樊将军已是穷途末路，投奔于我，我总不能因为迫于强暴的秦国而抛弃我所同情的朋友，把他送到匈奴去。这应当是我生命完结的时刻，希望老师再想想别的办法。”鞠武说：“选择危险的行动却想求得安全，制造祸患而祈求幸福，计谋浅薄而怨恨深重，为了结交一个新朋友，而不顾国家的大祸患，这就是所谓的积蓄仇怨而助长祸患了。拿大雁的羽毛放在炉炭上，一下子就烧光了。何况是雕鸷一样凶猛的秦国，对燕国发泄仇恨残暴的怒气，这还用得着说吗！燕国有位田光先生，智谋深邃而勇敢沉着，可以和他商量商量。”太子丹说：“希望通过老师而得以结交田先生，可以吗？”鞠武说：“遵命。”鞠武便去拜会田先生，说：“太子希望跟田先生一同商议国事。”田光说：“谨领教。”就前去拜访太子丹。

太子丹上前迎接，倒退着走为田光引路，跪下来拂拭座位给田光让坐。田光坐稳后，左右没别人，太子离开自己的座位向田光请教说：“燕国与秦国誓不两立，希望先生指教。”田光说：“我听说骐骥壮年的时候，一日可奔驰千里，等到它衰老了，就是劣等马也能跑赢它。如今太子光听说我盛壮之年的情景，却不知道我的精力现在已经衰竭了。虽然如此，我不能冒昧地谋划国事，但我的好朋友荆卿是可以承担这个使命的。”太子说：“希望能通过先生和荆卿结交，可以吗？”田光说：“遵命。”于是，即刻起身，急忙出去了。太子将田光送到门口，告诫说：“我和先生所讲的，是国家大事，希望先生不要泄露！”田光俯下身去笑着说：“是。”田光弯腰驼背地去见荆轲，说：“我和你关系不一般，燕国没有谁不知道，如今太子听说我盛壮之时的情景，却不知道我的

身体已力不从心了。我有幸听他叮嘱说‘燕国、秦国誓不两立，希望先生留意’。我私下和您不见外，已经把您推荐给太子，希望您前往宫中拜见太子。”荆轲说：“遵命。”田光说：“我听说，年长老成的人行事，不能让别人怀疑他。如今太子告诫我‘所说的，是国家大事，希望先生不要泄露’，这是太子怀疑我。一个人行事却让别人怀疑，他就不算是有节操、讲义气的人。”他想用自杀来激励荆轲，说：“希望您立即去见太子，就说我已经死了，表明我不会泄露机密。”随即就刎颈自杀了。

荆轲于是便去会见太子丹，告诉他田光已死，转达了田光的话。太子丹拜了两拜，跪下痛哭流涕，过了一会儿说：“我所以告诫田先生不要讲，是想使谋划的大事得以成功。如今田先生用死来表明他不会说出去，这哪里是我的初衷啊！”等荆轲坐下后，太子丹离开座位以头叩地说：“田先生不知道我不上进，使我能够到您跟前，冒昧地向您陈述，这是上天哀怜燕国，不抛弃我啊。如今，秦王有贪利的野心，而他的欲望是不会满足的。不占尽天下的土地，使各国的君王向他臣服，他的野心是不会满足的。如今秦国已俘虏了韩王，占领了他的全部领土。他又出动军队向南攻打楚国，向北逼近赵国。王翦率领几十万大军抵达漳水、邺城一带，而李信出兵太原、云中。赵国抵挡不住秦军，一定会向秦国臣服。赵国臣服，那么灾祸就降临到燕国了。燕国弱小，多次被战争困扰，如今，估计调动全国的力量也不能够抵挡秦军。诸侯畏服秦国，没有谁敢提合纵政策，我私下有个不成熟的计策，认为果真能得到一位盖世勇士，派往秦国，用重利诱惑秦王，秦王贪婪，其情势一定能达到我们的愿望。果真能够劫持秦王，让他全部归还侵占各国的土地，像曹沫劫持齐桓公，那就太好了。如不行，就趁势杀死他，他们秦国的大将在国外独揽兵权，而国内出了乱子，那么君臣彼此猜疑，趁此机会，各国得以联合起来，就一定能够打败秦国。这是我最大的愿望，却不知道把这个使命托付给谁，希望荆卿仔细地考虑这件事。”过了好一会儿，荆轲说：“这是国家的大事，我的才能低劣，恐怕不能胜任。”太子丹上前以头叩地，坚决请求不要推托，而后荆轲答应了。当时太子丹就尊奉荆轲为上卿，住进上等的宾馆。太子丹天天到荆轲的住所拜会，供给珍贵的饮食，时不时还献上奇珍异宝，车马美女任荆轲随心所欲，以便满足他的心意。

过了很长一段时间，荆轲还没有动身的意思。这时，秦国大将王翦已经击败赵国，俘虏赵王，将赵国土地尽数吞并。又进军向北，夺取土地，直到燕国的南部边界。太子丹害怕了，于是请求荆轲说：“秦国的军队马上就要横渡易水，那时，即使我想要长久地侍奉您，哪能办得到呢？”荆轲说：“没有太子这话，我也要请求行动了。现在没有信物，那么秦王还是不可以接近啊。那位樊将军，是秦王悬赏千斤黄金、封邑万户的人。真能得到樊将军的脑袋和燕国督亢的地图，献给秦王，秦王一定高兴，接见我，我就有机会报效您了。”太子丹说：“樊将军穷途末路来投靠我，我不忍心为自己的私利，而伤害这位长者的心，希望您考虑别的办法吧！”

荆轲知道太子丹不忍心，于是私下会见樊於期说："秦国待将军可以说太残酷了，父母、家族都被杀尽。如今听说用黄金千斤、封邑万户悬赏将军的首级，您打算怎么办呢？"樊於期仰望苍天，叹息流泪说："我每每想到这些，就痛入骨髓，只是想不出办法来罢了。"荆轲说："现在我有一句话，可以解除燕国的祸患，洗雪将军的仇恨，怎么样？"樊於期便凑向前说："怎么办？"荆轲说："希望得到将军的首级，用来献给秦王，秦王一定会高兴地召见我，我左手抓住他的衣袖，右手用匕首刺进他的胸膛，那么将军的大仇得报，而燕国被欺凌的耻辱也可以消除了。将军有这个心意吗？"樊於期脱掉一边衣袖，露出臂膀，一只手紧紧握住另一只手腕，走近荆轲说："这是我日夜切齿碎心的仇恨，今天才得到您的教诲！"于是自刎而死。太子听到这个消息，驾车奔往，伏在尸体上痛哭，十分悲伤，已经没法挽回。于是就把樊於期的首级装到匣子里密封起来。

太子丹已预先寻求天下最锋利的匕首，得到赵国徐夫人的匕首，花了百金重价买下它，让工匠用毒药浸淬，用人来试验，只要见一丝血，没有不立刻死的。于是，荆轲打点行装，准备出发。燕国有位勇士叫秦舞阳，十三岁那年就杀了人，人们不敢正眼看着他，于是太子丹派他给荆轲做助手。荆轲还要等一个人，打算一道出发。那人住得很远，还没赶到，而荆轲已替他准备好了行装。过了些日子，荆轲还没有出发，太子丹以为他在拖延，怀疑他反悔，就再次派人催他说："日子不多了，荆卿有动身的打算吗？请允许我派秦舞阳先行。"

荆轲发怒，斥责来人道："太子这样派遣是什么意思？只顾去而不能完成使命回来，那是没出息的小子！况且这是拿着把匕首，进入莫测的强秦！我所以暂留，是在等待另一位朋友同去。眼下太子认为我在拖延时间，就请与太子告辞诀别吧。"于是就出发了。

太子丹和门客中知道这件事的，都穿着白衣戴着白帽来为荆轲送行。到了易水岸边，饯行以后，荆轲上路，高渐离击着筑，荆轲和着节拍唱歌，发出苍凉凄婉的声调，送行的人都流泪哭泣，一边前行一边唱道："风萧萧兮易水寒，壮士一去兮不复还！"又发出慷慨激昂的声调，送行的人都怒目圆睁，头发直竖，把帽子顶了起来。于是，荆轲上车离去，连头也不回。

就这样到了秦国，荆轲带着价值千金的礼物，厚赠秦王宠幸的臣子中庶子蒙嘉。蒙嘉替荆轲先在秦王面前说："燕王确实被大王的威严震慑，不敢出兵抗拒大王的将士，情愿做秦国的臣子，比照其他的诸侯国排列其中，像直属郡县那样纳税，使得以奉守先王的宗庙。因为恐惧不敢亲自前来陈述，谨此砍下樊於期的首级，并献上燕国督亢地区的地图，装匣密封。燕王还在朝廷上举行了拜送仪式，派使臣来把这种情况禀明大王，敬请大王示下。"秦王听了，非常高兴，就穿上了礼服，安排了隆重的九宾之礼，在咸阳宫召见燕国使者。

荆轲捧着樊於期的首级，秦舞阳捧着地图匣子，按次序进入。走到殿前台阶下，秦舞阳脸色突变，害怕得发抖，众臣感到奇怪。荆轲回头朝秦舞阳笑笑，上前谢罪说："北方

藩属蛮夷之地粗野的人，没有见过天子，所以心惊胆寒，希望大王宽容，让他能够完成使命。”秦王对荆轲说：“呈上舞阳拿的地图。”荆轲取过地图献上，秦王展开地图，图卷展到尽头，亮出一把匕首，荆轲用左手拉住秦王的袖子，用右手持匕首刺向秦王，还没等刺中，秦王大惊，抽身跳起，袖子断了。秦王拔剑，但是剑身太长，只抓住了剑鞘，当时惊慌失措，剑又套得太紧，更是没法立刻拔出来。荆轲追赶着秦王，秦王绕着柱子逃跑。群臣也被吓住了，事发突然，大家一时之间都不知怎么办。当时秦国的法律规定，殿上的侍从大臣不允许携带任何兵器，各位侍卫武官也只能拿着武器，按照次序守卫在殿外，没有国君的命令，不准进殿。正当危急时刻，秦王也来不及传唤下边的侍卫官兵，因此荆轲能够追赶秦王。仓促之间，惊慌失措，没有用来攻击荆轲的武器，秦王只能赤手空拳与荆轲搏击。这时，侍从医官夏无且，用他捧着的药袋，投击荆轲。秦王正围着柱子跑，仓猝慌急不知如何是好，侍从们在下面喊：“大王从背后拔剑！（注：出土秦俑显示，秦军长剑斜插在后腰上，而不是悬挂在侧腰位置，故长剑可以从背后拔出。）秦王拔出长剑攻击，砍断了荆轲的左腿。荆轲残废了，就举起匕首，拼尽全力投刺秦王，没有击中，却击中了铜柱。秦王接连刺击荆轲，荆轲被刺伤八处。荆轲自知大事不能成功，背靠柱子大笑，张开两腿像簸箕一样坐在地上骂道：“我的大事之所以没有成功，是因为我想活捉你，迫使你订立契约以回报太子。”这时，侍卫们冲上前来杀死了荆轲。秦王吓得好长时间才缓过神来。过了些时候，评定功过，赏赐群臣及处置有罪过的官员，各有差别，赐给夏无且黄金二百镒，说：“无且护我心切，用药袋投击荆轲。”鲁句践听说了荆轲刺秦王的事，私下里说：“唉！太可惜了！这是因为他不讲究刺剑的技艺啊，我也太不识人了。以前我呵斥他，他还以为我是坏人。”

于是，秦王很生气，增派军队开往赵国，命令王翦的军队攻打燕国。十月，攻克了蓟城。燕王喜、太子丹等率领全部精锐部队，向东退守辽东。

秦统一全国，立号称皇帝。于是，秦国通缉太子丹与荆轲的门客，他们纷纷逃散，高渐离改了姓名给人做佣人，藏匿在姓宋的人家。时间长了，劳作辛苦，听到他们家堂上有客人击筑，流连彷徨，不肯离去，常常指出客人的击筑哪里是对的，哪里是错的。身边有人将这事告诉了主人，说：“那个佣工竟然知道音律，私下说对错。”宋家男主人召唤他来，让他击筑，满座都说好，赏赐饮酒。高渐离想着隐姓埋名的时间已久，害怕也没个完，于是下去，拿出他装在匣中的筑和他的好衣裳，换了个容貌出来。满座客人大惊，都下来与他施礼，让他做上客，击筑唱歌，客人无不流泪而离开，宋家以宾客之礼待他。渐渐被秦始皇听说了。秦始皇召见他，有认识他的人，就说这是高渐离。秦始皇喜欢他击筑的技艺，大赦了他。于是，秦始皇弄瞎了他的眼睛，让他击筑，没有人不夸奖，渐渐让他接近。高渐离便以铅灌进筑内，再次进入宫廷，得以接近秦始皇身边，举起筑来扑打秦始皇，未能击中。于是，秦始皇杀了高渐离，终身不再让各诸侯国的人

近身。

新史氏说，刺杀是对付万民之贼最后的手段。那俄罗斯虚无党，也何尝不是想要用武装起事？最终不得不寄希望于炸弹匕首的原因，也是形势所逼啊。只因当时人人心目中，都只有这最后的一种方法了。荆轲之死，以田光为开端，中间有樊於期，又由高渐离作为结尾，贤哲云集啊！虽说是风气养成使然，但时势也是有所造化的，荆轲之后，还有张良，还有贯高，都是发生在前后三十年间。从那以后暗沉沉千百年间，不再有此等人物出现在历史之中。何意百炼钢，化为绕指柔。先民那种浩然正气消失殆尽，这是谁的过错？

【少年说】

荆轲，战国末期卫国朝歌（今河南鹤壁）人，战国时期著名刺客，也称庆卿、荆卿、庆轲。

公元前 227 年，距离秦一统天下只有六年时间了，为了阻止秦国的侵略，荆轲带燕督亢地图和樊於期首级，前往秦国刺杀秦王。临行前，燕太子丹、高渐离等许多人在易水边为荆轲送行，场面十分悲壮。“风萧萧兮易水寒，壮士一去兮不复还”，这是荆轲在告别时所吟唱的诗句。荆轲与秦舞阳入秦后，秦王在咸阳宫隆重召见了他们，在交验樊於期头颅，献督亢（今河北涿州、易县、固安一带）的地图，图穷匕首见，荆轲刺秦王不中，被秦王拔剑击成重伤后为秦侍卫所杀。

荆轲是个不畏强权的勇士，他刺秦不为报私仇，也不为太子丹个人，而是为了所有深受战争灾难的人民。

【梁任公原文】

荆轲者，卫人也。其先乃齐人，徙于卫。卫人谓之庆卿。而之燕，燕人谓之荆卿。

荆卿好读书击剑，以术说卫元君。卫元君不用，荆轲游于邯郸。鲁句践与荆轲博，争道。鲁句践怒而叱之，荆轲嘿而逃去，遂不复会。

荆轲既至燕，爱燕之狗屠及善击筑者高渐离。荆轲嗜酒，日与狗屠及高渐离饮于燕市。酒酣以往，高渐离击筑，荆轲和而歌于市中，相乐也。已而相泣，旁若无人者。荆轲虽游于酒人中，然其为人沉深好书，其所游诸侯，尽与其贤豪长者相结。其之燕，燕之处士田光先生亦善待之，知其非庸人也。

居顷之，会燕太子丹质秦亡归燕。燕太子丹者，故尝质于赵，而秦王政生于赵，其少时与丹欢。及政立为秦王，而丹质于秦。秦王之遇燕太子丹不善，故丹怨而亡归。归而求为报秦王者，国小力不能。其后秦日出兵山东，以伐齐楚三晋，稍蚕食诸侯，且至于燕，燕君臣皆恐祸之至。太子丹患之，问其傅鞠武。武对曰："秦地遍天下，威胁韩魏赵氏。

北有甘泉谷口之固，南有泾渭之沃。擅巴汉之饶，右陇蜀之山，左关殽之险。民众而士厉，兵革有余。意有所出，则长城之南，易水以北，未有所定也。奈何以见陵之怨，欲批其逆鳞哉？”丹曰：“然则何由？”对曰：“请入图之。”

居有间。秦将樊於期得罪于秦王，亡之燕，太子受而舍之。鞠武谏曰：“不可。夫以秦王之暴，而积怒于燕，足为寒心，又况闻樊将军之所在乎？是谓委肉当饿虎之蹊也，祸必不振矣。虽有管晏，不能为之谋也。愿太子疾遣樊将军入匈奴以灭口。请西约三晋，南连齐楚，北购于单于，其后乃可图也。”太子曰：“太傅之计，旷日弥久，心惛（mèn）然，恐不能须臾。且非独于此也，夫樊将军穷困于天下，归身于丹，丹终不以迫于强秦，而弃所哀怜之交，置之匈奴。是故丹命卒之时也，愿太傅更虑之。”鞠武曰：“夫行危欲求安，造祸而求福，计浅而怨深，连结一人之后交，不顾国家之大害，此谓资怨而助祸矣。夫以鸿毛燎于炉炭之上，必无事矣。且以雕鸷之秦，行怨暴之怒，岂足道哉。燕有田光先生，其为人智深而勇沉，可与谋。”太子曰：“愿因太傅而得交于田先生，可乎？”鞠武曰：“敬诺。”出见田先生，道：“太子愿图国事于先生也。”田光曰：“敬奉教。”乃造焉。

太子逢迎却行为导，跪而蔽席。田光坐定，左右无人，太子避席而请曰：“燕秦不两立，愿先生留意也。”田光曰：“臣闻骐骥盛壮之时，一日而驰千里，至其衰老，驽马先之。今太子闻光盛壮之时，不知臣精已消亡矣。虽然，光不敢以图国事，所善荆卿可使也。”太子曰：“愿因先生得结交于荆卿，可乎？”田光曰：“敬诺。”即起，趋出。太子送至门，戒曰：“丹所报先生所言者，国之大事也，愿先生勿泄也。”田光俯而笑曰：“诺。”偻行见荆卿曰：“光与子相善，燕国莫不知。今太子闻光壮盛之时，不知吾形已不逮也。幸而教之曰：‘燕秦不两立，愿先生留意也。’光窃不自外，言足下于太子也，愿足下过太子于宫。”荆轲曰：“谨奉教。”田光曰：“吾闻之：长者为行，不使人疑之。今太子告光曰：‘所言者国之大事也，愿先生勿泄。’是太子疑光也。夫为行而使人疑之，非节侠也。”欲自杀以激荆卿，曰：“愿足下急过太子，言光已死，明不言也。”因遂自刎而死。

荆轲遂见太子，言田光已死，致光之言。太子再拜而跪，膝行流涕，有顷而后言曰：“丹所以诫田先生毋言者，欲以成大事之谋也。今田先生以死明不言，岂丹之心哉？”荆轲坐定，太子避席顿首曰：“田先生不知丹之不肖，使得至前，敢有所道，此天之所以哀燕而不弃其孤也。今秦有贪利之心，而欲不可足也。非尽天下之地，臣海内之王者，其意不厌。今秦已虏韩王，尽纳其地。又举兵南伐楚，

北临赵。王翦将数十万之众，距漳邺，而李信出太原云中。赵不能支，秦必入臣。入臣则祸至燕。燕小弱，数困于兵。今计举国不足以当秦。诸侯服秦，莫取合从。丹之私计，愚以为诚得天下之勇士，使于秦，窥以重利，秦王贪，其势必得所愿矣。诚得劫秦王，使悉反诸侯侵地，若曹沫之与齐桓公，则大善矣。则不可，因而刺杀之。彼秦大将擅兵于外，而内有乱，则君臣相疑。以其间诸侯得合从，其破秦必矣。此丹之上愿，而不知所委命，唯荆卿留意焉。"久之，荆轲曰："此国之大事也，臣驽下恐不足任使。"太子前顿首，固请毋让，然后许诺。于是尊荆卿为上卿，舍上舍。太子日造门下，供太牢，具异物，间进车骑美女，恣荆轲所欲，以顺适其意。

久之，荆轲未有行意。秦将王翦破赵，虏赵王，尽收入其地。进兵北略地至燕南界，太子丹恐惧，乃请荆轲曰："秦兵旦暮渡易水，则虽欲长侍足下，岂可得哉？"荆轲曰："微太子言，臣愿谒之。今行而无信，则秦未可亲也。夫樊将军，秦王购之金千斤，邑万家。诚得樊将军首与燕督亢之地图奉献秦王，秦王必说，见臣，臣乃得有以报。"太子曰："樊将军穷困来归丹，丹不忍以己之私，而伤长者之意，愿足下更虑之。"

荆轲知太子不忍，乃遂私见樊於期曰："秦之遇将军，可谓深矣，父母宗族，皆为戮没。今闻购将军首金千斤，邑万家，将奈何？”於期仰天太息流涕曰：“於期每念之，当痛于骨髓，顾计不知所出耳。”荆轲曰：“今有一言，可以解燕国之患，报将军之仇者，何如？”於期乃前曰：“为之奈何？”荆轲曰：“愿得将军之首以献秦王，秦王必喜而见臣，臣左手把其袖，右手揕其匈，然则将军之仇报，而燕见陵之愧除矣。将军其有意乎？”樊於期偏袒扼腕而进曰：“此臣之日夜切齿腐心也，乃今得闻教。”遂自刭。太子闻之，驰往，伏尸而哭，极哀。既已不可奈何，乃遂盛樊於期首函封之。

于是太子豫求天下之利匕首，得赵人徐夫人匕首，取之百金，使工以药淬之。以试人，血濡缕，人无不立死者。乃装为遣荆卿。燕国有勇士秦舞阳，年十三，杀人，人不敢忤视，乃令秦舞阳为副。荆轲有所待，欲与俱。其人居远未来，而为治行。顷之，未发，太子迟之，疑其改悔，乃复请曰：“日已尽矣，荆卿岂有意哉？丹请得先遣秦舞阳。”荆轲怒叱太子曰：“何太子之遣？往而不返者竖子也。且提一匕首，入不测之强秦。仆所以留者，待吾客与俱。今太子迟之，请辞决矣。”遂发。

太子及宾客知其事者，皆白衣冠以送之。至易水之上，既祖取道，高渐离击筑，荆轲和而歌，为变徵之声，士皆垂泪涕泣。又前而歌曰：“风萧萧兮易水寒，壮士一去兮不复还。”复为羽声，慷慨。

士皆瞋目，发尽上指冠。于是荆轲就车而去，终已不顾。

遂至秦，持千金之资币物，厚遗秦王宠臣中庶子蒙嘉。嘉为先言于秦王曰："燕王诚振怖大王之威，不敢举兵以逆军吏，愿举国为内臣，比诸侯之列，给贡职如郡县，而得奉守先王之宗庙。恐惧不敢自陈，谨斩樊於期之头，及献燕督亢之地图，函封，燕王拜送于庭，使使以闻大王，唯大王命之。"秦王闻之，大喜，乃朝服设九宾，见燕使者咸阳宫。

荆轲奉樊於期头函，而秦舞阳奉地图匣，以次进。至陛，秦舞阳色变振恐，群臣怪之。荆轲顾笑舞阳，前谢曰："北番蛮夷之鄙人，未尝见天子，故振慑。愿大王少假借之，使得毕使于前。"秦王谓轲曰："取舞阳所持地图。"轲既取图奏之。秦王发图，图穷而匕首见。因左手把秦王之袖，而右手持匕首揕之。未至身，秦王惊。自引而起，袖绝。拔剑，剑长，操其室。时惶急，剑坚，故不可立拔。荆轲逐秦王，秦王环柱而走。群臣皆愕，卒起不意，尽失其度。而秦法，群臣侍殿上者，不得持尺寸之兵，诸郎中执兵，皆陈殿下，非有诏召不得上。方急时，不及召下兵，以故荆轲乃逐秦王。而卒惶急无以击轲，而以手共搏之。是时，侍医夏无且，以其所奉药囊提荆轲也。秦王方环柱走，卒惶急不知所为，左右乃曰："王负剑。"遂拔以击荆轲，断其左股。荆轲废，乃引其匕首以擿（zhì）秦王。不中，中桐柱。秦王复击轲，轲被八创。轲自知事不就，倚柱而笑，箕倨以骂曰："事所以不成者，以欲生劫之，必得约契以报太子也。"

于是左右既前杀轲。秦王不怡者良久。已而论功赏群臣及当坐者，各有差，而赐夏无且黄金二百镒，曰："无且爱我，乃以药囊提荆轲也。"鲁句践已闻荆轲之刺秦王，私曰："嗟乎惜哉，其不讲于刺剑之术也，甚矣吾不知人也。曩（nǎng）者吾叱之，彼乃以我为非人也。"

于是秦王大怒，益发兵诣赵，诏王翦军以击燕。十月，而拔蓟城。燕王喜、太子丹等尽率其精兵，东保于辽东。

秦并天下，立号为皇帝。于是秦逐太子丹、荆轲之客，皆亡。高渐离变名姓为人庸保，匿作于宋子。久之，作苦，闻其家堂上客击筑，彷徨不能去。每出言曰："彼有善有不善。"从者以告其主，曰："彼庸乃知音，窃言是非。"家丈人召使前击筑，一坐称善，赐酒。而高渐离念久隐，畏约无穷时，乃退，出其装匣中筑与其善衣，更容貌而前。举坐客皆惊，下与抗礼，以为上客。使击筑而歌，客无不流涕而去者。宋子传客之，闻于秦始皇。秦始皇召见，人有识者，乃曰高渐离也。秦皇帝惜其善击筑，重赦之。乃矐（huò）其目，使击筑，未尝不称善，稍益近之。高渐离乃以铅置筑中，复进，得近，举筑扑秦皇帝，

不中。于是遂诛高渐离，终身不复近诸侯之人。

（《史记·刺客列传》）

新史氏曰，击刺者，对付民贼最后之手段也。彼俄罗斯虚无党，亦曷尝不欲以戎马矛戟相从事。而卒不得不乞灵于炸弹匕首者，势使然也。盖当时人人心目中，皆惟有此最后之一著。荆轲之死也，而先之以田光，中之以樊於期，又有高渐离以为之尾声，吁，何其多贤也！虽由风气养成使然，抑时势亦有以造之矣。荆卿以还，次有张良，次有贯高，皆同起于前后三十年间。自兹沉沉黑暗数十世纪。不复有此等人物闻于历史矣。何意百炼钢，化为绕指柔。先民之元气斫丧如此其易也，谁之罪欤？

附陶渊明诗

燕丹善养士，志在报强嬴。招集百夫良，岁暮得荆卿。君子死知己，提剑出燕京。素骥鸣广陌，慷慨送我行。雄发指危冠，猛气冲长缨。饮饯易水上，四座列群英。渐离击悲筑，宋意唱高声。萧萧哀风逝，淡淡寒波生。商音更流涕，羽奏壮士惊。心知去不归，且有后世名。登车何时顾，飞盖入秦庭。凌厉越万里，逶迤过千城。图穷事自至，豪主正怔营。惜哉剑术疏，奇功遂不成。其人虽已没，千载有余情。

张良：尚武精神的黄昏

留侯张良，他的先人是韩国人。秦国灭韩国的时候，张良年纪还小，没有在韩国做官。韩国灭亡了，张良家有奴仆三百人，弟弟死了都不埋葬，散尽家财招揽刺客刺杀秦王，以报灭国之仇。这是因为张良的祖父和父亲在韩国五朝为相。张良曾经去淮阳学礼法，去东方见沧海君。他找到一个大力士，造了一个一百二十斤重的铁锤。秦始皇到东方巡游，张良与大力士在博浪沙这个地方袭击秦始皇，误中了副车。秦王非常生气，在全国大肆搜捕，急于找到这个想刺杀他的人。于是张良改名换姓，逃亡藏身在下邳，在那里以抑强扶弱为己任。

新史氏说，张良是天下侠义之大者。我最赞赏他。太史公对于他长得清秀矮小如同女子很是诧异。拥有武道精神的人，不是以其体力评判的，而是精神面貌。如妇人美女的容貌，不妨碍他的勇武。有人说，张良晚年的时候，大概得到了道吧。我却觉得张良是用得道之事来隐藏自己。让武士不得不用得道来将自己隐藏起来，就可以知道世间事已经变化。自张良之后，武士大概就像强弩之末，连最微薄的鲁缟都穿不透了。

我走笔至此，感慨武道精神之衰亡，不禁像孔子听到获麟那样，潸然泪下。（传说，孔子晚年编著《春秋》，听闻鲁君狩猎获得一头麒麟，代表天道的瑞兽竟死于刀剑之下，孔子为之泪下，由此搁笔，不再著述。）

【少年说】

张良是战国时期的韩国贵族后裔，韩国被秦国灭亡后，张良家族砥砺苦行准备复仇。按照《史记》的记载，张良长相俊美，宛如美女，然而在博浪沙策划刺杀秦始皇事件，却正是他的杰作。《史记》中有关于张良的一篇列传，内容很丰富，主要讲述他如何帮助刘邦出谋划策平定天下，本文是《史记》内容节选，只选择了突出尚武精神的刺杀秦始皇一段，张良后来的人生，主要是体现出智慧和独立自由的境界，跟尚武精神无关，故梁启超没有继续摘录。汉朝之后，尚武精神衰微，张良式的勇武精神几乎成为绝唱，所以梁启超在文末有涕下之叹。

【梁任公原文】

留侯张良者，其先韩人也。秦灭韩，良年少，未宦事韩。韩破，良家僮三百人，弟死不葬，悉以家财求客刺秦王，为韩报仇。以大父、父五世相韩故。良尝学礼淮阳，东见仓海君。得力士，为铁椎重百二十斤。秦皇帝东游，良与客狙击秦皇帝博浪沙中，误中副车。秦皇帝大怒，大索天下，求贼甚急，为张良故也。良乃更名姓，亡匿下邳，为任侠（下略）。

（《史记·留侯世家》）

新史氏曰，留侯，天下之大侠也。靡俟吾赞。太史公诧其状貌如妇人好女。夫武士道者，非膂力之谓，心力之谓也。妇人好女，何害其为武！或曰：留侯晚岁，盖得道焉。吾谓留侯，以道自隐者也。夫使武士而不得不以道自隐，世变盖可知矣。自留侯以后，而武士盖如强弩之末，不能穿鲁缟云。吾叙述至此，而几不禁获麟之涕也。

西楚霸王：成败反思录

项籍是下相人，字羽。最初举事时，年仅二十四岁，他的叔叔是项梁。项羽小时候念书不好，去学剑又没学好。项梁因此很生气，项羽说："识字会写名字就够了。学剑只能对敌一人，不值得学，我要学对敌万人的本事。"于是项梁就教他兵法，项羽高兴坏了，可大概知晓了意思，就不肯好好学了。

项梁杀了人，和项羽在吴中躲避仇家。秦始皇巡游到了会稽，渡过浙江时，项梁和项羽一同去观看。项羽说："那个皇帝，我能取代他。"项梁急忙捂住他的嘴，说："别胡说八道！小心带来灭族之祸！"项梁从此认为项羽不是一般人。

项羽长大身高八尺有余，力能扛鼎，才气过人。即使是吴中本地青年，都已经敬畏他了。

秦二世元年七月，陈胜等人在大泽乡起义。当年九月，会稽郡守殷通联络项梁说："大江以西全都造反了，这是上天要秦朝灭亡。我听说先发制人，而后发制于人。我想要起兵，让您和桓楚为将统帅军队。"那时桓楚逃亡在外，项梁就说：

“桓楚在外逃亡，没人知道他的下落，只有项羽知道。”项梁于是出去嘱咐项羽，持剑在外等候。回来后，与郡守坐下说：“请您召见项羽，让他接受命令召回桓楚。”郡守答应了，项梁就把项羽召进来。没多久，项梁对项羽使了个眼色说：“可以动手了！”于是项羽拔剑砍下郡守首级。项梁提着郡守的头，佩戴郡守的官印。郡守的手下大吃一惊，一片混乱，项羽连杀数十百人，府中全体慑服于地，没有人敢起身。于是项梁召集熟悉的豪强官吏，告诉他们一起起义。接着就率领全部吴中士兵，派遣人接收下属各县壮丁，共得精兵八千人。

楚怀王召见宋义商谈国事，非常高兴，将他拜为上将军；项羽为鲁公，任次将军；范增任末将，去援救赵军。全部别将都听从宋义号令，号称卿子冠军。部队行军到了安阳，停留了四十六天，不再前进。项羽说：“我听说秦军在巨鹿包围了赵王，我们速出兵渡河，楚军在外攻击，赵军在内接应，一定能大败秦军。”宋义说：“不行。打牛虻杀不掉虮虱。现在秦军攻打赵军，战胜的话会兵困马乏，正是我们的机会。如果秦军不胜，我们大举向西进军，一定能战胜秦军。所以不如先让秦赵两军打上一阵。要说披坚执锐，我不如你；计谋策略，你不如我。”因此下令全军：“猛如虎，狠如羊，贪如狼，强硬不遵军令者，一律问斩。”宋义还送他的儿子宋襄去帮助齐国，亲自送他到无盐，饮酒高会。天气寒冷，大雨倾盆，士兵们在忍受着寒冷和饥饿。项羽说：“本来计划全力攻击秦国，久留不行。如今，年景不好，百姓贫困，将士们吃得很差，军中都快没粮了，他竟然还饮酒聚会。不

引兵渡河利用赵国之粮，和赵军合力攻打秦军，却说趁其疲惫。凭着秦国的强大，攻打新建立的赵国，势必灭掉赵国。赵国灭亡，秦国更强，哪来的疲惫之说？况且，我军刚打过败仗，楚王都坐立难安。将军事托付给将军，国家的安危在此一举。如今不体恤士兵只顾徇私，绝非社稷良臣。”第二天清晨，项羽去参见上将军宋义，一进军帐，就把宋义的头给砍了，出来传军令说：“宋义和齐国合谋反楚，楚王暗中命令我杀了他。”这个时候，众将领都惧怕而臣服，不敢支吾，纷纷说：“首先扶立楚国的是将军一家，将军这是诛杀乱臣。”于是大家一起推举项羽暂代上将军，派人追击宋义的儿子，追到齐国杀了他。项羽派遣桓楚向楚怀王呈报请命，楚怀王任命项羽为上将军，当阳君、蒲将军都归项羽节制。

项羽因为斩杀卿子冠军，威震楚国，名闻诸侯。于是，他派遣当阳君、蒲将军率领二万人渡河援救巨鹿。作战没有进展，陈余再次请求援军。项羽率领全部军队渡河，将全部舟船凿沉，全部的坛坛罐罐打破，营房全部烧毁，仅携带三天的粮食，向士兵表明决一死战之心。于是，楚军刚一到达就包围了王离，与秦军大战，截断了秦军的甬道，秦军大败。楚军杀了苏角，俘虏了王离，涉间拒不投降，自焚而亡。

这时候，楚军勇冠诸侯，前来营救巨鹿的各路诸侯有十余家，没人敢发兵出战。等到楚军攻击秦军的时候，诸侯将领都在营垒上观看。楚军战士无不以一当十，杀声震天，各路诸侯无不胆寒。于是，打败秦军后，项羽召见各诸侯将领，将领们经过辕门，无不跪着前行，不敢抬头仰视。项羽从此成为诸侯上将军，各路诸侯都服从他。

楚汉长时间相持不下，年青力壮者厌倦了长期的军旅生涯，老弱者也因水陆运输而十分疲惫。项王对汉王说：“天下纷纷扰扰这么些年，只因为我们俩。我愿与你决战一决雌雄，不要白白苦了天下的百姓。”汉王笑着回绝道：“我宁愿斗智，不愿斗力。”项王命令勇士出阵挑战，汉军中有精于骑射武艺的叫作楼烦，楚将挑战了三次，楼烦都把他们射杀了。项王大怒，就自己披甲执戟出阵挑战。楼烦想要射他，项王怒目大喝，楼烦吓得目不敢视，手不敢放箭，反身退回阵中，不敢再出来。汉王派人打探询问，才知道挑战的人竟然是项王，汉王大惊。于是项王和汉王，隔着广武涧会面对话。汉王历数项王的罪责，项王大怒，想要和汉王决战，汉王不听。项王埋伏的箭手射中了汉王，汉王受伤后逃到了成皋。

项王的军队筑垒垓下，兵力不足，缺少粮食。汉军和各诸侯军队将他们重重包围。夜间听到汉军在四面唱着楚国的歌，项王大惊说：“汉军已经得到楚地了吗？为什么这么多楚国人？”项王深夜在帐中醉饮，有位虞姬美人，常伴身边，骏马名骓，是项王平日的坐骑。这时，项王不禁慷慨悲歌，做诗吟唱道：“力拔山兮气盖世，时不利兮骓不逝。骓不逝兮可奈何！虞兮虞兮奈若何！”歌唱数次，美人相和。项王眼泪流下，左右部下也都跟着流泪，伤心得无法抬头仰视。

于是，项王上马整备，麾下有八百多名壮士骑马跟随，到夜间突破包围向南奔驰撤退。天亮后，汉军才发觉，命令将领灌婴率五千骑兵追击。项王渡过淮河，还能骑马跟随的

只剩一百多人。项王到了阴陵，迷了路，问一个农夫，农夫骗他说："向左。"项王往左走，却陷入了一大片沼泽之中，因此汉军追上了他们。项王又带兵向东突围。到了东城，只剩下二十八个骑兵了，而追击他们的汉军骑兵有几千人。项王自己思量难以逃脱，对他手下骑兵说："我起兵到现在八年了，身经七十余战，阻挡我的人全都被我击败，我去攻打的人全部被我降服，从没有打过败仗，这才称霸天下。然而现在最终被围困在这里，这是上天要灭亡我，不是战斗不利的过错。今天定要决一死战了，我愿为各位痛痛快快地打一仗，一定要胜它三个回合，为各位突破重围，斩杀敌将，砍倒敌人的军旗，让各位知道的确是上天要灭亡我，决不是战斗不利的罪过。"于是项王将骑兵分为四队，面朝四个方向。汉军重重包围，项王对骑兵们说："我为大家杀一个敌将。"命令四面骑兵奔驰而下，约定到山的东面分作三处集合。于是项王高呼冲击，汉军披靡而败，斩杀了一员汉将。那时，赤泉侯是骑兵将领，追击项王，项王怒目大吼，赤泉侯人马俱惊，逃了数里远。项王和骑兵们会合成了三部分，汉军不知道项王在哪里，就分兵三路，再次包围了他们。项王加速冲击，再次斩杀汉军一名都尉，杀死汉兵百十来人，再次聚拢骑兵，只失去了两名骑兵。项王于是对骑兵们说："怎么样？"骑兵们都佩服地说："真的像大王说的。"

这时候，项王想要向东渡过乌江。乌江亭长准备好船在岸边等待，对项王说："江东虽小，但也有纵横千里的土地，数十万民众，也足够割据称王了，希望大王快快渡河。现在只有为臣有船，汉军来了，没办法渡江。”项王笑着说：“上天要灭亡我，我还渡江干什么？况且，我和八千江东子弟渡江西进，现在却没有一个人回来。纵然江东父老可怜我，尊我为王，我又有何面目去见他们？即使他们不说，我自己不会愧疚于心吗？”于是就对亭长说：“我知道您是一位忠厚长者，我骑这匹马五年了，从无敌手，曾经日行千里，我不忍心杀它，送给您吧。”于是命令骑兵全部下马步行，持短兵器进行战斗。项羽自己就杀了汉军几百人，自身也被伤了十多处。回头看见汉军骑兵司马吕马童，说：“你不是我的老相识吗？”吕马童和项王打了一个照面，指给王翳说：“这就是项王。”项王说：“我听说汉王要买我的头，值千金，封万户，我把这份好处给了你吧。”说完，自刎而死。

新史氏说，项王是不世出的大英雄，到现在百世之后，连女人孩子都能讲他的故事，不用我这里多讲。《史记》本纪里一万多字，都是铁血的历史。这次编辑尽本意有所裁剪，不能全部引入，只录用了最值得称道的。像那样以新成立的乌合之军，对抗威名赫赫的大秦，救援濒临灭亡的赵国，不可以称作侠义吗？不忍心人民在战争中受苦，而想要和汉王决斗，不可以称为仁义英勇吗？垓下已经末路，不肯渡江，说自己无面目与父老相见，这是真正的武士！唐朝有人作诗：“胜负兵家事不期，包羞忍耻是男儿。江东子弟多才俊，卷土重来未可知。”这难道还不足以表达血性男儿的心事吗？如果范蠡不殉会稽之耻，曹沫不死三败之辱，卒复勾践之仇，

报鲁国之羞，就又是不同的事，不可以相比的。

【少年说】

秦朝灭亡之后，各地武装力量逐渐聚合为楚汉两大对立势力。楚汉之争是中国历史上的关键节点，因为涉及历史的路径选择，跟后世的朱元璋与陈友谅、张士诚争霸大有不同，后者无论谁当皇帝，其实对长期历史来说并无差别，但楚汉争霸意味着两条历史路径的斗争：项羽代表着恢复封建制度的方向选择，而刘邦代表着继承秦开创的大一统帝国制度。随着刘邦胜利，汉朝确立，中央集权制度得以巩固，中国历史的第一次大转型进入收尾阶段，中国由封建制度转入中央集权的帝国制度，此后世世代代的中国人，生活模式发生了根本变化、世界观发生了根本变化，中国历史也进入了几百年兴衰循环一次的周期，这个路径选择的影响，至今依然存在。

【梁任公原文】

项籍者，下相人也，字羽。初起时，年二十四，其季父项梁。少时学书不成，去学剑，又不成。项梁怒之，籍曰："书足以记姓名而已。剑一人敌，不足学，学万人敌。"于是项梁乃教籍兵法，籍大喜，略知其意，又不肯竟学。

项梁杀人，与籍避仇于吴中。秦始皇帝游会稽，渡浙江，梁与籍俱观。籍曰：“彼可取而代也。”梁掩其口曰：“毋妄言，族矣。”梁以此奇籍。

籍长八尺余，力能扛鼎，才气过人。虽吴中子弟，皆已惮籍矣。

秦二世元年，七月，陈涉等起大泽中。其九月，会稽守通谓梁曰：“江西皆反，此亦天亡秦之时也。吾闻先即制人，后则为人所制。吾欲发兵，使公及桓楚将。”是时桓楚亡在泽中，梁曰：“桓楚亡，人莫知其处，独籍知之耳。”梁乃出诫籍，持剑，居外待。梁复入，与守坐，曰：“请召籍，使受命召桓楚。”守曰：“诺。”梁召籍入。须臾，梁眴（shùn）籍曰：“可行矣。”于是籍遂拔剑斩守头。项梁持守头，佩其印绶。门下大惊，扰乱，籍所击杀数十百人，一府中皆慑伏，莫敢起。梁乃召故所知豪吏，谕以所为起大事。遂举吴中兵，使人收下县，得精兵八千人。

王召宋义与计事而大悦之，因置以为上将军；项羽为鲁公，为次将；范增为末将，救赵。诸别将皆属宋义，号为卿子冠军。行至安阳，留四十六日，不进。项羽曰：“吾闻秦军围赵王钜鹿，疾引兵渡河，楚击其外，赵应其内，破秦军必矣。”宋义曰：“不然。夫搏牛之虻，不可以破虮（jǐ）虱。今秦攻赵，战胜则兵罢，我承其敝。不胜则我引兵鼓行而西，必举秦矣。故不如先斗秦赵。夫被坚执锐，义不如公；

坐而运策，公不如义。”因下令军中曰：“猛如虎，狠如羊，贪如狼，强不可使者，皆斩之。”乃遣其子宋襄相齐，身送之至无盐，饮酒高会。天寒大雨，士卒冻饥。项羽曰：“将戮力而攻秦，久留不行。今岁饥民贫，士卒食芋菽，军无见粮，乃饮酒高会，不引兵渡河，因赵食，与赵并力攻秦，乃日承其敝。夫以秦之强，攻新造之赵，其势必举赵。赵举而秦强，何敝之承？且国兵新破，王坐不安席，扫境内而专属于将军。国家安危，在此一举。今不恤士卒而徇其私，非社稷之臣。”项羽晨朝上将军宋义，即其帐中，斩宋义头，出令军中曰：“宋义与齐谋反楚，楚王阴令羽诛之。”当是时，诸将皆慑服，莫敢枝梧，皆曰：“首立楚者将军家也。今将军诛乱。”乃相与共立羽为假上将军。使人追宋义子，及之齐，杀之。使桓楚报命于怀王，怀王因使项羽为上将军。当阳君、蒲将军皆属项羽。

项羽已杀卿子冠军，威震楚国，名闻诸侯。乃遣当阳君、蒲将军将卒二万渡河救钜鹿。战少利，陈余复请兵。项羽乃悉引兵渡河，皆沉船。破釜甑（zèng），烧庐舍，持三日粮，以示士卒必死，无一还心。于是至则围王离。与秦军遇，九战，绝其甬道，大破之。杀苏角，虏王离。涉间不降楚，自烧杀。

当是时，楚兵冠诸侯，诸侯军救钜鹿下者十余壁，莫敢纵兵。及楚击秦，诸将皆从壁上观。楚战士无不一以当十，楚兵呼声动天，诸侯军无不人人惴恐。于是已破秦军。项羽召见诸侯将，诸侯将入辕门，无不膝行而前，莫敢仰视。项羽由是始为诸侯上将军，诸侯皆属焉。

楚汉久相持未决，丁壮苦军旅，老弱罢转漕。项王谓汉王曰："天下匈匈数岁者，徒以吾两人耳。愿与汉王挑战决雌雄，毋徒苦天下之民父子为也。"汉王笑谢曰："吾宁斗智，不能斗力。"项王令壮士出挑战，汉有善骑射者楼烦，楚挑战三合，楼烦辄射杀之。项王大怒，乃自被甲持戟挑战。楼烦欲射之，项王瞋目叱之，楼烦目不敢视，手不敢发，遂走还入壁，不敢复出。汉王使人间问之，乃项王也。汉王大惊。于是项王乃即汉王，相与临广武间而语。汉王数之，项王怒，欲一战，汉王不听。项王伏弩射中汉王，汉王伤，走入成皋。

项王军壁垓下，兵少食尽。汉军及诸侯兵围之数重。夜闻汉军四面皆楚歌，项王大惊曰："汉皆已得楚乎？是何楚人之多也？"项王则夜起饮帐中。有美人名虞，常幸从；骏马名骓，常骑之。于是项王乃悲歌慷慨，自为诗曰："力拔山兮气盖世，时不利兮骓不逝。骓不逝兮可奈何！虞兮虞兮奈若何！"歌数阕，美人和之。项王泣数行下，左右皆泣，莫能仰视。

于是项王乃上马骑。麾下壮士骑从者八百余人，

直夜溃围南出驰走。平明，汉军乃觉之，令骑将灌婴以五千骑追之。项王渡淮，骑能属者百余人耳。项王至阴陵，迷失道。问一田父，田父绐（dài）曰："左。"左，乃陷大泽中，以故汉追及之。项王乃复引兵而东。至东城，乃有二十八骑，汉骑追者数千人。项王自度不能脱，谓其骑曰："吾起兵至今八岁矣，身七十余战，所当者破，所击者服，未尝败北，遂霸有天下。然今卒困于此，此天之亡我，非战之罪也。今日固决死，愿为诸君快战，必三胜之，为诸君溃围，斩将刈旗，令诸君知天亡我，非战之罪也。"乃分其骑以为四队，四向。汉军围之数重，项王谓其骑曰："吾为公取彼一将。"令四面骑驰下，期山东为三处。于是项王大呼驰下，汉军皆披靡，遂斩汉一将。是时，赤泉侯为骑将，追项王，项王瞋目而叱之，赤泉侯人马俱惊，辟易数里。与其骑会为三处，汉军不知项王所在，乃分军为三，复围之。项王乃驰，复斩汉一都尉，杀数十百人，复聚其骑，亡其两骑耳。乃谓其骑曰："何如？"骑皆复曰："如大王言。"

于是项王乃欲东渡乌江。乌江亭长舣（yǐ）船待，谓项王曰："江东虽小，地方千里，众数十万人，亦足王也，愿大王急渡。今独臣有船，汉军至，无以渡。"项王笑曰："天之亡我，我何渡为？且籍与江东子弟八千人渡江而西，今无一人还。纵江东父兄，怜而王我，我何面目见之？纵彼不言，籍独不愧于心乎？”乃谓亭长曰：“吾知公长者，吾骑此马五岁，所当无敌，尝一日行千里，不忍杀之，以赐公。”乃令骑皆下马步行，持短兵接战。独籍所杀汉军数百人，项王身亦被十余创。顾见汉骑司马吕马童曰：“若非吾故人乎？”马童面之，指王翳曰：“此项王也。”项王乃曰：“吾闻汉购我头千金，邑万户，吾为若往。”乃自刎而死。

（《史记·项羽本纪》）

新史氏曰，项王为不世出之英物，至今百世后，妇人孺子，犹能道之，宁俟吾喋喋！《史记》本纪万余言，皆铁血之历史也。本编义取别裁，不可悉录，录其最可矜式者。若其以新造乌合之军，抗积威之秦，以救濒亡之赵，可不谓义侠耶？不忍于人民之苦战，而欲与汉王决斗，可不谓仁勇耶？垓下末路，不肯渡江，而云无面目以见父老，此乃真武士之面目也。唐人诗曰：“胜负兵家事不期，包羞忍耻是男儿。江东子弟多才俊，卷土重来未可知。”是岂足以语于血性男子之心事哉？若乃范蠡不殉会稽之耻，曹沫不死三败之辱，卒复勾践之仇，报鲁国之羞，则又事势不同，未可以相非也。

田横及其客：忠义高于生命

汉王刘邦自立为皇帝，田横害怕被杀，就带领他的部下五百多人逃入海中，居住在一个岛上。汉高祖刘邦听闻，认为田横兄弟本来就平定了齐国，齐国的贤士大都归附了，现在流落在海中，不收伏他，恐怕日后难免有祸患，于是派使者赦免田横的罪而召他入朝。田横却辞谢说："我烹杀了陛下派来的郦生，现在听说他的弟弟郦商为汉将，很有才干，我感到害怕，不敢奉诏。请允许我做一个平民百姓守在这海岛上。"使者回去报告，于是，高祖下诏卫尉郦商，说："齐王田横即将到来，谁要是敢动他的人马随从，满门抄斩！"然后，又派使者拿着符节告诉田横诏令郦商的情况，说："田横来，大可以封为王，小可以封为侯。不来的话，将派军队诛灭。"田横于是和他的两位门客，一块儿乘坐驿站的马车前往洛阳。

离洛阳不到三十里，到了一个叫尸乡的地方，田横对使者说："臣子朝拜天子，应当沐浴。"于是就住了下来。田横对他的门客说："我开始与汉王都南面称王，现在汉王做了天子，而我却成了亡国奴，还要北面称臣侍奉他，这本来就是莫大的耻辱。更何况我烹杀了人家的哥哥，现在却与他的弟弟一起侍奉他的君主，纵然他害怕天子诏命，不敢动我，我难道不感到羞愧吗？况且陛下想要见我，不过是想看一看我的容貌罢了。陛下现在在洛阳，你们此刻斩下我的头，快马飞奔三十里，我的容貌还不会改变，还是能够看清我的样子的。”说完就自杀了，让门客捧着他的头，跟随使者，快马飞奔入朝，奏知汉高祖。汉高祖说：“唉，真有你的。他从平民百姓起家，兄弟三人相继为王，难道不是贤能之人吗？”汉高祖忍不住留下眼泪，又任命他的两个门客为都尉，派了两千名士卒，依照诸侯王的礼仪安葬了田横。

安葬完田横之后，他的两个门客在田横墓旁挖坑，自刎而死，追随田横而去。汉高祖听说后大吃一惊，认为田横的门客都是贤才，说：“我听说田横还有五百人在海岛上，派使臣召见。”等到了洛阳，大家听说田横死了，他们也都自杀了。由此更可以了解田横兄弟确实能得到贤士的追随。

新史氏说，太史公为田横立传之后，又写了一篇《赞》，说：“天下有许多绘画高手，却没有人画田横，为什么呢？”他这是无比崇拜田横啊。探究近代历史，就台湾郑氏，只是些许相似。看那灭亡郑氏的人，正是郑氏部将啊。以此再看田王的门客，差别多大！齐国自太公以来，世代和莱、徐夷争斗，所以其军国民主义，培养得根深叶茂，以五百人结八百年的局，他也算没有辜负太公、管子的教诲了。孟子说：“奋乎百世之上，百世之下，闻者莫不兴起也，田王有焉。”

【少年说】

《田横及其客》出自《史记》卷九十四《田儋列传》。故事发生在公元前202年。当时刘邦灭秦朝后，打败楚军，逼项羽自杀，并建立西汉，自立为皇帝（汉高祖），一统天下。田横原为齐国贵族，在陈胜、吴广大泽乡起义后，田横与兄田儋、田荣也反秦自立，兄弟三人先后占据齐地为王。后汉高祖刘邦统一天下，田横不肯称臣于汉，率五百门客逃往海岛。田横的领导力与情义使得他拥有无比忠诚的追随者。五百门客听说田横死后，随其自杀。这是一种至高仁义的体现，也是作为尽忠效死以报知遇之恩的义士的代表。反映出了当时古人对一些情义的深度重视。

【梁任公原文】

汉王立为皇帝，田横惧诛，与其徒属五百余人入海，居岛中。高帝闻之，以为田横兄弟本定齐，齐人贤者多附焉，今在海中，不收，后恐为乱，乃使使赦田横罪而召之。田横因谢曰："臣烹陛下之使郦生，今闻其弟郦商为汉将，而贤，臣恐惧不敢奉诏。请为庶人守海岛中。"使还报，高皇帝乃诏卫尉郦商曰："齐王田横即至，人马从者敢动摇者，致族夷。"乃复使使持节具告以诏商状，曰："田横来，大者王，小者乃侯耳。不来，且举兵加诛焉。”田横乃与其客二人，乘传诣洛阳。

未至三十里，横谢使者曰：“人臣见天子，当洗沐。”止留。谓其客曰：“横始与汉王俱南面称孤，今汉王为天子，而横乃为亡虏，而北面事之，其耻固已甚矣。且吾烹人之兄，与其弟并肩而事其主，纵彼畏天子诏不敢动我，我独不愧于心乎？且陛下所以欲见我者，不过欲一见吾面貌耳。今陛下在洛阳，今斩吾头，驰三十里间，形容尚未能败，犹可观也。”遂自刭，令客奉其头，从使者，驰奏之高帝。高帝曰：“嗟乎，有以也。夫起自布衣，兄弟三人更王，岂不贤哉？”为之流涕，而拜其二客为都尉，发卒二千人，以王者礼葬田横。

既葬，二客穿其冢旁孔，皆自刭，下从之。高帝闻之乃大惊，以田横之客皆贤。“吾闻其余尚五百人在海中，使使召之。”至则闻田横死，亦皆自杀。于是乃知田横兄弟能得士也。

（《史记·田儋列传》）

新史氏曰，太史公既传田王，重为赞曰：“无不善画者，莫能图，何哉？”（《索隐》云：言天下非无善画之人，不知图画田横及其党慕义死节之事，何哉？）其所以崇拜者至矣。求诸近代历史，则台湾郑氏，殆庶几焉。顾亡郑氏者，郑氏部将也。

以视田王之客，何其远矣！齐自太公以来，即世与莱徐夷竞，故其军国民主义，养之至深且厚，以五百人者结八百年之局，其亦不负太公、管子之教矣。孟子曰：“奋乎百世之上，百世之下，闻者莫不兴起也，田王有焉。”

樊哙：有勇有义为上将

项羽在鸿门宴请刘邦。张良来到军营门口，见到樊哙。樊哙问："今天的事情怎么样了？"张良说："十分危急！现在项庄拔剑起舞，意图刺杀沛公。"樊哙说："如此紧迫！请让我进去，与沛公共生死。"樊哙立即带剑拥盾冲入军营大门。交叉举戟的卫士想要拦住他，不让他进去，樊哙将盾牌侧着向卫士撞去，卫士被冲撞在地。樊哙于是进了中军帐，掀开帷帐向西站着，瞪着项王，头发竖起来，眼角都要裂开了。项羽按剑跪直问道："来人是干什么的？"张良说："这是沛公的参乘樊哙。"项羽说："真是位壮士！赐他一杯酒。"旁边的人递给樊哙一大杯酒。樊哙拜谢后，起身一饮而尽。项羽说："赐给他一只猪肘。"旁边的人递给了他一只生猪肘，樊哙把盾扣在地上，把猪肘放上去，拔剑边切边吃。项羽说："壮士，还能继续喝吗？"樊哙说："我连死都不在乎，一杯酒又有什么可推辞的。那秦王如虎狼般残暴，杀人唯恐杀不完，加刑于人唯恐用不尽，天下人都起来反抗他。楚怀王曾与诸将约定：首先破秦进入咸阳的封为关中的王。如今沛公首先攻破秦国进入咸阳，一丝一毫都不敢碰，封闭宫室，

让军队返回霸上，以便等待大王的到来。派遣将士镇守函谷关，以防盗贼出入与意外发生。沛公如此劳苦功高，没有得到封侯的赏赐，您却听信小人的谗言，要杀有功之人。这不正是重蹈亡秦的老路吗？我认为大王不会这么做的。”项羽听了哑口无言，说：“坐。”樊哙挨着张良坐下，坐了一会儿，刘邦起身上厕所，趁机把樊哙叫了出去。

刘邦出去后，项羽派都尉陈平召回刘邦，刘邦对樊哙说：“现在出来还没告辞，这该如何是好？”樊哙说：“做大事不必顾及小节，讲大节不必躲避小责，如今人家就如刀子砧板，我们就像鱼肉，还辞别什么！”

刘邦攻下咸阳，进入秦国王宫，宫室、帐幕、狗马、贵重的宝物、美女都数以千计，刘邦想要留下住在宫里，樊哙规劝沛公还军霸上。

汉高祖一度病重，不愿见人，躺在宫禁中，诏令守卫不得让群臣入内。群臣中如绛侯周勃、灌婴等都不敢进入看望。过了十多天，有一次樊哙推开宫门径直闯了进去，大臣们紧紧跟随其后，只见高祖一人枕着一个宦官躺在床上。樊哙等见了高祖，痛哭流涕，说道：“当初陛下与臣等从丰、沛两地起兵，南征北战，平定天下，是何等壮举啊！现在天下已经平定，您又是何等疲倦不堪啊！陛下病重，臣子们都惊慌失措，您不肯见臣等讨论国家大事，反而只想要单独和一个宦官诀别吗？陛下难道忘了那赵高作乱的往事吗？”高祖听完，笑着坐了起来。

在孝惠帝及吕后时期，匈奴王冒顿渐渐骄横起来，竟写信让使节交给吕后，信上写道："我是孤独的君主，我们两个做君主的不快乐，希望能将各自所有的，交换各自所没有的。"吕后非常愤怒，召见丞相陈平及樊哙、季布等人，商议斩杀匈奴使者攻打匈奴之事。樊哙说："臣愿率领十万大军横扫匈奴。"吕后询问季布，季布说："应该杀了樊哙！如今战争的呻吟声还未断绝，受战争创伤的人们才刚刚站起来，而樊哙却要让天下动荡不安，妄言什么要以十万大军横扫匈奴，这不是当面欺君吗？"

新史氏说，我在汉兴诸杰中，最喜爱樊将军。鸿门之宴上，他如蔺相如般机智，比毛遂还要勇敢，敏捷直追曹沫。人人都知道，没有樊将军就没有汉王。他规劝汉王放弃咸阳的奇珍异宝，纠正汉王以倦疾为由不理朝政的错误，是多么有远见、识大体啊！匈奴入侵羞辱中国，自平城之战失败后，全中国惧怕匈奴就像惧怕老虎一样，只有将军无法容忍，愿率十万大军攻打匈奴，因为士可杀不可辱！按季布说的做，中国便不再抵抗外族的入侵。数千年来，造就了一段可耻的历史。悲哀啊，假若樊将军做了，则文景年间的祸害，或许就不会有了！后人只知道韩信羞与樊哙相提并论，觉得樊哙只是一个头脑简单的武夫，实际上樊哙的见识和度量，哪是韩信等所能比得上的？

【少年说】

本文主要讲述了樊哙一生中的几件比较重要的事情及梁启超对他的评价，分别选自《史记·项羽本纪》《史记·留侯世家》《史记·樊郦滕灌列传》《史记·季布峦布列传》和《汉书·匈奴传》。

樊哙生于公元前 242 年，早年曾以屠狗为生，是西汉开国元勋，与刘邦交往甚密，在秦楚争霸及后来刘邦称帝时功不可没。设若当时刘邦据咸阳，夺金银，以项羽火爆的性格，必然要兵戎相见，当时刘邦的实力如果要与项羽交手，后果不堪设想。这也是一开始项羽不把刘邦当成一个威胁的根本原因之一。鸿门宴上，樊哙更是用自己的智慧为刘邦脱身争取了宝贵的时间，使刘邦得以全身而退。樊哙闯宫进谏，当是勇者之举，单是窥探皇帝的私生活就是死罪一条，但他不管不顾，其勇可嘉，这与之后一味讨好的官员十分不同。但是，如果只有冒死的勇气而无智慧的话语，樊哙的遭遇或许会截然不同。他冒着被杀的危险，舌战项羽，闯宫进谏，对匈奴毫不畏惧，表现出了深刻的洞察力及超凡的智慧和勇气。

【梁任公原文】

项王宴汉王于鸿门。张良至军门，见樊哙。樊哙曰："今日之事何如？"良曰："甚急！今者项庄拔剑舞，其意常在沛公也。”哙曰：“此迫矣，臣请入与之同命。”哙即带剑拥盾入军门。交戟之卫士，欲止不内。樊哙侧其盾以撞卫士，仆地。哙遂入，披帷西向立，瞋目视项王，头发上指，目眦尽裂。项王按剑而跽曰：“客何为者？”张良曰：“沛公之参乘樊哙者也。”项王曰：“壮士，赐之卮（zhī）酒。”则与斗卮酒。哙拜谢，起立而饮之。项王曰：“赐之彘肩。”则与一生彘（zhì）肩。樊哙覆其盾于地，加彘肩上，拔剑切而啖之。项王曰：“壮士能复饮乎？”樊哙曰：“臣死且不避，卮酒安足辞。夫秦王有虎狼之心，杀人如不能举，刑人如恐不胜，天下皆叛之。怀王与诸将约曰：先破秦入咸阳者王之。今沛公先破秦入咸阳，毫毛不敢有所近，封闭宫室，还军霸上，以待大王来。故遣将守关者，备他盗出入与非常也。劳苦而功高如此，未有封侯之赏，而听细说，欲诛有功之人。此亡秦之续耳，窃为大王不取也。”项王未有以应，曰：“坐。”樊哙从良坐，坐须臾，沛公起如厕，因招樊哙出。

沛公已出，项王使都尉陈平召沛公，沛公曰：“今者出未辞也，为之奈何？”樊哙曰：“大行不顾细谨，大礼不辞小让。如今人方为刀俎，我为鱼肉，何辞为？”

（《史记·项羽本纪》）

沛公至咸阳，入秦宫，宫室帷帐、狗马重室、妇女以千数，意欲留居之，樊哙谏沛公。

（《史记·留侯世家》）

高祖尝病甚，恶见人，卧禁中，诏户者无得入群臣。群臣绛、灌等莫敢入。十余日，哙乃排闼直入，大臣随之，上独枕一宦者卧。哙等见上，流涕曰："始陛下与臣等起丰、沛，定天下，何其壮也！今天下已定，又何惫也！且陛下病甚，大臣震恐，不见臣等计事，顾独与一宦者绝乎？且陛下独不见赵高之事乎？"高帝笑而起。

（《史记·樊郦滕灌列传》）

孝惠高后时，冒顿浸骄，乃为书使使遗高后曰："孤偾独居，两主不乐，无以自娱，愿以所有，易其所无。"高后大怒，召丞相平及樊哙、季布等，议斩其使者，发兵而击之。樊哙曰："臣愿十万众横行匈奴中。"问季布，布曰："哙可斩也！今歌吟之声未绝，疮痍者甫起，而哙欲摇动天下，妄言以十万众横行，是面谩也。"

（参合《史记·季布栾布列传》及《汉书·匈奴传》）

新史氏曰，吾于汉兴诸杰中，最爱樊将军。鸿门之会，智等蔺如，勇过毛遂，捷追曹沫。无将军则无汉王，人人同知矣。若其谏咸阳狗马之爱，纠寝疾倦勤之失，何其明于大体也！匈奴侵暴辱中国，自平城败后，举中国畏之如虎，独将军不能忍，愿以十万横行，盖武士可杀而不可辱也。季布说行，而中国对于外族，乃不竞矣。数千年来，造成一对外可耻之历史。悲夫，使樊将军说行，则文景间之祸，或不至若是甚耳！后人徒见淮阴羞与哙伍，谓哙一粗豪武夫耳。实则哙之识量，宁信等所及邪？

贯高、田叔、孟舒、赵午：从容就义

汉高祖五年，张耳去世，他的儿子张敖继位为赵王，高祖的大女儿鲁元公主为赵王张敖的王后。

汉高祖七年，高祖从平城过赵，赵王脱去外衣，戴上袖套，从早到晚亲自侍奉高祖进餐，礼仪谦卑，很有女婿的礼节。高祖两腿张开坐着，骂骂咧咧的，对他甚是轻慢。赵相贯高、赵午等人，六十多岁了，从前就是张耳的门客，性格豪爽、易冲动，就愤怒地说："我们的大王太懦弱了。"于是，他们劝诫张敖说："天下豪杰并起，有能力的先自立为王。现在大王侍奉高祖这么恭敬，而高祖却傲慢无礼，请让我们替您杀了他。"张敖听了把手指咬出血说："你们怎么说出这样的错话！先父亡了国，是依靠高祖才得以复国，恩德泽被子孙，一点一滴都是高祖出的力，请你们别再说这样的话。"贯高、赵午等十余人，互相都说："这是我们的错。大王有长者风范，不违背恩德。况且我们只是不愿受辱，如今怨恨高祖侮辱了大王，所以想杀了他，怎样做才能不连累大王？如果事情成功，功劳归大王，事情失败，我们自己承担罪责。"

汉高祖八年，高祖从东垣回来，经过赵王封地，贯高等人在柏人县馆舍夹壁中隐藏了刺客，想截杀高祖。高祖经过，准备留宿，心中一动，就问："县名叫什么？"回答说："柏人。"柏人，即被人胁迫的意思。高祖没有留宿赶紧离开了。

汉高祖九年，贯高的仇家得知其谋划之事，竟涉及谋逆，于是向朝廷告发，赵王、贯高等都被抓了起来。十多个人都争相自杀，只有贯高怒骂道："谁让你们这样做的？现在，大王并没有参与图谋，也被一并抓起来了。你们都死了，谁来洗清大王的冤屈？"于是被囚禁在栅栏紧密的囚车中，与赵王一起被押送到长安。审判张敖的罪行。高祖昭告赵国群臣门客，有敢追随张敖进京的一律灭族。贯高及门客孟舒等十多个人，都自己剃掉头发、戴着刑具，装作赵家奴仆跟随而来。贯高到了以后，对狱官说："只有我们这些下属参与，大王确实不知情。"官吏严刑逼供，鞭笞拷打数千下，用烧红的铁条去刺，贯高全身没有一处是完好的，自始至终都不说二话。

吕后多次向高祖进言，张敖因鲁元公主的缘故，不会做出此事。高祖怒道："如果张敖得了天下，还会稀罕你的女儿吗？"不肯听。廷尉将审讯贯高的事告诉了高祖，高祖说："真是位壮士。谁熟知他的，私下问问他。"中大夫泄公说："我与他同乡，素来了解他，他本来就是为赵国树立名义、不背弃承诺的人。"高祖让泄公持符节在竹床前问他，贯高仰着头问："是泄公吗？"泄公像平常一样慰问他、与他交谈，问张敖是否真的有参与谋反。贯高说："人之常情，有谁不爱自己的父母妻儿呢？如今我的三族都因为这件事被判了死罪，难道会用大王的性命跟我的亲人交换吗？赵王确实

没有谋反，只有我们这些人参与了。”详细说了谋反的本意，并说赵王不知情。于是泄公入宫，把细节跟高祖汇报，于是，高祖赦免了赵王。

高祖认为贯高为人贤德，能守承诺，派泄公告诉贯高，赵王已经释放了，因此也赦免贯高。贯高喜悦地说：“我们大王确实被赦免了？”泄公说：“是的。”泄公又说：“高祖欣赏你，所以赦免你了。”贯高说：“我之所以不死，没有别的，是为澄清大王没有谋反。如今大王已经释放，我的任务已经完成，死而无憾了。况且我作为人臣，有篡杀的罪名，有何面目再服侍皇上？纵使皇上不杀我，我难道无愧于心吗？”于是仰起头来卡断喉咙而死。此时，他已经名闻天下了。

田叔是赵国陉城人。他的祖先是齐国田氏的后代。田叔喜欢剑术，曾在乐巨公的住所学习黄老之术。田叔为人严正清白，并以此自得。他喜欢和那些德高望重的人来往。赵人向赵相赵午推荐他，赵午又向赵王张敖推荐他。赵王任命他为郎中。任职数年，刚正不阿，清廉公平，赵王欣赏他，却还没来得及提拔他。正逢赵午等图谋弑杀高祖被发现，朝廷下诏逮捕赵王及谋反的群臣，于是赵午等人都自杀了，只有贯高被抓起来了。当时高祖下诏书：敢有跟随赵王进京的，罪及三族。只有孟舒、田叔等十多人，穿褐衣、剃发、戴刑具，装作奴仆跟随赵王到达长安。贯高澄清谋反之事后，赵王张敖得以释放出狱，被废为宣平侯，于是将田叔等十余人事迹上报举荐，高祖都召见了他们。高祖和他们谈话，认为朝中大臣没有能超过他们的。高祖任命他们为郡守或诸侯的相国。田叔做了汉中郡守十多年。

汉文帝即位后，召见田叔问："先生知道谁是天下的忠厚长者吗？"田叔叩头道："从前的云中郡守孟舒是长者。"当时，孟舒因为匈奴大举犯边劫掠抵御不力而获罪，云中郡遭劫尤其严重，被免官。文帝说："先帝安排孟舒任云中郡守十多年了，匈奴才刚入侵，孟舒就不能坚守，无故使数百士卒战死。长者本应该杀人吗？"田叔叩头对答："正因此孟舒才是长者……汉与楚长期对峙，士兵都很疲惫。匈奴冒顿刚刚征服北夷，又来我们边塞为害。孟舒知道士卒疲惫，不忍让其出战。士兵登城拼死作战，就像儿子为父亲、弟弟为兄长打仗一样，因此战死者达数百人。孟舒哪里是故意驱使他们作战啊！所以说孟舒是长者。"文帝说："孟舒真是贤德啊。"于是，重新召回孟舒，让他做云中郡守。

新史氏说，古语云：慷慨赴死易，从容就义难。贯高，不就是从容就义的人吗？再来看赵午等人以死自谢，相差多远啊！汉王一旦无礼，而赵国之士数十人，都欲以死报答赵王。这不就像越甲鸣君之耻吗？怎样才能使整个朝廷都一致这样呢？张敖若是懦弱的君主，怎么会有这样的结果呢？那么这是三晋的遗泽绵长吗？有田横的门客五百人可以联合三齐，有贯高这样的数十人可以联合三晋。若先民有灵，也应能瞑目了。至于像孟舒驻守边塞，民众争相为他战死。若不是平

日有武士道精神的熏陶，怎能做到？所以才说孟舒是唯一的长者！

【少年说】

汉朝初年，天下初定，人心不稳，出现了刺杀汉高祖事件。本文记录的是这个事件当中的一些重要人物。从中可以看出，在汉朝初年，重道义、敢担当、重荣誉的士的精神，仍然普遍存在。这些精神在汉武帝之后的中国历史当中就逐渐衰亡消失了。

【梁任公原文】

汉五年，张耳薨，子敖嗣立为赵王，高祖长女鲁元公主为赵王敖后。

汉七年，高祖从平城过赵，赵王朝夕袒韝（gōu）蔽，自上食，礼甚卑，有子婿礼。高祖箕倨詈（lì），甚慢易之。赵相贯高、赵午等，年六十余，故张耳客也，生平为气，乃怒曰："吾王孱王也。"说王曰："夫天下豪杰并起。能者先立。今王事高祖甚恭，而高祖无礼，请为王杀之。"张敖啮其指出血曰："君何言之误！且先人亡国，赖高祖得复国，德流子孙，秋毫皆高祖力也，愿君无复出口。"贯高、赵午等十余人，皆相谓曰："乃吾等非也。吾王长者，不倍德。且吾等义不辱，今怨高祖辱我王，故欲杀之，何乃污王为乎？令事成归王，事败独身坐耳。”

汉八年，上从东垣还，过赵，贯高等乃壁人柏人，要之置。上过，欲宿，心动，问曰：“县名为何？”曰：“柏人。”柏人者，迫于人也。不宿而去。

汉九年，贯高怨家知其谋，乃上变，告之于上，皆并逮捕赵王贯高等。十余人皆争自刭，贯高独怒骂曰：“谁令公为之？今王实无谋，而并捕王。公等皆死，谁白王不反者？”乃轞（jiàn）车胶致，与王诣长安。治张敖之罪。上乃诏赵群臣宾客有敢从王皆族。贯高与客孟舒等十余人，皆自髡（kūn）钳为王家奴，从来。贯高至，对狱曰：“独吾属为之，王实不知。”吏治榜笞数千，刺剟（duō）身无可击者，终不复言。

吕后数言，张王以鲁元公主故，不宜有此。上怒曰：“使张敖据天下，岂少而女乎？”不听。廷尉以贯高事辞闻，上曰：“壮士。谁知者，以私问之。”中大夫泄公曰：“臣之邑子，素知之，此固赵国立名义不侵为然诺者也。”上使泄公持节问之箯（biān）舆前，仰视曰：“泄公邪？”泄公劳苦如生平，欢与语，问张王果有计谋不。高曰：“人情宁不各爱其父母妻子乎？今吾三族皆以论死，岂以王易吾亲哉？顾为王实不反，独吾等为之。具道本指所以为者，王不知状。”于是泄公入具以报上，乃赦赵王。

上贤贯高为人，能立然诺，使泄公具告之曰：“张

王已出。”因赦贯高。贯高喜曰：“吾王审出乎？”泄公曰：“然。”泄公曰：“上多足下，故赦足下。”贯高曰：“所以不死一身无余者，白张王不反也。今王已出，吾责已塞，死不恨矣。且人臣有篡杀之名，何面目复事上哉？纵上不杀我，我不愧于心乎？”乃仰绝肮，遂死。当此之时，名闻天下。

（《史记·张耳陈余列传》）

田叔者，赵陉城人也。其先齐田氏苗裔也。叔喜剑，学黄老术于乐巨公所。叔为人刻廉自喜，喜游诸公。赵人举之赵相赵午，午言之赵王张敖所。赵王以为郎中。数岁，切直廉平，赵王贤之。未及迁，会赵午等谋弑上，事发觉，汉下诏捕赵王及群臣反者，于是赵午等皆自杀。唯贯高就系。是时汉下诏书，有敢随王者罪三族。唯孟舒、田叔等十余人，赭衣自髡钳，称王家奴，随赵王敖至长安。贯高事明白，赵王敖得出，废为宣平侯，乃进言田叔等十余人，上尽召见。与语，汉廷臣毋能出其右者。上说，尽拜为郡守诸侯相。叔为汉中守十余年。

孝文帝既立，召田叔问之曰：“公知天下长者乎？”叔顿首曰：“故云中守孟舒长者也。”是时孟舒坐虏大入塞盗劫，云中尤甚，免。上曰：“先帝置舒云中十余年矣，虏曾一入，孟舒不能坚守，毋故士卒战死者数百人。长者固杀人乎？”叔叩头对曰：“是乃孟舒所以为长者也。（中略）汉与楚相距，士卒罢敝。匈奴冒顿新服北夷，来为边害。孟舒知士卒罢敝，不忍出言。士争临城死敌，如子为父，弟为兄，以故死者数百人。孟舒岂故驱之哉？是乃孟舒所以为长者也。”上曰：“贤哉孟舒。”复召以为云中守。

（《史记·田叔列传》）

新史氏曰，语有之，慷慨赴死易，从容就义难。若贯高，岂所谓从容就义者耶？以视赵午等之以一死自谢，何其远矣！抑汉王一无礼，而赵之士数十人，皆欲以死报（《田叔传》言赵相赵午等数十人）。其犹越甲鸣君之耻欤？顾何以能举朝一致若此也？张敖孱王，安足以致此？则三晋之遗泽长哉？有田横之客五百以结三齐，有贯高之徒数十以结三晋。先民有灵，其亦瞑矣。至若孟舒守塞，民争为死。非平日以武士道精神素养之，乌克有此？孰谓孟舒而仅长者也！

朱家、剧孟、郭解：侠之典范

鲁国的朱家，与高祖是同时代的人。鲁国人都喜欢儒家思想的教育，而朱家却是因为侠士而闻名。他所藏匿救活的豪杰有几百个，其余的普通人被他救的更是数不尽。但他始终不夸耀自己的才能，卖弄对别人的恩德，那些他曾经给予过帮助的人，他唯恐再见到他们。他救济别人的困难，首先从贫穷的开始。他家中没有多余的钱财，衣服破得连完整的彩色都没有，每顿饭只吃一样菜，乘坐的不过是牛拉的车子。他一心去救助别人的危难，超过了自己的事。他曾经暗中帮助季布将军摆脱了被杀的厄运，等到季布地位尊贵之后，他却始终不肯再与季布相见。从函谷关往东，人们莫不伸长脖子盼望同他交朋友。

汉高祖出千金悬赏捉拿季布，下令但凡有敢藏匿的，论罪要灭三族。季布藏在濮阳一个姓周的人家。周家说："朝廷悬赏捉拿将军很是着急，就要追查到我家里来了。如果将军您听我的，我斗胆献您一计，如果不能，我情愿先自杀。"季布答应了他。于是，周家给季布剃掉了头发，用铁箍套在他的脖子上，让他穿上粗布衣服并将他放在运输货物的马车上，与他家的几十个仆人一起卖到鲁国的朱家。朱家心里知道那是季布，就买了下来并把他安置到田里耕作，同时告诫自己的儿子说："田里的农活都听这个奴仆的，并且一定要给他吃同样的饭菜。"朱家就乘着轻便的马车来到了洛阳，拜见了汝阴侯滕公。滕公留朱家宴饮了几天，朱家趁机对滕公说："季布犯了什么大罪，大王如此紧急地悬赏捉拿他？"滕公说："季布多次替项羽使大王受窘，大王怨恨他，所以一定要抓到他。"朱家说："您看季布是怎样的一个人？"滕公说："他是一个贤能的人。"朱家说："做臣下的各为自己的主上效力，季布受项羽差遣，这完全是职责分内的事。项羽的臣下难道可以全都杀了吗？现在大王刚刚夺得天下，仅仅因为个人的怨恨去追捕一个人，为什么要向天下人显示自己器量狭小呢！况且季布如此贤能，可是朝廷却追捕得如此紧迫，这样季布不是往北逃到匈奴就是向南逃到越地。这种忌恨勇士而让他去资助敌国的举动，就是伍子胥所以要鞭打楚平王尸体的原因了。您为什么不找机会向大王进言呢？"汝阴侯滕公知道朱家是位大侠客，猜想季布一定藏在他那里，便答应说："好。"滕公等有了机会，果真按照朱家的意思向高祖奏明，高祖于是就赦免了季布，朱家也因为这件事而闻名当世。

洛阳有位剧孟。当时洛阳一带的人都以经商为业，剧孟以行侠而闻名于诸侯。吴、楚七国之乱时，条侯周亚夫是太尉，乘坐驿站的车，将要到达河南的时候，得到剧孟，高兴地说：

“吴、楚七国发动叛乱居然没有求助剧孟，我就知道他们是成不了大事的。” 正逢天下动乱，太尉得到他就像得到了一个国家一样。剧孟的行为很像朱家，他喜欢搏斗一类的游戏。剧孟的母亲死了，远方过来送丧的车大概有上千辆，然而等到剧孟死的时候，家里连十金的钱财也没有了。

郭解是轵县人，字翁伯。他是擅长给人相面的许负的外孙。郭解的父亲因为行侠，在孝文帝在位时被杀。郭解个子矮小，精明强悍，不喝酒。他小时候残忍狠毒，心中愤慨不快时，亲手杀了很多人。他不惜牺牲生命去替朋友报仇，藏匿亡命徒去犯法抢劫，私铸钱币，盗挖坟墓，不法活动数也数不清。幸亏上天保佑，每当危急时刻总能脱身，或者刚好碰到大赦。等到郭解年龄大了，就开始转变行为，检点自己，用恩惠报答怨恨自己的人，多多地施舍别人而对别人要求的少。但他自己喜欢行侠的思想越来越强烈，已经救了别人的性命，却不自夸功劳。但其内心依然残忍狠毒，为了小事突然行凶的事依然如故。当时的年轻人仰慕他的行为，也常常为他报仇，却不让他知道。郭解姐姐的儿子依仗郭解的势力，同别人喝酒，让人家干杯，人家的酒量小，不能再喝了，他却强行灌酒。那人发怒，拔刀刺死了他，就逃跑了。凭着弟弟翁伯的义气，人家杀了她的儿子，凶手却捉不到，于是就把儿子的尸体丢弃在路上，不埋葬，想以此羞辱郭解。郭解派人暗中探知凶手的去处。凶手窘迫，自动回来把真实情况原原本本告诉了郭解。郭解说：“你杀了他本来就是应该的，是我的孩子无理。”

于是放走了那个凶手，把罪责归于姐姐的儿子，并收尸埋葬了他。人们听到这个消息，都称赞郭解的道义行为，更加依附于他。

郭解每次外出或归来，人们都躲避他，只有一个人傲慢地坐在地上看着他，郭解派人去问他的姓名，门客中有人要杀那个人。郭解说："居住在乡里，竟至于不被人尊敬，这是我自己道德修养得还不够，他有什么罪过？"于是，他就暗中嘱托尉史说："这个人是我最关心的，轮到他服役时，请加以免除。"以后每到服役时，有好多次县中官吏都没找这个人。这个人感到奇怪，问其中的原因，原来是郭解让人没法免除了他的差役。于是，他就去见郭解负荆请罪。年轻人听说这件事，越发仰慕郭解的行为。

洛阳有人相互结仇，难以调解。当地贤豪长者居间调解数十次，都不听。其中一方找到郭解，郭解于是去见他的仇家，对方以委曲求全的态度，听从了郭解的调解意见。郭解说："我听说洛阳许多大人物来调解都无效，今天能让你屈从，我很荣幸。但是我跨地区调解，等于夺走了你们当地贤士大夫的面子，恐怕不妥！"于是连夜离去，外界不知。郭解嘱咐说："不用专门等我，我离开之后，再请洛阳当地豪贤居间调解一次，就当是他们调解成功好了。"

郭解保持着谦恭的态度，不敢乘车进县衙门。他到旁边的郡国去替人办事，事能办成的，一定把它办成，办不成的，也要使有关方面都满意，然后才敢去吃人家的酒饭。因此大家都特别尊重他，争着为他效力。城中少年及附近县城的贤

人豪杰，半夜上门拜访郭解的常常有十多辆车子，请求把郭解家的门客接回自家供养。

等到朝廷要将各郡国的豪富人家迁往茂陵居住时，郭解家贫，家财没有达到迁移标准，但迁移名单中有郭解的名字，郭解名声大因而官吏害怕，不敢不让郭解迁移。当时卫青将军替郭解向皇上说："郭解家贫，不符合迁移的标准。"但是皇上说："一个百姓的权势竟能使将军替他说话，可见他家不穷。"郭解于是被迁徙到茂陵。人们为郭解送行共出钱一千余万。轵人杨季主的儿子当县掾，就是他提名迁徙郭解的。郭解哥哥的儿子砍掉了杨县掾的头。从此杨家与郭家结了仇。

郭解迁到关中，关中的贤人豪杰无论从前是否知道郭解，如今听到他的名声，都争着与郭解结交。郭解个子矮，不喝酒，出门不乘马。后来又有人杀死了杨季主。杨季主的家人上书告状，有人又把告状的在宫门前给杀了。皇上听到了这消息，就向官吏下令抓捕郭解。郭解逃跑，把他母亲安置在夏阳，自己则去了临晋。临晋有一位籍少公，跟郭解素不相识，郭解请他帮助自己出关。经由籍少公帮忙出关之后，郭解转入太原。所过之处，均将自己的真实身份告知寄宿的东家。衙役一路捉拿追踪郭解，寻访到了籍少公这里。籍少公自杀，线索断绝。过了很久，官府才抓到郭解，彻底追究他所犯的罪行，发现凡被郭解所杀的，都发生在大赦之前。一次，轵县有个儒生陪同前来查办郭解案件的使者闲坐，有人称赞郭解，他却说："郭解专爱做奸邪犯法的事，怎能说他是贤人呢？"郭解门客听到这话，就杀了这个儒生，割下他的舌头。官吏以此责问郭解，令他交出凶手，而郭解确实不知道杀人的是谁，杀人的人始终没查出来，不知道是谁。官吏向皇上报告，说郭解无罪。御史大夫公孙弘议论道："郭解以平民身份行侠，玩弄权诈之术，因为小事而杀人，郭解自己虽然不知道，这个罪过比他亲自杀人还严重，应该判处郭解大逆不道的罪。"于是，皇上就诛杀了郭解的家族。

从此以后，行侠的人很多，但都傲慢得不值一提。但是，关中长安的樊仲子、槐里的赵王孙、长陵的高公子、西河的郭公仲、太原的卤公孺、临淮的倪长卿、东阳的田君孺，虽然行侠，但待人恭顺，有谦虚退让的君子风度。至于像北路的姚某，西路的杜姓诸人，南路的仇景，东路的赵他、羽公子，南阳的赵调等人，不过是民间的盗跖罢了，哪里值得一提！这都是从前朱家那样的人引以为耻的。

新史氏说，各地有游侠，是武士之道的末路吗？上层政府既没有尊重武力来主持奖励，中层贤士大夫也没有强有力的在身边调护，而社会不公平的事情，每天耳目不暇，于是各地本土的豪杰们，出现并且取代了他们的权力。太史公说：缓急者人之所时有也。如若生在专制政府之下，政治不修，法令不直，百姓中善良怯懦的那些人，他们平时往往无衣无食，居无定所。统治者并没有措施来激励帮扶他们，而法网严密，困在国家之内，有时偶尔犯法，可能不是有意为之，或没有触犯，却被小人冤枉告发，枉曲的官吏罗织罪名，就无论如何也无法申诉，只能束身为鱼肉，任人宰割了。在这个时候，

有人能济其困救其难，将其从死境拯救出来，那天下之人如流水一样来归顺他，也是合理的。

所以游侠，一定是常常站在与官府对抗的地位。开始的行动都是不得已，直到习惯以后，养成一种沉郁放肆的特质，而各种社会力量成为后盾，就出现了本应停止却不愿收手的人。太史公说：侠以武犯禁。游侠犯罪，势所必然的。那为什么游侠犯禁却有天下之人前来投奔？那些发布禁令的人，不被天下人所接受。而破坏这些禁令的人，却常能满足天下的人心。孔子说：上无天子，下无方伯。那些称霸之人把节义放一边，窃取了人心。所以我对于游侠也持保留意见。

即便如此，又有盗亦有道的说法，政府的禁令，虽违犯但不侵犯民心，也可以。并非所有的禁令，不论好坏全部违犯。像最初的侠客，朱家、剧孟等人，都是这种义气之人。自郭解之后就无法无天了。历史中记载的自铸钱币，盗掘坟墓，事无巨细，任意报复，其手段真是太过卑劣。违背了武德，乃至更加恶劣，春秋战国时候的武士绝非如此，即使朱家、剧孟也不屑为之。自郭解以后，风气日下，史公痛心地说：盗跖居民间者耳。武士的形象被这些人玷污得无以复加。那么要让游侠长期存在，还要一直保持那种操守，可能吗？我觉得，定然是不可能的。

固然说游侠的兴起，诞生于社会的不公平，当各种不公平彼此叠加，那就更加生出事端，一定是蛮横草率，没有伦理尺度，这是趋势。别提古人，请言今日。当今社会，寻常人随波逐流，被腐败之空气吞噬消亡，如果少年时特立独行意气风发的人，行为往往在道德范围之外，为什么呢？也不全是人自身的错。社会上萧瑟冷漠的秋冬之气，才是真正的原因。想要从根本上解决，一定要让社会如春夏般温暖蓬勃不可。

二十年前的日本，轻浮孟浪之人举国皆是，社会动荡不安不可终日，到现在还不到一代人的时间，举国上下一派欣欣向荣的景象。由此言之，乡间地方有游侠，一定不是一种好的社会现象。那么如果将社会上的不平之事尽皆平治，让游侠的存在从根本上消失，是社会之福啊。如果用不公平取代不公平，只是一味斩杀惩治游侠，则必然断绝国运民生，让国家要么糜烂于盗贼，或者篡夺于外族，这在数千年来我国历史中，林林总总不断出现。

由春秋战国之武士道而一变为汉初之游侠，势不长久而越来越没落。正因其武德已经不再遵循正轨而行，变得蛮横异常性格乖僻。举个浅显的例子，就像穷途末路的老鼠去咬猫，最终也一定被猫所杀。所以文景武三代帝王，或是直接或是间接，或在明或在暗的剿灭，让本就衰弱的灭绝，把尚在萌芽的铲除。武士道的消亡，势有必然啊！我讲述中国之武士道，起自孔子而终于郭解，有阴气森森袭扰我心，让我停下来忍不住唏嘘叹息，泪涕满面。

呜呼，我以白衣冠送中国之武士道！我以锦绷葆迎中国之武士道！心中灵性尚未消失，事物轮回当有定数。魂兮归来！我重为祈祷，词曰：中国之武士道，再现吧！中国之武士道，复苏吧！

十一月初一，夜长风紧，鸡叫人平静，油灯渐枯，墨汁结冰，我于此时搁笔。

【少年说】

司马迁的《史记》写了三十世家、七十列传，基本上写的都是世家系统的人物，他也写了豪杰和富人，那就是其中的《游侠列传》，篇幅写得很少，但写得精彩出色。

《史记·游侠列传》写了游侠作为地方势力的力量，写了他们在一定条件下可以成为朝廷利用的力量，但更多时候为官府所敌视，最终被摧残殆尽，“大树之下，寸草不生”，这是专制社会之必然，因为中央集权无法容纳其他力量的存在。如果是在现代社会，这些名望崇高的游侠可能成为一方士绅，反而是社会的领导力量之一，命运也就大不相同了。这是一篇写汉代社会的大文章。

【梁任公原文】

鲁朱家者，与高祖同时。鲁人皆以儒教，而朱家用侠闻。所藏活豪士以百数，其余庸人不可胜言。然终不伐其能，歆其德，诸所尝施，惟恐见之。振人不赡，先从贫贱始。家无余财，衣不完采，食不重味，乘不过軥（qú）牛。专趋人之急，甚己之私。

既阴脱季布将军之厄，及布尊贵，终身不见也。自关以东，无不延颈愿交焉。

（《史记·游侠列传》）

高祖购求季布千金，敢有舍匿，罪及三族。布匿濮阳周氏，周氏曰："汉购将军急，迹且至臣家。将军能听臣，臣敢献计，即不能，愿先自刭。"季布许之。乃髡钳季布，衣褐衣置广柳车中，并与其家僮数十人之鲁朱家所卖之。朱家心知是季布，乃买而置之田，诫其子曰："田事听此奴，必与同食。"朱家乃乘轺（yáo）车之洛阳，见汝阴侯滕公。滕公留朱家饮数日，因谓滕公曰："季布何大罪，而上求之急也？"滕公曰："季布数为项羽窘上，上怨之，故必欲得之。"朱家曰："君视季布何如人也？"曰："贤者也。"朱家曰："臣各为其主用，季布为项籍用，职耳，项氏臣可尽诛耶？今上始得天下，独以己之私怨求一人，何示天下不广也？且以季布之贤，而汉求之急如此，此不北走胡，即南走越耳。夫忌壮士以资敌国，此伍子胥所以鞭荆平王之墓也。君何不从容为上言耶？"滕公心知朱家大侠，意季布匿其所，乃许曰："诺。"待间果言，如朱家指，上乃赦季布。朱家以此名闻当世。

（《史记·季布栾布列传》）

雒（luò）阳有剧孟。周人以商贾为资，而剧孟以任侠显诸侯。吴楚反时，条侯为太尉，乘传车，将至河南，得剧孟，喜曰："吴楚举大事，而不求孟，吾知其无能为已矣。"天下骚动，宰相得之，若得一敌国云。剧孟行大类朱家。而好博，多少年之戏。然剧孟母死，自远方送丧盖千乘。及剧孟死，家无余十金之财。

（《史记·游侠列传》）

郭解，轵（zhǐ）人也，字翁伯，善相人者许负外孙也。解父以任侠，孝文时诛死。解为人短小精悍，不饮酒。少时阴贼，慨不快意，身所杀甚众。以躯借交报仇，藏命作奸，剽攻不休，及铸钱掘冢，不可胜数。适有天幸，窘急常得脱，若遇赦。及解年长，更折节为俭，以德报怨，厚施而薄望。然其自喜为侠益甚，既已振人之命，不矜其功。其阴贼著于心，卒发于睚眦如故云。而少年慕其行，亦辄为报仇，不使知也。解姊子负解之势，与人饮，使之嚼，非其任，强必灌之。人怒，拔刀刺杀解姊子，亡去。解姊怒曰："以翁伯之义，人杀吾子，贼不得。"弃其尸于道，弗葬，欲以辱解。解使人微知贼处。贼窘，自归，具以实告解。解曰："公杀之固当，吾儿不直。"遂去其贼，罪其姊子，乃收而葬之。诸公闻之，皆多解之义，益附焉。

解出入，人皆避之。有一人独倨视之，解遣人问其姓名，客欲杀之。解曰：“居邑屋至不见敬，是吾德不修也。彼何罪？”乃阴属尉史曰：“是人吾所急也，至践更时，脱之。”每至践更，数过弗求。怪之，问其故，乃解使脱之。箕倨者乃肉袒谢罪，少年闻之，愈益慕解之行。

雒阳人有相仇者，邑中贤豪居间者以十数，终不听。客乃见郭解，解见仇家，仇家曲听解。解乃谓仇家曰：“吾闻雒阳诸公在此间，多不听者，今子幸而听解，解奈何乃从他县夺人邑中贤大夫权乎？”乃夜去，不使知。曰：“且无用待我。待我去，令雒阳豪居其间，乃听之。”

解执恭敬，不敢乘车入其县，之旁郡国，为人请求事，事可出，出之，不可者，各厌其意，然后乃敢尝酒食。诸公以故严重之，急为用。邑中少年及旁近县贤豪，夜半过门，尝十余车，请得解客舍养之。

及徙豪富茂陵也，解家贫不中訾（zǐ），吏恐，不敢不徙。卫将军为言，郭解家贫不中徙，上曰：“布衣权至使将军为言，此家不贫。”解家遂徙。诸公送者千余万。轵人杨季主子为县掾，举徙解。解兄子断杨掾头，由此杨氏与郭氏为仇。

解入关，关中贤豪，知与不知，闻其声，争交欢解。解为人短小，不饮酒，出未尝有骑。已又杀杨季主，

杨季主家上书，人又杀之阙下。上闻，乃下吏捕解。解亡，置其母家室夏阳，身至临晋，临晋籍少公，素不知解，解冒因求出关。籍少公已出解，解转入太原，所过辄告主人家。吏逐之，迹至籍少公，少公自杀，口绝。久之乃得解，穷治所犯，为解所杀，皆在赦前。轵有儒生侍使者，坐客誉郭解，生曰：“郭解专以奸犯公法，何谓贤？”解客闻，杀此生，断其舌。吏以此责解，解实不知杀者，杀者亦竟绝莫知为谁。吏奏解无罪，御史大夫公孙弘议曰：“解布衣为任侠，行权以睚眦杀人，解虽弗知，此罪甚于解杀之，当大逆无道。”遂族郭解翁伯。

自是之后，为侠者极众，敖而无足数者。然关中长安樊仲子，槐里赵王孙，长陵高公子，西河郭公仲，太原卤公孺，临淮兒长卿，东阳田君孺，虽为侠，而逡（qūn）逡有退让君子之风。至若北道姚氏，西道诸杜，南道仇景，东道赵他羽公子，南阳赵调之徒，此盗跖（zhí）居民间者耳，曷足道哉？此乃乡者朱家之羞也。

（《史记·游侠列传》）

新史氏曰，闾里之有游侠，其武士道之末运乎？上焉既无尚武之政府以主持奖励之，中焉复无强有力之贤士大夫以左右调护之，而社会不平之事，且日接于耳目，于是乎乡曲豪举之雄，乃出而代其权。

太史公曰：缓急者人之所时有也。夫生于专制政府之下，政治不修，法令不直，民之良懦者。其平居或往往不得衣食，委转沟壑。在上者既无道焉以振拔之矣，而法网严密，为阱于国中，或偶触犯，而非有意也，或并未触犯，而乾糇（hóu）之怨挟之，枉曲之吏从而罗之，则宛转无所控告，束身为鱼肉，以待命于刀俎已耳。于此时也，有人焉能急其难，致死而之生之，则天下之归之如流水也，亦宜。

故游侠者，必其与现政府常立于反对之地位者也。其始也所有行动皆起于不得已，及其习焉，养成一种沉郁恣睢之特质，而势力复足以盾于其后，则可已而不已者有焉矣。太史公曰：侠以武犯禁。侠之犯禁，势所必然也。顾犯之而天下归之者何也？其必所禁者，有不慊（qiè）于天下之人心。而犯之者，乃大慊于天下之人心也。孔子曰：上无天子，下无方伯。则于霸者亦次节取焉。吾于游侠亦云然矣。

虽然，为侠亦有界说焉，曰：于政府所禁，其不慊于人心者则犯之，宜也。非谓凡所禁者，不论直与不直，而一切犯之也。若最初之侠，朱家、剧孟之徒，盖如此义。郭解以后，抉其藩篱矣，若史所记铸钱掘冢，睚眦报怨，其手段一何卑劣也。其悖反于武德，抑亦甚矣，春秋战国之武士必不为，即朱家、剧孟亦所不屑也。自解以还，风益不竞，史公伤之曰：盗跖居民间者耳。则武士之面目，被此辈点污无所复余矣。

虽然，使游侠长存，而欲其长保此界说也，能耶否耶，曰：势必不能。

吾固言游侠之起，由社会之不平有以胎之，不平与不平相乘，则愈生不平，其必横决而失其常度者，势也。毋语古者，请言今日。今日之社会，其寻常人随波逐流，为腐败之空气所吞灭，若其少年踸(chěn)踔（chuō）有气之士，则其举动，又往往奔轶于道德之范围外者。何也？斯固不得尽为若人咎也。社会一种秋冬之气，实有以造之。欲为根本的救治，非春夏其社会焉不可。

夫不见日本二十年前，浮浪之士，遍满国中，而社会若麋乎其不可终日也，而今也嬗（shàn）代未及一世，而举国何融融也。由此言之，闾里有游侠，必非社会之良现象明矣。虽然，苟举社会之不平而平之，使游侠无可以存立之余地，则社会之福也。而不然者，以不平益不平，并一线萌蘖（niè）之游侠而施斧斤焉，则必至断绝国民之元气，而其国非糜烂于盗贼，即篡夺于外族，此数千年来我国史得失之林也。

呜呼，由春秋战国之武士道而一变为汉初之游侠，其势之不足以久存，抑章章矣。盖其武德已不复能循正轨而行，而横溢焉以乖其性。浅譬之，则犹穷鼠之啮猫也，终亦必为猫毙而已。故文景武三代，以直接间接之力，以明摧之，而暗锄之，以绝其将衰者于现在，而刈（yì）其欲萌者于方来。武士道之销亡，夫岂徒哉！新史氏曰：吾述中国之武士道，起孔子而讫郭解，阴气森森而来袭余心，吾投笔欷歔而涕交颐！

鸣呼，吾以白衣冠送中国之武士道！吾以锦绷葆迎中国之武士道！一灵未沫，轮回不谬。魂兮归来，重为祝曰：中国之武士道现，中国之武士道苏！

甲辰十一月朔，夜长风紧，鸡鸣人静，灯灺（xiè）墨冻时阁笔。

外一篇　鲍叔、管仲、召忽：武之体，士之义，道之智[1]

鲍叔牙、管仲、召忽三人是好友，希望一齐为齐国效力，他们认为公子纠一定能为王。召忽说：“咱们三人在齐国，就像鼎之三足，缺一不可。公子小白一定不能被立为王，不如三人辅佐公子纠。”管仲说：“不行。国人不喜欢公子纠的母亲，也就不喜欢公子纠；公子小白没有母亲了，国人都怜惜他。结果尚未可知，不如让其中一人侍奉公子小白。掌握齐国的人，一定在此二位公子之中。”于是让鲍叔牙做公子小白的老师，管仲和召忽居住在公子纠处。

召忽说：“百年以后，国君不在人世，若违犯君命废弃我之所立，夺去纠的地位，即便是得了天下，我也不愿活着；我二人主持齐国的国政，接受国君之令不改变，供奉所立而不放弃，这是我义不容辞的责任。”管仲说：“我是君王的

① 译注者按：召忽在史书中并无浓墨重彩，梁启超原著并未收录本文，我们在编辑本书时，因缘际会，特将之添加进来。

臣下，必将承接君命，供奉社稷，以保护宗庙，岂能只为公子纠一个人呢？我能为之牺牲的是社稷破、宗庙灭、祭祀绝，如果这样，那我愿意为之死。除了这三件事，那我会继续活下去。我活着就对齐国有益，我死了是齐国的损失。”

鲍叔牙说：“怎么还不回去呢？”小白说：“不行。管仲有智谋，召忽武力强大，虽然国人在召唤我，我还是没办法回国啊。”鲍叔牙说：“管仲把才智施行在齐国，齐国会乱吗？召忽武力强大，怎么就会单独针对我们呢？”小白说：“管仲虽然没法施行他的才智，那也还是有啊。召忽虽然没有多少追随者，难道对付我还不够吗？”鲍叔牙说：“国家正乱，智者无法处理好内政，朋友不能相互联络共事，国家还是可以争一下的。”

于是，鲁国国君就绑了管仲和召忽。管仲对召忽说：“你害怕吗？”召忽说：“怕什么？我不早死，是等国家局势稳定下来，现在大势已定，你会被任命为齐国左相，我一定会被任命为齐国右相。即使这样，杀了我的君主还要任用我，这是对我的再次侮辱。你做生之臣，我做死之臣好了。我知道能统领军政还是选择死，公子纠也可以说有死臣了，你活下去能称霸诸侯，公子纠可以说有生臣了。死了的人成就德行，活着的人成就功名，这两者不能兼得，德行也不是没原因能得来。你继续加油，生死自有本分。”一到齐国境内，召忽就自刎而死。管仲则继续回齐国。君子们听闻后说：“召忽死了，比活着更加贤德；管仲活着，比死去更成贤明。”

【少年说】

鲍叔牙、管仲、召忽三人在开启春秋霸主时代的过程中，起到了极为重要的作用。鲍叔牙勇气敢为，信任朋友；管仲顶级智谋，圆融通达；召忽强武忠君，以死名节。三人成鼎，分别表现了三种要素：士、道、武。这也正是我对于武士道的理解，首先是要有担当，敢想敢为，是基础；而智慧和武力，都作为成就事业的力量，属于应用层面了。

【原文】

鲍叔、管仲、召忽，三人相善，欲相与定齐国，以公子纠为必立。召忽曰："吾三人者于齐国也，譬之若鼎之有足，去一焉则不成。且小白则必不立矣，不若三人佐公子纠也。"管仲曰："不可。夫国人恶公子纠之母，以及公子纠；公子小白无母，而国人怜之。事未可知，不若令一人事公子小白。夫有齐国必此二公子也。"故令鲍叔傅公子小白，管子、召忽居公子纠所。

（《吕氏春秋·慎大览·不广》）

召忽曰："百岁之后，吾君卜世，犯吾君命，而废吾所立，夺吾纠也，虽得天下，吾不生也。兄与我齐国之政也，受君令而不改，奉所立而不济，是吾义也。”管仲曰：“夷吾之为君臣也，将承君命，奉社稷，以持宗庙，岂死一纠哉？夷吾之所死者，社稷破，宗庙灭，祭祀绝，则夷吾死之；非此三者，则夷吾生。夷吾生，则齐国利；夷吾死，则齐国不利。”

鲍叔曰：“胡不行矣？”小白曰：“不可。夫管仲知，召忽强武，虽国人召我，我犹不得入也。”鲍叔曰：“管仲得行其知于国，国可谓乱乎？召忽强武，岂能独图我哉？”小白曰：“夫虽不得行其知，岂且不有焉乎？召忽虽不得众，其及岂不足以图我哉？”鲍叔对曰：“夫国之乱也，智人不得作内事，朋友不能相合摎（liáo），而国乃可图也。”

鲁君乃遂束缚管仲与召忽。管仲谓召忽曰：“子惧乎？”召忽曰：“何惧乎？吾不蚤死，将胥有所定也；今既定矣，令子相齐之左，必令忽相齐之右。虽然，杀君而用吾身，是再辱我也。子为生臣，忽为死臣。忽也知得万乘之政而死，公子纠可谓有死臣矣。子生而霸诸侯，公子纠可谓有生臣矣。死者成行，生者成名，名不两立，行不虚至。子其勉之，死生有分矣。”乃行，入齐境，自刎而死。管仲遂入。君子闻之曰：“召忽之死也，贤其生也；管仲之生也，贤其死也。”

《管子·大匡》

译者简介

陈思源

我叫陈思源，是上海市的一名普普通通的中学生。“莫等闲，白了少年头，空悲切。”自从我背了岳飞的《满江红》，这句话便牢牢烙印在我心中。

人生的车轮已经转过了一个半十年，在不久的将来还会不知不觉间愈行愈远。作为中国14亿人口中的一个，我不甘平庸无奇，所以“莫等闲，白了少年头，空悲切”。

作为一个男生，或许是因为受到家庭的影响，对于语文的热忱总是盖过对于理化的激情，我热爱诗词与历史，虽然并不专精于此，但兴趣盎然。所以，我在听说了华夏壮游的项目后，毫不犹豫地参与了，也毫不犹豫地参与了《中国之武士道》的项目。

对于中国的传统，我们应该去了解，并且有义务去传承。这或许是我参与这个项目的初衷，也希望自己能秉持这种思想，去影响更多的人。

你可以说我太过理想，也可以说我只是一腔热血。但不论怎样，我相信我会一直热爱我们国家的历史文明，去传承，去保护……

陈梓文

我是陈梓文，今年17岁，是一名高中生，目前在美国波士顿上学。喜欢与人文和社会相关的事物，喜欢看电影和听音乐，也喜欢宫崎骏、久石让和坂本龙一。

程诗捷

我叫程诗捷，正在苦读高二。我平时有空喜欢看小说，追韩剧。此外，我最为宝贵的两个爱好就是喜剧和历史了。不管是在舞台上表演还是平常嘴边念叨一句莎士比亚的戏剧台词都令我精神抖擞。

历史在我心中不是乏味的时间与年份堆积起来的一座座大山，而是超时空的交流。唯有在博物馆与书籍中探索历史时我才能感受到如此强烈的与世界的连接。

相对于近代史，我更加着迷于古代史。幻想着几千年前的人们在同样的一片土地上怎样顽强地生活过，为我索然无味的生活增添了无限光彩。因此，能参加这次的翻译项目令我倍感幸运。

宫庭瑄

我叫 GTX，今年 13 岁，目前在上初一，是一个阳（疯）光（得）向（要）上（命）的人，尤其讨厌跳舞和在众人的目光下唱歌，课余时间喜欢看书、听歌、做运动（还有看手机）、看电影（是个哈迷）等娱乐活动。

P.S. 图中左边那个是我。

龚厚鋆

龚厚鋆，生于南京，长于南京。虽说不算什么平时的爱好，但对于旅行和徒步深感兴趣。奈何自身个性实在惫懒，所以还是更愿意宅在家里。于是在家里就喜欢摆弄些模型，看一看漫画，读一点书。

其实我对春秋战国这一段历史的兴趣早已有之。小学时初次接触的《春秋》与《战国》是林汉达先生所编著的两本不厚的册子，从此便与

这两段先秦残忍里透着绚烂的文明结了缘。往后时常会拿出来翻一翻，有时候心血来潮了还会买几本相关的书回来看看，也会放上几个月才想起来翻阅。春秋战国于我而言或许不光是国战兵略，金戈铁马；也不止于朝堂上下，夫子百家；市井小民的决心和义气同样展现了那个动荡时代之下的“黄金之风”。

韩泰格

韩泰格，Harry，现在留学于悉尼，对心理学与社会学一直有着由衷的喜爱。愿意花时间去分析各种事件的本质与背后的真相。

希望之后的日子里自己能好好深造，修身养性，成为一名理性的情感专家。目前还是一名没有情感经历的理科选手，对世界的认知和理解依旧欠佳，第一次尝试翻译书目，若有缺陷还望海涵，谢谢大家。

贺嘉涵

贺嘉涵，13 岁，

老家武汉，地道的湖北人。

爱好：唱歌、钢琴。

最喜欢的事：追动漫、听音乐，尤其偏爱古风歌曲。

如有同道中人，欢迎做朋友！

在学校里是个优雅的“女汉子”。

偏爱语文、英语、历史，对历史有一些研究。

本人座右铭：

不必在意别人的眼光，毕竟狮子是不会在意羊的想法的。

一个背包，一个水壶，一部单反，流浪世界，体验大自然的静谧。

林稚玮

林稚玮，来自杭州。高中四年在中东的约旦国王学院就读，现在在哥伦比亚大学学习艺术史和哲学。

热爱舞蹈艺术、传媒和跨文化交流。

梦想是读万卷书，行万里路；观察时代的演变，倾听鲜活的故事。

刘宇轩

我叫刘宇轩，13 岁，现就读于上海协和浦东部。

喜欢打羽毛球，并在六年级成功进入了校羽毛球队。

在学校所有学科中最喜欢英语和化学。

平时没事喜欢吹单簧管，有时看一些军事科技方面的新闻，对空军、海军装备尤感兴趣。

在一年前参加了华夏壮游活动，从中学到了许多关于中国历史文化的知识。也是那次，同学老师们第一次想到翻译《中国之武士道》这本书。虽然我只翻译了其中的两篇故事，但为了翻译，也是把书的原文翻阅了一遍，并找了很多相关的背景资料，从中获益不少。从历史人物的身上，我们能学到很多可贵的品质。

钱牧

我叫钱牧，今年 15 岁，初中三年级。

我喜欢历史、地理、编程，还有中长跑。我还喜欢假期和父母或者老师同学一起游历大山大川，或者和小伙伴们一起参加夏令营，无论是历史人文，还是编程项目，都是快乐的时光。

屈雯琴

Hi，大家好，我是屈雯琴。我来自南京，今年 14 岁，是一名初中生。我爱好广泛，喜欢看书、弹琴、跳舞、旅游。

我喜爱跳跃的音符、喜爱优美的文字、向往多彩的生活。

世界那么精彩，我憧憬绚丽的人生。

宋文德

我叫宋文德，今年 13 岁，我的鼻梁上架着一副眼镜，我之所以戴眼镜是因为小时候经常半夜摸黑读书，时间长了就近视了。

我住在黑龙江省哈尔滨市，是一名土生土长的东北人。

我喜欢读书，尤其是历史书，我已经把中国和美国历史了解得差不多了，现在正在尝试去了解欧洲历史。从书中我了解到过去所发生的故事，树立起了自己的三观，也对一些问题产生了更深入的思考，如美国政治体系与中国政治体系的优缺点是什么。在读书的过程中我也找到了自己的目标。

万里

大家好，看到那个帅气的男生了吗？

那就是我，好吧，其实我相貌平平，但我的兴趣很广泛：物理、化学、生物和阅读，当然徒步也是我的兴趣爱好之一。

我是本书“伍子胥”相关部分的译者，是一位初学翻译的“小白”，如该部分的翻译有不足之处，请大家多多指教！

我是一位初三在读学生，面临着中考的压力。希望大家能从本书多多受益。对了，你们还不知道我的名字吧，和长城同名哟——万里。

汪禹同

个人自画像

他不是记者，但喜欢关注新闻；

他不是批判家，但经常批判错误；

他不是历史学家，但一直探究历史。

他好像拥有一切，可他其实一无所有；

他渴望永恒，即使他只是平凡；

他未曾改变，但他一直等待那改变。

汪禹同，2005 年生于杭州。

王旌翰

我叫王旌翰，14 岁，个子中等，初二，就读于北京三帆中学。本次翻译人员一，我的人缘比较好自然朋友多。

我有很多爱好，如马术、手工等，但精通的只有几个。

这次是我第一次翻译长篇文言文，有点紧张，还请见谅。

王静宜

王静宜，也有称呼我为 Vic 的，因为我的英文名不属于很好读的那一种。出生于武汉，现在在广州贝赛思国际学校读书。

如果说有什么比较突出的特点，那应该就是运动神经比较发达，参加过各种体育项目的校队；论起学识，虽不及各方面的“大佬”，但也算是有着广泛兴趣。

听到他人对我最多的评价就是开朗+Drama Queen+社交达人，人格的多样性也就是这样体现出来的吧。交朋友也可以算我的技能之一，能这样说也是因为我自信地掌握了其技巧的精华，所以才能够遇到这些有着有趣灵魂的朋友们啊！不仅仅是跟同学们有着知识上的交流，更多的是有着对古人智慧和学识的理解和思想上的碰撞。通过理解字里行间的意义而去理解人文的艺术，深刻自己的想法以及得到他人学识上的真传。

这一次也很荣幸能跟大家一起参加这样的活动，可谓是受益匪浅。看到很多也学到了很多，希望在今后的日子里能更加开拓自己的视野。

卫怡然

来自北京的卫怡然同学现在八年级，就读于北京市十一学校。她平时喜欢看书、画画。通过这次翻译《中国之武士道》，她认为自己在文言文理解和历史人物关系上都有很大的提升。

许至简

亲爱的读者朋友们，你们好！

我是《中国之武士道》的译者之一，许至简， Jason。你们可能想不到我会是一个还未成年的来自大东北的少年吧？作为作者的一员，我并没有如你们所想象的那样对《史记》有多么深的研究。其实我就是一个再普通不过的男孩。我喜欢打篮球和其他各项运动，喜欢武侠小说……我以前也和你们一样没怎么研究过文言文，但是颇为幸运的是，我遇到弘亿老师与这些小作者们。

通过讲故事的方式，我对整个中华五千年的历史有了一个较为清晰的认识，并了解到许多历史背景，其中最显著的是武士道精神。起初，在我的思维定式里，武士道精神简简单单就是日本武士切腹自尽，然而通过这次阅读和翻译工作，我发现了武士道精神并不仅限于此，它讲究：忠诚、信义、廉耻、尚武、名誉。而这些甚至可以追溯到我国的公元前400年，由此可见，中国五千年文化的积淀与背后蕴含的人文精神。所以我也希望读者们能够在阅读时去理解、感受。

杨天童

大家好，我是来自重庆的杨天童。

相对于其他女生，我更喜欢竞技类运动，例如拳击，因此被朋友笑称“假小子”。我喜欢一切毛茸茸的小动物，也养了一只猫，日常撸猫是我的必做

活动之一。

我还是一个名副其实的“吃货”，肉食动物。作为重庆的妹子，虽然我极爱吃辣，却总是在吃火锅的时候被辣得喘不过气。我有很多爱好，但很少能坚持到最后。唯愿出走半生，归来仍是少年。

杨馨悦

大家好，我是杨馨悦，我来自贵州贵阳，爱好嘛……胡乱篡改歌词算吗？唉，也没有啦，准确来说我是一个即兴表演者，毕竟生活处处是舞台！

我现在是一名初三学生，当然，这只是限于2020年7月份以前。不得不说，初三学业繁忙，几乎没有时间去译写文章，都是利用琐碎的时间，涂涂改改，修修补补，最后汇集成章，想想过程，也是不容易啊。大家分工去翻译一本书，去表达自己的观点，这对我们是一个挑战，更是一次锻炼的机会。不仅汲取了很多学术性的知识，同时也让我们更爱自己国家的文化，更了解自己国家的文化，受益匪浅。话不多说，放图。

叶牧与

叶牧与，男，一名即将迎来16岁的初三学生。爱好广泛，兴趣多变，喜欢各种各样的运动，篮球、足球、羽毛球都还不错；会拉小提琴，喜爱动漫、电竞，也喜欢读书，目前正在读的书有《悲惨世界》《人间词话》，理想是成为一名电子工程师（可能会变）。

尹浩阳

我叫 Frank，现在 10 年级，在北京探月学院和一众“小宇宙”一同前行、思考、摸爬滚打。喜欢物理，酷爱音乐，身处浮云，仰望星空。

袁有晴

袁有晴，女，生于长沙。闲暇里除了喜欢旅游、看电影、品尝美食以外倒也没什么特别的爱好，除了和所有人一样的刷！题！考！试！

在旅行中，我对古埃及的文明多少产生了一点兴趣。喜欢上古埃及是因为它在巨大的神庙、陵寝和石柱之中展现的原始而蓬勃的生命力，以及在稍显荒诞和混乱的神话里所体现出的人们质朴的信仰。我一直觉得古代文明之间有着很多共通之处，而“生命力”和“纯粹”是令我深感兴趣的地方。

春秋与战国时期于我而言也是一样，李离和豫让的事迹体现的正是在那个礼崩乐坏的时代里，在武夫与士大夫心中仍残存的礼法和君臣之道，并甘愿为此献出自己的生命。这正是文明的生命力和人心中纯粹的信仰的体现，也正是古代世界的魅力所在。

张冉

我是张冉，今年 13 岁，初一，来自安徽。目前在家自学（home-schooling）。对经济学和历史很感兴趣。

张瀚宇

我叫张瀚宇，今年 11 岁，住在香港。我喜欢阅读（主要还是奇幻、科幻小说一类）以及写作（但是很多时候写的都是半成品），有时候也做一些编程（但同样，大多都是半成品）。

我就是比较邋遢，做事做一半的一个人，但这一次做《中国之武士道》的编译，好不容易做完了，很有成就感。

周兆无忌

周兆无忌，现于常熟世界联合学院就读高二，热爱音乐和哲学，虽然于两者造诣都颇浅。

除去偶尔闲来无事翻译游戏规则外，从未涉猎过翻译领域，此次翻译，实乃各位长辈悉心栽培之成果。但俗话说得好，蘑菇难扶上墙，译文中难免有不足之处，还请各位读者见谅。此处附蘑菇照一张。

金裕皓

我叫金裕皓，是来自杭州的一名九年级学生。父母给我起这个名字，是希望我一生衣食无忧，为人品格高尚。

我喜欢阅读，最喜欢的作家是东野圭吾，他的小说构思巧妙，对人物的内心刻画细腻，内在逻辑严密，情节引人入胜。

我还喜欢音乐，从古典的小提琴协奏曲到老鹰、U2、maroons5、黄老板我都爱听。从小练习小提琴，偶尔也玩一下贝斯和吉他，音乐让我快乐，让我放松。

我最喜欢的是篮球，先天的身高给了我优势，每天打一两小时都不觉得累，这是我和小伙伴们最快乐的时光。

俗话说“大千世界，无奇不有”。我们生活在一个充满多样性、充满变化的世界里，而我是非常乐意尝试不同事物的人，无论它表面上看起来是有趣还是无聊，我都会试一试。这一次对古诗文进行的翻译工作，一开始我还有些畏难情绪，但努力做下来后，我发现这是一个趣味十足的项目，并且逐渐对文言文产生了浓厚的兴趣，也对中国武士道精神有了更深刻的理解。

语言是工具，却又像音乐，有韵律之美，有意境之美，有时候它也很有力量，可以传承思想，前提是我们要懂它，会用。

希望同年龄的你们，看了也会喜欢，也有所收获！

程逸凡

我叫程逸凡，今年在国际学校读 11 年级。我喜欢几乎一切跟艺术有关的东西。我还喜欢绿色、绿叶菜和万圣节。